Egon Wilden | Leben und Werk 1894–1931

Egon Wilden, 1930

Herausgegeben vom
Förderkreis Kunstmuseum Ahlen e.V.

Egon Wilden
Leben und Werk | 1894–1931

Inhalt

6 | 7   **Grußworte**
Markus Schabel / Burkhard Leismann

8   **Vorwort**
Peter Buschhoff

13   **Erinnerungen an Egon Wilden und ein Leben mit seinen Bildern**
Angelica Küper

21   **Egon Wilden – der Mensch hinter den Kulissen**
Kinga Luchs

39   **Hedwig Sparrer und Egon Wilden – ein Künstlerpaar**
Peter Berg

57   **„es kommt nur darauf an, dass ich mich selber finde."
Zum malerischen Werk von Egon Wilden**
Martina Padberg

76   **Tafeln**

143   **Egon Wilden – Bühne zwischen Malerei und Raum**
Joachim Geil

Anhang

167   **Werkverzeichnis**
überarbeitet und mit Abbildungen versehen von Kinga Luchs

240   **Ausstellungsverzeichnis**

241   **Inszenierungsverzeichnis**
Joachim Geil

247   Impressum

248   Fotonachweis

Grußwort

Schon 16 Jahre bereichert das Kunstmuseum Ahlen die Kulturlandschaft im Kreis Warendorf und ist zu einem wahren Besuchermagnet geworden. Zahlreiche Ausstellungen haben in der Vergangenheit Einblicke in die facettenreiche Kunst des 20. Jahrhunderts vermittelt und neue Entwicklungen im aktuellen Kunstgeschehen aufgezeigt. Kunstinteressierte finden hier einen Ort, an dem sie sich – abseits der Alltagsverpflichtungen – von der Kunst inspirieren lassen, Impulse der unterschiedlichsten Künstler aufnehmen und individuell verbreiten können.

Die neueste Ausstellung über den Bühnenbildner und Maler Egon Wilden, der enge Beziehungen zur Stadt Ahlen pflegte, ist ein weiteres Highlight in der Ausstellungstätigkeit des Museums. Das außergewöhnliche Werk des Künstlers umfasst zahlreiche Gemälde, Aquarelle und Zeichnungen. Die Ausstellung liefert spannende Erkenntnisse über die künstlerische Arbeit des Rheinischen Expressionisten. In seinem leider nur rund 15 Jahre währenden Kunstschaffen hinterließ Wilden ein bemerkenswertes Erbe tief berührender Bilder, die in der wohl umfassendsten Sammlung, die jemals gezeigt wurde, im Kunstmuseum Ahlen präsentiert werden.

Um eine hervorragende Ausstellung so realisieren zu können, bedarf es der Unterstützung von Kunstliebhabern, Förderern und Sponsoren. Die Sparkasse Münsterland Ost ist stolz darauf, Ihnen dieses Ausstellungsprojekt und diese Publikation mit Werkverzeichnis zu Egon Wilden mitpräsentieren zu dürfen und gleichzeitig dazu beizutragen, dass Ahlen ein lebendiger Kulturstandort bleibt, der auch weit über die Stadtgrenzen hinaus Anerkennung findet.

Ich wünsche der Ausstellung im Kunstmuseum Ahlen viele Besucherinnen und Besucher, die das Andenken an Egon Wilden in Ehren halten und bei der Lektüre des Kataloges aufgrund der erstaunlichen und kreativen Werke des Künstlers zahlreiche Momente des Innehaltens erleben werden.

Markus Schabel
Vorsitzender des Vorstandes der Sparkasse Münsterland Ost

Grußwort

Es gehört zu den Tugenden und Ritualen kunstwissenschaftlicher Arbeit, Epochen, Stile und Formen künstlerischen Schaffens immer wieder neu zu befragen und gegebenenfalls neu zu bewerten. Umso erfreulicher ist es, wenn im Prozess dieses Suchens und Findens Kunst und Künstler zutage treten, deren Namen und Artefakte selbst ausgewiesene Kenner einer Epoche noch nicht wahrgenommen haben, geschweige denn sich derer Werke angenommen haben. Es muss daher als ein Glücksfall angesehen werden, dass das Kunstmuseum Ahlen in seinem Bemühen um Eruierung unbekannter expressionistischer Kunst auf die Spur von Egon Wilden gestoßen ist – auf einen Künstler, der im besten Falle bislang in den Annalen des rheinischen Kunstschaffens zu Beginn des vorigen Jahrhunderts eine Erwähnung gefunden hat und dessen früher Tod im Alter von 36 Jahren eine umfangreichere kunsthistorische Würdigung des bei weitem nicht abgeschlossenen Werkes verhindert hat. Egon Wildens Werk lag auch außerhalb des Blickfeldes der Kunstgeschichte, weil der 1894 in Düsseldorf geborene Maler einen großen Teil seiner künstlerischen Schaffenskraft der angewandten Kunst, insbesondere dem Bühnenbild und zahlreichen Theaterinszenierungen widmete. Nur der Initiative von Angelica und Brigitte Küper und ihrer völlig uneigennützigen Schenkung an den Förderkreis Kunstmuseum Ahlen e.V. ist es letztendlich zu verdanken, dass die bildende Kunst dieses Schülers von Heinrich Nauen nun eine Würdigung im Rahmen eines Werkverzeichnisses und einer umfassenden Werkschau erfährt. Hier offenbart sich ein Œuvre von erstaunlicher Sensibilität und Schaffenskraft im Zeichen des Spätexpressionismus der 20er Jahre – ein beeindruckender Gewinn für die Kunstwissenschaft und alle Kunstrezipienten zugleich.

Das Kunstmuseum Ahlen dankt diesbezüglich insbesondere dem Förderkreis Kunstmuseum Ahlen e.V. – vertreten durch den ersten Vorsitzenden Dr. Peter Buschhoff – für sein großes Engagement für den Erhalt, die Konservierung und die Leihgabe der 321 Arbeiten, die nun hier im Haus eine neue Heimat gefunden haben. Gleichsam geht unser besonderer Dank an alle Leihgeber, die über den Rahmen des Vorhandenen hinaus zahlreiche, bislang in der Öffentlichkeit noch nicht präsentierte Kunstwerke für die Ausstellung zur Verfügung gestellt haben. In diesen Dank mit einzuschließen sind alle Autoren, die mit Wort und Bild dem kurzen und bewegten Leben des Künstlers ein würdiges Profil gegeben haben.

Insbesondere sei an dieser Stelle Dr. Martina Padberg und Kinga Luchs gedankt, die sich sowohl um die kunsthistorische Aufarbeitung von Wildens Kunst und die mühevolle Erstellung des Werkverzeichnisses verdient gemacht haben als auch die Ausstellung kuratiert haben. Ebenfalls gilt der Hachmann*edition* in Bremen sowie allen am umfangreichen Katalog Beteiligten unser besonderer Dank. Ist doch eine Publikation auf Initiative des Förderkreises Kunstmuseum Ahlen e.V. entstanden, die weit über den Zeitrahmen der Ausstellung hinaus das Gesamtwerk dieses fast vergessenen Rheinischen Expressionisten der zweiten Generation bewahrt und damit der kunstinteressierten Öffentlichkeit zugänglich macht.

Wir freuen uns besonders, dass Dr. Klara Drenker-Nagels die Ausstellung anschließend im August Macke Haus in Bonn präsentiert und bedanken uns dafür ganz herzlich.

Burkhard Leismann
Direktor Kunstmuseum Ahlen

Egon Wilden | Leben und Werk 1894–1931

Vorwort

Am 20. September 2005 wurde eine großzügige Schenkung an den Förderkreis Kunstmuseum Ahlen e.V. notariell in Bonn beurkundet: Die Schwestern Angelica und Brigitte Küper schenkten diesem ihre Sammlung des Malers und Bühnenbildners Egon Wilden (1894–1931) mit 321 malerischen und graphischen Arbeiten.

Der Düsseldorfer Künstler gilt als Rheinischer Expressionist der zweiten Generation. Wildens schöpferische Leistung zeigt sich vor allem in der Aquarell- und Pastellmalerei. Neben seiner freien Künstlertätigkeit war er in den 1920er Jahren auch ein gefragter und innovativer Bühnenbildner. Er arbeitete für Theater in Düsseldorf, Herne, Hagen, Recklinghausen sowie Gera und trat sogar selbst als Schauspieler auf.

1926 heiratete er die Schauspielerin Hedwig Sparrer, eine Tante der Schwestern Küper. Mit deren Familie in Ahlen unterhielt er – auch nach seiner Scheidung 1931 – ein enges freundschaftliches Verhältnis. Während eines Erholungsaufenthalts bei der Familie Küper starb er am 7. September 1931 unerwartet mit nur 36 Jahren.

Angelica Küper und ihre Schwester Brigitte, die 2006 verstarb, war es ein Herzensanliegen, ihre ererbte Wilden-Sammlung zusammenzuhalten und sie wieder in Ahlen zu beheimaten, wo ihre Familie über

Im Zuge der Vorbereitungen wurde ein umfangreiches Konvolut von Briefen Egon Wildens gefunden.

Peter Buschhoff | Vorwort

Egon Wilden und Hedwig Sparrer im Garten der Familie Küper in Ahlen

Generationen verwurzelt war. Der Förderkreis gab die Schenkung als Dauerleihgabe an das Kunstmuseum Ahlen weiter, dessen Direktor Burkhard Leismann sich sehr für die Sammlung eingesetzt hat. So haben Wildens Werke einen dauerhaften Aufbewahrungsort und eine qualifizierte Betreuung gefunden. Sie passen zudem bestens zu dem Sammlungsprofil des Ahlener Hauses, das sich schwerpunktmäßig der Kunst des frühen 20. Jahrhunderts widmet.

Der Förderkreis Kunstmuseum Ahlen e.V. wurde 1998 auf Veranlassung des Museumsstifters Theodor F. Leifeld gegründet. Er sieht seine besondere Aufgabe darin, das Museum beim Aufbau der Sammlung zu unterstützen. Anlässlich seines zehnjährigen Bestehens beschloss der Förderkreis, die Sammlung Wilden kunsthistorisch aufarbeiten zu lassen und eine Publikation über sein Leben und Werk mit einem umfangreichen Werkverzeichnis herauszugeben.

Wir danken allen an diesem Projekt Beteiligten, vor allem den Autoren: Kinga Luchs zeichnet die Biographie Egon Wildens nach und hat aufwendig das Werkverzeichnis erarbeitet auf der Grundlage eines ersten Verzeichnisses von Joachim Geil (1994); aufgrund neuer Quellen konnte Kinga Luchs zahlreiche genauere Datierungen vornehmen. Dr. Martina Padberg gibt eine profunde stilistische und inhaltliche Analyse der freien Kunst Egon Wildens. Joachim Geil analysiert die Entwicklung des bühnenbildnerischen Werks und legt das ausführliche Inszenierungsverzeichnis vor. Peter Berg und Angelica Küper beleuchten schließlich in ihren persönlichen Erinnerungen sehr atmosphärisch den Menschen Egon Wilden und sein bewegtes Leben.

Angelica Küper hat jahrelang zielstrebig und unermüdlich die Erschließung des Werkes Egon Wildens betrieben. Ohne ihren Einsatz wäre diese Publikation nicht zustande gekommen. Der Förderkreis hat ihr aus Dankbarkeit die Ehrenmitgliedschaft verliehen.

Wir freuen uns und danken Burkhard Leismann, dass das Kunstmuseum Ahlen am 8. November 2009 den Künstler in der Ausstellung *Zwischen Atelier und Bühne. Egon Wilden 1894–1931* würdigt, die von Dr. Martina Padberg und Kinga Luchs kuratiert wird. Erfreulicherweise wandert die Ausstellung anschließend zum August Macke Haus in Bonn. Hierfür ein herzlicher Dank an Dr. Klara Drenker-Nagels.

Die Theodor F. Leifeld-Stiftung und die Sparkasse Münsterland Ost unterstützen diese Publikation und die Ausstellung großzügig. Ihnen gilt unser besonderer Dank.

Dr. Peter Buschhoff
Erster Vorsitzender des Förderkreises
Kunstmuseum Ahlen e.V.

Egon Wilden | Leben und Werk 1894–1931

Illustrierte Postkarten von Egon Wilden
aus der Korrespondenz mit Hewig Sparrer

Egon Wilden | Leben und Werk 1894–1931

Egon Wilden | Leben und Werk 1894–1931

Abb. 2: Egon Wilden mit Clara Küper in Ahlen

Erinnerungen an Egon Wilden und ein Leben mit seinen Bildern

Angelica Küper

Frühe Kindertage

Für meine ältere Schwester Brigitte und mich war es immer eine große Freude, wenn Egon Wilden in das Haus meiner Eltern nach Ahlen in der Poststraße 12 – heute Von Geismar-Straße – kam. Onkel Egon tauchte gelegentlich auf und spielte mit uns; allerdings waren es besondere Spiele, die den Rahmen unserer kindlichen Alltagsbeschäftigungen sprengten: Statt Kuchen im Sandkasten zu backen, verkrochen wir uns unter den Bänken des Sandkastens, versteckten uns hinter hohen Blumenrabatten oder kletterten auf den zahlreichen Obstbäumen in unserem Garten herum (**Abb. 1**)

Familiäre Bindungen

Egon Wilden hatte 1926 Tante Hedwig, die ältere Schwester meiner Mutter, Clara Küper, geb. Sparrer, geheiratet. Hedwig Sparrer war Schauspielerin, in den 1920er Jahren, unter anderem auch am Düsseldorfer Schauspielhaus unter Louise Dumont – ihrer großen Gönnerin – und Gustav Lindemann. Zu dieser Zeit studierte Egon Wilden an der Kunstakademie in Düsseldorf und wirkte als Bühnenbildner für das Schauspielhaus. Dort lernte er auch Hedwig Sparrer kennen. Das Paar hielt sich häufig in meinem großzügigen Ahlener Elternhaus mit dem weitläufigen Garten auf. In diesem Haus hatte sich mein Vater, Dr. Wilhelm Küper, zugleich als Kinderarzt niedergelassen. Egon Wilden wurde zum Mitglied der Familie (**Abb. 2**).

Auf dem Foto mit meiner Großmutter Catharina Bennemann, geb. Reigers, mit meinen Eltern und Tante Hedwig ist Onkel Egon damit beschäftigt, die Räder eines Stubenwagens mit Sonne, Mond und Sternen zu bemalen (**Abb. 3** *links*). Dieser Stubenwagen war für meine Schwester Brigitte bestimmt, die im Mai 1926 zur Welt kam.

Abb. 1 (*oben*)

Egon Wilden und Angelica Küper im Garten des elterlichen Hauses

Abb. 3

Die Familie Küper. v. l.: Catharina Bennemann, Dr. Wilhelm und Clara Küper, Hedwig Sparrer und Egon Wilden

Egon Wilden | Leben und Werk 1894–1931

Angelica Küper | Erinnerungen an Egon Wilden und ein Leben mit seinen Bildern

Er hat noch bis zum Tode meines Vaters im Jahre 1956 in Hamburg, wohin die Familie 1933 übergesiedelt war, existiert. In der dortigen Kinderarztpraxis diente er als Körbchen für die Patienten, die eine Höhensonnen-Behandlung bekamen.

In unserer Familie und in unserem Haus fühlte Onkel Egon sich von Anfang an wohl und auch geborgen. Zwischen meinem Vater und ihm entwickelte sich eine sehr rege, vertrauensvolle und freundschaftliche Beziehung.

Das Ahlener Haus als Refugium

Während seiner Aufenthalte in Ahlen bewohnte Egon Wilden im oberen Geschoss unseres Hauses ein eigenes, sehr helles und zum Malen gute geeignetes Zimmer. Ich kann mich noch gut an schönes großes Papier erinnern, das auf einem Ständer stand und für mich sehr gut erreichbar war. Mit den vielen Farben, die in vielen Töpfchen und Tiegeln herumstanden, und den vielen Pinseln ließ sich wunderbar malen, wozu ich aus verständlichen Gründen nicht die Erlaubnis bekam.

Egon Wilden fand in unserem Garten viele Motive (**Abb. 4**), vor allem Blumen, das Irisbeet am Brunnen, die Blütenzweige der Obstbäume und die mit Geranien, Narzissen und Glockenblumen dekorierten Vasen – er hat sie alle gemalt (▸ A 167, A 168, S. 100, 191).

Auch ein eindrucksvolles Bild des Ahlener Hauses ist in dieser Zeit entstanden (**Abb. 5**). Lange Nächte warteten Egon Wilden und mein Vater, der ein Hobby-Kakteenzüchter war, gemeinsam mit großer Vorfreude auf das Aufblühen seltener Pflanzen. Zu der Sammlung der Gemälde, die sich heute im Kunstmuseum Ahlen befinden, zählt auch das Bild einer gerade aufgeblühten Königin der Nacht (▸ A 170, S. 100). Dieses Werk hat mich mein ganzes Leben begleitet und in meinen zahlreichen Wohnungen immer einen besonderen Platz eingenommen.

Als Egon Wilden am 7. September 1931 im Krankenhaus in Ahlen starb, war ich noch keine vier Jahre alt. Dennoch sind meine Erinnerungen an ihn nicht verblasst, sondern frisch geblieben.

Die Erinnerung bleibt in seinen Werken lebendig

Der ‚Bühnenmaler' Egon Wilden war früh gestorben. Sein szenographisches Werk ist ein Fall für die Archive öffentlich rechtlicher Institutionen, wo es sorgfältig und kompetent gepflegt wird und der wissenschaftlichen Forschung bei Bedarf zur Verfügung steht – immerhin etwas; aber die freien malerischen Arbeiten wurden offiziell nicht zur Kenntnis genommen. Daran änderte auch eine erste Ausstellung nichts, die 1962 von der Galerie Trojanski in Düsseldorf veranstaltet wurde. Es mag auch daran gelegen haben, dass der überwiegende Teil der freien malerischen und graphischen Arbeiten in unserem Haus in Ahlen lagerte, wo Wilden viele der Werke geschaffen hatte. Vor seinem Tode schenkte Egon Wilden diese meinem Vater. Wie viele Bilder in dessen Praxis und in unseren Wohnräumen hingen – erst in Ahlen, dann in Hamburg – kann ich nicht sagen. Meine Mutter hütete die Sammlung sorgfältig und betreute sie sachverständig. Wenn wir als

Abb. 4, 5

Brunnen im Garten der Familie Küper, o. J., Aquarell auf Papier, 45 × 36,5 cm, Kunstmuseum Ahlen, A 161

Haus Küper in Ahlen, o. J., Aquarell auf Papier, 60 × 71 cm, Kunstmuseum Ahlen, A 165

Egon Wilden | Leben und Werk 1894–1931

Kinder einmal eines der Gemälde in unser Zimmer hängen wollten, stand es zur Verfügung. Wir mussten uns nur einigen; das war nicht immer leicht.

Ich kann mich besonders gut an das Bild *Kaffeegarten am Rheinufer in Düsseldorf* erinnern (**Abb. 6**). Jeder wollte es haben und es ging reihum. So sind wir mit den Bildern von Egon Wilden aufgewachsen und haben sein Andenken bewahrt.

Nach dem Tode meiner Mutter 1984 und meiner Schwester 2006 und der Auflösung unseres Hauses in Hamburg hatte ich die freie Auswahl an Werken, die ich redlich genutzt habe, und freue mich bis heute an den Bildern.

Ein künstlerischer Nachlass ist keine Privatsache

Viele meiner Freunde haben die Bilder in meiner Wohnung betrachtet und großen Gefallen an ihnen gefunden. Häufiger wurde die Frage gestellt, was wohl einmal mit dieser Sammlung geschehen werde und ob nicht auch andere Kunstinteressierte daran Freude haben könnten. Als besondere Kenner und Liebhaber der schönen Künste möchte ich an dieser Stelle meine Freunde Dr. Walter und Anne Schmitz, Bonn, erwähnen.

Walter Schmitz verfolgte hartnäckig die Idee, eine Egon Wilden-Ausstellung in Düsseldorf zu organisieren. Wir benötigten dafür natürlich Sponsoren, denn ein begleitender Ausstellungskatalog war geplant. Eines Tages machte ich mich mit Walter Schmitz nach Schloss Wahn auf, um den bühnenbildnerischen Nachlass anzuschauen; er war auf verschiedenen Wegen in die Obhut der Theaterwissenschaftlichen Sammlungen der Universität Köln gelangt, die hier untergebracht sind. Es lag nahe, dass wir bei diesen Erkundungen auch die Bekanntschaft des Institutsdirektors, Professor Dr. Elmar Buck, machten, dem selbstverständlich der bühnenbildnerische Nachlass von Egon Wilden bekannt war, nicht aber dessen freie Arbeiten.

Es fügte sich gut, dass Dr. Schmitz 1993 beruflich nach Düsseldorf wechselte und den Auftrag erhielt, dort für die Bayerische Landesbank eine Niederlassung zu eröffnen. Das nahm er gleich zum Anlass, den großen Eröffnungsempfang mit einer Ausstellung von 64 Bildern von Egon Wilden zu verbinden und einen Ausstellungskatalog unter Federführung von Professor Buck zu ermöglichen, der auch die einführenden Worte sprach. Der ausgewiesene Theaterwissenschaftler brachte darin auch seine Überraschung über die Existenz eines malerischen Werkes des Künstlers zum Ausdruck. Wenn auch der Eröffnung der Bankniederlassung das Hauptinteresse der Presse galt, so fanden sich doch in den Feuilletons Artikel über malerische Seiten des Bühnenbildners Wilden sowie auch Hinweise darauf, dass die Bayern nach Düsseldorf kommen mussten, um einen Rheinischen Expressionisten zu entdecken.

Diese Veranstaltung hatte Folgen: Professor Buck vermittelte die Ausstellung im Jahre 1994 an das Theatermuseum der Stadt Düsseldorf und das Karl-Ernst-Osthaus-Museum in Hagen. Damit war ein wesentlicher Schritt getan, Egon Wilden als Bühnenbildner und Maler zu würdigen. Im Karl-Ernst-Osthaus-Museum erfuhr ich auch zum ersten Mal, dass Zeichnungen von Egon Wilden in einem Antiquariat angeboten wurden, und setzte daraufhin die Suche nach weiteren Arbeiten fort. Professor Buck beauftragte einen seiner Studenten, Joachim Geil, im Rahmen eines – von meiner Schwester Brigitte und mir geförderten – Forschungsauftrages, die freien Arbeiten zu sichten, Themen zuzuordnen, das Gerüst für ein Werkverzeichnis zu erstel-

Abb. 6

Kaffeegarten am Rheinufer in Düsseldorf, ca. 1931, Aquarell auf Papier, 48 × 61 cm, Privatbesitz, A 163

Abb. 7

Burgkapelle Dinklage, 1930,
Aquarell auf Papier,
38 × 33 cm,
Privatbesitz, A 136

len und vor allem herauszufinden, wo und bei wem sich Arbeiten von Egon Wilden befinden. Fundorte waren zunächst unsere Familien, die Familie meiner Tante Hedwig, geb. Sparrer, und die Familie meines Onkels Bernhard Küper, des älteren Bruders meines Vaters. Auf dessen Gut Diek bei Dinklage hatte sich Egon Wilden viel aufgehalten und gemalt (▶ A 101, S. 113). Zu diesen Familien wurden Erkundungsreisen unternommen, viele eindrucksvolle Bilder neu entdeckt und in das Verzeichnis aufgenommen **(Abb. 7)**. In einem 1993 im *Bonner Generalanzeiger* veröffentlichten Aufruf begab sich Frau Margarete Jochimsen, die damalige Direktorin des August Macke Hauses in Bonn, auf die Schatzsuche nach *Rheinischen Expressionisten in Bonner Privatbesitz*. Das Echo war gut. Für diese Präsentation wurden Bleistiftzeichnungen und Aquarelle von Egon Wilden ausgesucht (▶ A 216, S. 131).

Während der immer wiederkehrenden Beschäftigung mit der Sammlung überraschten mich auch die vielen Aquarelle und Zeichnungen mit religiösen Inhalten **(Abb. 8)**, wusste ich doch aus Erzählungen meiner Eltern, dass Onkel Egon kein konfessionell gebundener Mensch war. Wie sich auch aus seiner Bibliothek schließen ließ, die in den Besitz meiner Familie gelangt war, stand er eher den Sozialisten nahe – vor allem in den 1920er Jahren deutete dies auf eine Distanz zu den Konfessionen hin.

Ende 1999 erfuhr ich, dass die Katholische Hochschulgemeinde und das Katholische Bildungswerk in Bonn zusammen mit der Erzdiözese Köln beabsichtigten, im Sommersemester 2000 die Ausstellung zum Thema *Mehr als alle Bilder – Christus in der Kunst des 20. Jahrhunderts* zu veranstalten. Ich machte das Bildungswerk auf Egon Wildens Bilder mit religiösen Inhalten aufmerksam. Dr. Josef Herberg, Leiter des Katholischen Bildungswerkes, Professor Dr. Frank-Günter Zehnder, damaliger Direktor des Rheinischen Landesmuseums in Bonn, und Frau Renate Goretzky, Beauftragte des Erzbistums Köln, sahen sich die Bilder an und trafen eine Auswahl. Die Ausstellung fand im Mai/Juni 2000 in der

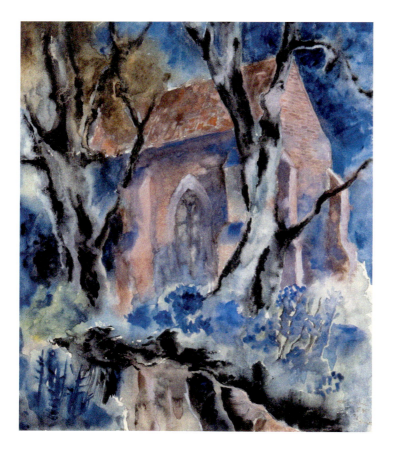

Namen-Jesu-Kirche in Bonn statt und wurde im Rahmen einer Wanderausstellung auch in Solingen-Ohligs und in Zülpich-Wichterich gezeigt. Auch diese Ausstellungen hatten eine gute Presse.

Das malerische Werk von Egon Wilden kehrt heim

Nachdem mein Elternhaus in der ehemaligen Poststraße in Ahlen 1998 einer gründlichen Renovierung unterzogen worden war, boten meine Schwester und ich der Stadt Ahlen an, zur Wiedereröffnung des Hauses aus den zahlreichen Fotos und Dokumenten eine Dokumentation anzufertigen, der Sparkasse zu übereignen und der Stadt Ahlen zur Verfügung zu stellen. Im Auftrag der Stadt arrangierte daraufhin am 25. September 1998 Dr. Ute Evering im Heimatmuseum eine kleine Ausstellung, in der natürlich auch Arbeiten von Egon Wilden zu sehen waren. Das Presseecho darauf war positiv.

Wenn ich mich recht erinnere, veranlasste diese Präsentation den Direktor des Kunstmuseums Ahlen, Burkhard Leismann, und den Vorsitzenden des Förderkreises, Dr. Peter Buschhoff, sich für den Künstler Egon Wilden zu engagieren. Bei Besuchen in Bonn, an denen auch Dr. Martina Padberg und die heutige Direktorin des August Macke Hauses, Dr. Klara Drenker-Nagels, – beide sachverständig in Fragen des Rheinischen Expressionismus – teilnahmen, festigte sich die Auffassung, dass Egon Wilden der zweiten Periode des Rheinischen Expressionismus zuzurechnen sei.

Herr Leismann entschloss sich dann, einen ersten Teil der Bilder im Kunstmuseum Ahlen zu zeigen und damit Egon Wilden endgültig aus dem ‚Dornröschenschlaf' zu erlösen. Dies ist in den folgenden Jahren mit Umsicht, Einfühlung und Beharrlichkeit geschehen. Bei unseren Überlegungen, was einmal aus der Sammlung Egon Wilden werden solle, kamen meine Schwester Brigitte und ich zu dem Entschluss, sie als Dauerleihgabe dem Kunstmuseum Ahlen zuzuführen. Unser Wunsch, die Sammlung zusammenzuhalten und eine Veräußerung in Einzelstücken zu verhindern, hat sich schließlich mit der Schenkung der Sammlung an den Förderkreis des Museums erfüllt. Die daran geknüpfte Maßgabe, die Werke im Rahmen eines Dauerleihvertrages dem Kunstmuseum Ahlen zur Verfügung zu stellen, sichert ebenfalls die sachgemäße Aufbewahrung und konservatorische Betreuung.

Für mich hat die Übergabe der Sammlung Egon Wilden nach Ahlen sehr persönliche Aspekte: Meine Familie, meine Großeltern Hermann Küper und seine Frau Catharina, geb. Bennemann, waren angesehene Bürger dieser Stadt. Meine Urgroßmutter, Antonia Bennemann, geb. Reigers, lebte mit ihrem Mann, dem Sanitätsrat Dr. Bernhard Bennemann, und ihrer großen Familie in Ahlen im Bennemann'schen Haus. Meine Ur-Ur-Großmutter, Catharina Reigers, geb. Diepenbrock, hatte sich mit ihrem Mann, dem Kreisgerichtssekretär Ferdinand Reigers, ebenfalls dort niedergelassen. Erst meine näheren Angehörigen zogen 1933 nach Hamburg. Es war für meine Schwester und mich ein großes Bedürfnis, mit dieser Schenkung Werke von Egon Wilden aus dem Besitz der Familie Diepenbrock-Bennemann-Küper nach Ahlen zurückzugeben. Ich freue mich sehr, die Sammlung nun im Kunstmuseum Ahlen in guten Händen zu wissen.

Abb. 8

Heilung des Blinden II, 1921, Kohle, Rötel auf Papier, 42 × 30,7 cm, Privatbesitz, Z 063

Egon Wilden – der Mensch hinter den Kulissen

Kinga Luchs

Egon Anton Hans Wilden wurde am 8. Dezember 1894 in Düsseldorf geboren als Sohn des Graveurs Johann Hubert Wilden und seiner Frau Magdalene, geborene Dotesch. Er war das dritte von insgesamt fünf Kindern. Allerdings verstarben sein älterer Bruder Egon Wilhelm Johann und seine jüngere Schwester Mathilde Emma Martha Magdalena bereits im Säuglingsalter, sodass Egon Wilden mit seiner älteren Schwester Brunhilde Caroline Wilhelmine und dem jüngeren Bruder Kurt Hans Hubert Johann in Düsseldorf aufwuchs.[1] Sowohl seine Kindheit als auch sein Verhältnis zu Eltern und Geschwistern liegen im Dunkeln. Nach der Scheidung der Eltern lebten die Kinder bei der Mutter in Düsseldorf, während der Vater zeitweise in Rotterdam wohnte. Beide Eltern verstarben kurz nacheinander im Frühjahr 1923 in Düsseldorf.

Wie Egon Wilden zur Kunst kam, wer oder was ihn dazu inspirierte, ist heute nicht mehr zu klären. Fest steht jedoch, dass er nach seinem Schulabschluss im Jahr 1914 sein Studium der Malerei an der Kunstakademie in Düsseldorf begann. Bereits zu Beginn des Ersten Weltkrieges musste er sein Studium aber abbrechen, um seinen Kriegsdienst abzuleisten, und konnte es erst wieder in den Jahren 1919–1921, u. a. bei dem Maler Heinrich Nauen, fortsetzen.

Zeitgleich zu seiner Wiederaufnahme des Studiums an der Kunstakademie begann Wilden 1919 seine erste Tätigkeit als Bühnenbildner am Schauspielhaus Düsseldorf und lernte dort die Schauspielerin Hedwig Sparrer kennen. Zwischen ihnen entwickelte sich eine innige Beziehung, die mehr als elf Jahre andauern sollte und im Jahr 1926 mit der Eheschließung besiegelt wurde. Auch noch nach ihrer Scheidung 1931 blieben sie in freundschaftlichem Kontakt. Hedwig Sparrer war die wichtigste Person in Wildens Leben. Sie begleitete und unterstützte seine künstlerische Entwicklung, sie gab ihm Rückhalt, mit ihr konnte er Gedanken austauschen. Seit Mai des Jahres 1919 führte das Paar eine rege Briefkorrespondenz. Egon Wildens Briefe an Hedwig Sparrer befinden sich heute in Privatbesitz und ermöglichen nicht nur, seinen Lebensweg mit all den kleineren und größeren Problemen nachzuzeichnen,

◂ Porträt Egon Wilden

sondern lassen auch die Persönlichkeit des Künstlers greifbar werden. Diese Korrespondenz endete im Spätherbst des Jahres 1930, kurz vor der Scheidung und dem Todesjahr des Künstlers. Der so intensiv geführte Briefwechsel des Paares liegt darin begründet, dass ihre beruflichen Verpflichtungen sie immer wieder an unterschiedliche Standorte führten: War Hedwig Sparrer die meiste Zeit am Schauspielhaus in Düsseldorf engagiert, so arbeitete Egon Wilden für Bühnen in Düsseldorf, Recklinghausen, Herne, Gera, Hagen, Barmen-Elberfeld (heute Wuppertal) und Köln. Sein Weg führte ihn jedoch immer wieder nach Düsseldorf zurück, dem gemeinsamen Lebensmittelpunkt. Den schwersten Einschnitt im Leben des jungen Egon Wilden bedeutete der Militärdienst, den er folgendermaßen in einem der ersten Briefe an Hedwig Sparrer schildert: „[…] da bin ich durch geknetet worden und habe alles fürchterlich erlebt, was nur einem menschen zustoßen kann. im lazarett dieses entsätzliche elend in den irrenhäusern."[2] Wilden wurde im Krieg verwundet und auch einmal verschüttet. Es lässt sich nicht leugnen, dass sein Leben durch diese furchtbaren Erlebnisse nachhaltig geprägt wurde. Die Erinnerungen an den Krieg ließen ihn zeitlebens nicht mehr los und begleiteten ihn auch noch im Jahr 1930: „[…] gestern abend war ich im kino ‚westfront 1918' und alles stieg so in mir auf, daß ich nachher völlig erschlagen war und verständnislos durch die menschen lief."[3] Die daraus resultierenden Ängste und Depressionen werden sehr deutlich im folgenden Briefausschnitt: „[…] ich komme mir so unendlich überflüssig vor und die frage: was kommt es auf mich an? ist längst zu[r] verneinende[n] antwort geworden:

nichts."[4] Die Zweifel über sein eigenes Dasein mündeten in immer wiederkehrende Krankheiten, Kopfschmerzen, Alpträume und Angstzustände. Bis Mitte der Zwanzigerjahre spricht er in seinen Briefen vom „nerven leiden" und beschreibt dabei die posttraumatischen Krankheitssymptome. Diese Lebensumstände behinderten seine weitere künstlerische Entwicklung, bremsten seinen Elan und lähmten ihn. Er selbst war sich seiner Rastlosigkeit bewusst und versuchte sich mit aller Macht von diesem Gefühl der Unruhe zu befreien: „[…] ich will mich ausruhen, einmal nichts tun, mich hinlegen und träumen, aber es läßt mich nicht. immer schwebt mir etwas vor, ich fahre auf, rase nach hause und arbeite und es wird nichts, ich habe eine furchtbare unruhe in mir, mein wille kämpft mit einer entsetzlichen, niederdrückenden schwermut und verzweiflung, deren ich nur mit mühe herr werde. ich fühle, daß bald wieder eine schlimme entlastung kommen muss. in der troica gestern war ein ringen, das ich mitkämpfte, ein unendlich düster[er] trost, der mir tränen in den augen [sic] trieb, und ein erlöster jubel, der mich im duster zurückließ. sie gab mir nicht die erhoffte befreiung, zerquälte und zerriß mich, daß ich aufschreien wollte, aber zurückgestoßen wurde von mir selbst, gefesselt von mir selbst, daß der schweiß aus allen poren brach und ich keine luft mehr bekam."[5]

1919–1921:
Die künstlerischen Anfänge an der Kunstakademie Düsseldorf

Über seine Erfahrungen an der Düsseldorfer Kunstakademie und seine dortigen Mitstudenten ist nur wenig bekannt. In seinen Briefen nennt er lediglich „Jupp" und „Kuhn". Bei diesen handelt es sich vermutlich um den Maler Jupp Rübsam (1896–1976) und den Bildhauer Erich Kuhn (1890–1967).[6] Wilden lebte in einer Zeit der Umbrüche, der Kunstrevolution und hatte als freischaffender Künstler viele Kämpfe auszufechten. Die Düsseldorfer Kunstszene beherrschte seit 1919 die neu gegründete Bewegung *Das Junge Rheinland*. Unter anderem zählte auch der Maler Heinrich Nauen (1880–1940) zu den Initiatoren der heterogenen Vereinigung, an deren Ausstellungen sich Künstler aus ganz Deutschland beteiligten, die sich den akademischen Normen widersetzten. Parallel dazu herrschte an der Düsseldorfer Akademie noch die konservative Gesinnung des Direktors Fritz Roeber (1908–1924); entsprechend wurde hier die traditionelle Salonmalerei gelehrt. Dennoch stellten die Verschmelzung der Akademie mit der Kunstgewerbeschule im Jahr 1919, die Übernahme bzw. die Neueinrichtung der Kunstwerkstätten und nicht zuletzt die Berufung Heinrich Nauens zum Professor für Malerei im Jahr 1921 die ersten Weichen für eine neue Ära der Düsseldorfer Kunstakademie.[7] Allerdings sollte erst unter der Leitung von Walter Kaesbach (1879–1961) ab 1924 ein frischer Wind an der Düsseldorfer Akademie wehen, als namhafte Künstler wie Heinrich Campendonk, Paul Klee und Oskar Moll Lehrstühle neu besetzten; diesen Wandel erlebte Wilden jedoch nicht mehr als Student.

Er erkannte, dass die Moderne mit der Schnelllebigkeit der „Ismen" bereits die traditionelle akademische Malerei abgelöst hatte, seine eigene Kunst schwebte 1919 jedoch noch zwischen traditioneller und avantgardistischer Malerei. Dieses Dilemma beschreibt Wilden am 12. Juli 1919 folgendermaßen: „[…] wie unehrlich man ist, die stümperei mit ‚expressionistischen' phrasen zu bemänteln. es ist so leicht, ‚modern' zu malen, schlagworte anzuwenden: wir wollen nicht naturabklatsch, wir wollen alles vergeistigen, kunst hat nichts mit können zu tun, und dergleichen. […] von einem extrem taumelt man zum andern, und wer nicht mittaumelt, sieht sich plötzlich allein. ich komme mit expressionistischen malern zusammen, habe bald mit ihnen krach und gelte als rückläufig, werde als akademiker ausgelacht. ich rede mit akademikern, bekomme noch bälder krach und werde extrem, verrückt genannt. dabei besteht die große gefahr für mich, mir auf meine ‚erkenntnis' etwas einzubilden. der gefahr bin ich manchmal erlegen, in den letzten tagen ist mir aber klar, sehr klar geworden, wie klein ich noch bin […]."[8]

In seinen Anfängen um 1914 übte sich Egon Wilden in der traditionellen Akt- und Porträtzeichnung (**Abb. 1, 2, 3**). Anschließend setzte er sich dann mit Figur und Landschaft auseinander. 1919 beschäftigten ihn vor allem religiöse Themen wie die Passion Christi, die er – wie auch andere Künstler seiner Generation – dazu nutzte,

Abb. 1, 2, 3

Stehender männlicher Akt, o. J., Bleistift auf Papier, 48 × 34,5 cm, Kunstmuseum Ahlen, Z 023

Stehender weiblicher Akt, sich entkleidend II, o. J., Bleistift auf Papier, 45,2 × 29 cm, Kunstmuseum Ahlen, Z 031

Der Aufmerkende, 1919, Kohle auf Papier, 48 × 32 cm, Kunstmuseum Ahlen, Z 105

Abb. 4

Qual, o. J.,
Aquarell auf Papier,
17,6 × 12,5 cm,
Privatbesitz, A 212

Abb. 5

Strahlen, o. J.,
Aquarell auf Papier,
25,5 × 16,5 cm,
Privatbesitz, A 025

die eigenen Kriegserfahrungen zu verarbeiten. Die Erfassung des Leidens in der Christus-Figur der *Kreuzabnahme* (▸ A 221, S. 198) ähnelt der Selbstdarstellung des Künstlers im Bild *Maler im Atelier* (▸ A 217, S. 127). Außerdem gestaltete Wilden Anfang der Zwanzigerjahre Figuren, in erster Linie expressionistische Akte mit manieristisch gestreckten Körpern und überlängten Gliedmaßen, die allegorisch oder symbolisch zu deuten sind, wie z. B. die Aquarelle *Qual* **(Abb. 4)** oder *Verwirrung* (▸ A 215, S. 126). Zunehmend verband Wilden nun scharfkantig gegeneinander gesetzte Formen mit einem strukturierten, kristallinen Bildaufbau, etwa in seinen konstruktivistischen Landschaftsbildern **(Abb. 5,** ▸ A 029, S. 132). Die sich überschneidenden Farbflächen und geometrischen Elemente rezipieren die expressionistische Werkphase des Rheinischen Expressionisten Heinrich Nauen, erinnern aber auch an Bilder von Lyonel Feininger oder Franz Marc. Seit Wiederaufnahme seines Studiums im Jahr 1919 adaptierte und verarbeitete Wilden somit zunehmend neue Kunstströmungen, ohne diese zu kopieren. Den endgültigen Schritt zur Abstraktion wagte er letztlich nicht, sondern hielt weitgehend am Gegenstand fest.[9]

In seiner Studienzeit versuchte sich Egon Wilden auch als Glasmaler. So entstanden vermutlich im Jahr 1919 Kirchenfensterentwürfe (▸ E 1 a – f, S. 238) für eine heute nicht näher zu bestimmende Kirche in Essen. Den Zuschlag zur Ausführung erhielt jedoch Max Pechstein. Wilden beklagte sich: „[...] gestern war ich in essen, um meine hoffnungen auf die glasfenster und mosaiken aufzufrischen und zu versuchen, etliches zu verkaufen, um vielleicht doch noch richtung freiberg fahren zu können. enttäuscht war ich gar nicht, als alles fehlschlug. eigentlich war es ja nicht anders möglich bei meinem alten pech. die glasfenster und mosaiken macht der berühmte pechstein, obwohl meine entwürfe besser waren. aber der ‚name' machts."[10] Die Literaturlage gibt weder Aufschluss darüber, für welche Kirche diese Entwürfe bestimmt waren, noch ob diese Fenster wirklich entstanden oder möglicherweise im Krieg zerstört worden sind.[11] Wildens Entwürfe zeugen von genauer technischer Kenntnis der Glasmalerei, was darauf zurückzuführen ist, dass er möglicherweise während seiner Studienzeit die 1909 an der Akademie eingerichteten Werkstätten für Mosaik und Glasmalerei besucht hatte. Die Beschäftigung mit der Glasmalerei begann Wilden kurz darauf nochmals, Anfang der Zwanzigerjahre auf dem Feldberger Hof im Schwarzwald. So zeigt das Holzmodell (▸ E 5, S. 239) farbige Glasfenster, die sich nun von der traditionellen Malerei abwenden und im expressionistischen Stil die biblischen Szenen wiedergeben, wie beispielsweise die Kreuzigung und Auferstehung oder auch die Darstellung der Ecclesia und der Synagoge. Es ist anzunehmen, dass das Holzkirchenmodell aus der Hand des Bildhauers Erich Kuhn stammt.[12] Die Glasfenster sind wohl nie ausgeführt worden.

**1919 – 1922:
Am Theater in Düsseldorf**

Bereits in seiner Studienzeit im Jahr 1919 begann Egon Wilden seine Tätigkeit für das Düsseldorfer Theater. Das von Louise Dumont und Gustav Lindemann 1905 gegründete Theater zählte damals dank des aufgeschlossenen Ensembles, des zeitgenössischen Bühnenrepertoires und des großen Engagements der etablierten Bühnenbildner Knut Ström und Walter von Wecus zu den modernsten in Deutschland. Walter von Wecus wurde im Jahr 1926 zum Professor für Bühnenkunst an die Düsseldorfer Kunstakademie berufen. Mit seiner Lehre, nach der der Raum, die Farbe und das Licht die wichtigsten Gestaltungselemente sind, führte er das Bühnenbild von der bis dato vorherrschenden illusionistischen Malerei weg, hin zu den abstrakt aufgebauten Architekturszenen.[13] Neben diesem wichtigen Szenographen blieb Wilden im Jahr 1920 nur wenig Platz zu eigener künstlerischer Entfaltung. So sind aus der Spielzeit 1919/20 lediglich zwei seiner Inszenierungen überliefert: *Die Milchstraße* und *Nathan der Weise*. Wildens Szenengestaltungen galten bereits von Anfang an als „geschmackvolle nicht überladene Bühnenbilder"[14]. An diesem fortschrittlichen, jedoch kleinen Theater mit wenigen Schauspielern konnte Wilden kurzfristig auch sein Bühnentalent unter Beweis stellen. So stand er am 2. und 7. Juli 1919 in Tolstois *Der lebende Leichnam* als Arzt auf der Bühne.

Die durch die Wirtschaftskrise und die hohen Reparaturzahlungen bedingte Inflation führte im Dezember des Jahres 1922 zur Schließung des Düsseldorfer Theaters. Hedwig Sparrer war aus diesem Grund in der Spielzeit 1922/23 am Stadttheater Hamborn und in der darauf folgenden Spielzeit 1923/24 am Theater in Darmstadt engagiert. Anschließend kehrte sie an das wieder eröffnete Düsseldorfer Theater zurück, wo sie von 1924 bis 1927 zum Ensemble gehörte. Daraufhin ging sie mit dem Tourneetheater „Die Neuen Bühnen" in der Rhein-Ruhr-Region auf Reisen. Egon Wilden dagegen war nie wieder für das Schauspielhaus Düsseldorf tätig.

**1922 – 23:
An den Stadttheatern Recklinghausen und Herne**

Bereits im Jahr 1921 wurde Wilden als Künstlerischer Beirat an das Stadttheater Recklinghausen berufen und meldete sich am 6. Oktober 1922 nach Herne um. Dort arbeitete er an den Vereinigten Schauspielen Recklinghausen-Herne in der Spielzeit 1922/23 unter der Regie von Richard Dornseiff, den er bereits seit der gemeinsamen Zeit aus Düsseldorf kannte. Die Bedingungen in Herne waren in jeder Hinsicht äußerst schlecht. Nicht nur das Haus selbst war dringend renovierungsbedürftig, auch die schlechte finanzielle Lage engte die Künstler in ihrer Tätigkeit ein. Zu Beginn seiner Arbeit in Herne war Wilden noch recht zuversichtlich: „[…] Du kannst Dir vorstellen, daß ich eine menge arbeit habe, viel ärger, aber auch die aussicht und das vertrauen, daß die sache gut wird und wenn erst einmal alles läuft, ich zeit für mich habe[n] werde. allerdings hab ich die leise ahnung, daß das theater bald nicht mehr auf der künstlerischen

Abb. 6

Arbeitslos, o. J.,
Aquarell auf Papier,
40,7 × 28,2 cm,
Kunstmuseum Ahlen,
A 269

höhe stehen wird, die wir vorhaben, daß wir dem publikum zugeständnisse machen müssen, um leben zu können."[15] Aus der Vorahnung wurde allerdings schnell Gewissheit und die Lage schien Wilden über den Kopf zu wachen: „[...] ich hab das theater satt, nächstes jahr geh ich nicht mehr an eine bühne, das steht bei mir fest. ich eigne mich nicht dazu, alle acht tage ein neues stück auszukotzen, das ist mir künstlerisch zuwider. [...] ich hab alles so satt, sehne mich unendlich nach meiner wirklichen arbeit, zu der ich geboren bin. ich glaub, ich geh im frühjahr auf wanderschaft. gleich wohin. ich hab keine ruhe mehr, fühl mich nirgends wohl und sehne mich, sehne mich unsäglich weg."[16]

Nicht nur, dass er sich mit den aufgeführten Stücken nicht identifizieren konnte, er wollte sich auch nicht mehr seiner künstlerischen Freiheit berauben lassen. Trotz seines Schaffensdrangs ließ ihm die rege Theatertätigkeit kaum Zeit zum Malen: „[...] ich stecke voller bilder, eindrücken

[sic] aus dem leben dieser armen leute hier, das sie stumpf und erbärmlich in diesen fabriken, diesen straßen, diesen kneipen und zimmern führen, immer und immer in diesem furchtbaren erschütternden dasein, das zum himmel nach erlösung schreit."[17] Die wenigen Bilder der Herner Zeit thematisieren in erster Linie die hohe Inflation, die Arbeitslosigkeit und den Hunger. In ihrer einfühlsamen Ausführung spiegeln sie den Künstler Egon Wilden als einen für das menschliche Leid sensibilisierten Menschen (**Abb. 6**). Von der im ganzen Land zu spürenden Wirtschaftskrise blieb auch Wilden nicht verschont: „[...] meinen hunger wage ich gar nicht mehr zu stillen mit rücksicht auf die dauernd steigenden kosten. es ist eine teuerungsbewegung im gange, die die gemüter mächtig aufregt."[18]

1923 – 24: In Gera

Im August des Jahres 1923 nahm Egon Wilden seine Tätigkeit als Künstlerischer Beirat und Leiter des Malersaales am Reußischen Theater in Gera auf. Bereits im Jahr 1921 war er auf Einladung des Architekten Thilo Schoder (1888 – 1979) in Gera gewesen. Schoder, ein ehemaliger Schüler von Henry van de Velde, prägte zu diesem Zeitpunkt maßgeblich die Kultur der Stadt. Bis zu seiner Übersiedlung nach Norwegen im Jahr 1932 konnte er 53 Architekturprojekte realisieren. Im Rahmen der von ihm initiierten „Arbeitsgemeinschaft zur Erkenntnis und Förderung expressionistischer Kunst und Kultur" trafen sich seit 1920 so bedeutende Persönlichkeiten wie Wassily Kandinksy, Otto Dix, Conrad Felixmüller, Henry van de Velde oder Walter Kaesbach zu Vortrags-, Rezitations- und Kammermusikabenden in Schoders Haus. 1917 begann dieser eine grundlegende

Reform des dortigen Kunstvereins. So organisierte er beispielsweise im Jahr 1924 die Ausstellungen *Sturm* und *Otto Dix* und zeigte damit zum ersten Mal in Gera Avantgardekunst. In dieses sehr bewegte Kulturumfeld führte Thilo Schoder nun Egon Wilden ein.

Es ist Schoder zu verdanken, dass Wilden während seines ersten Aufenthaltes in Gera den Fürsten Heinrich Reuß XXV. kennenlernte. Dieser hatte zwar im Jahr 1918 all seine standesgemäßen Privilegien verloren, konnte aber seine Besitztümer behalten. Dazu gehörte neben seinen Schlössern das Theater in Gera, das durch seinen Sohn, den Erbprinzen Heinrich XLV., verwaltet wurde. Im Zuge seines Interesses an Wildens Kunst bot ihm der Fürst schließlich im April des Jahres 1923 eine Festanstellung am Theater an. Von diesem Angebot erhoffte sich Egon Wilden eine gesicherte Existenz als Künstler und damit auch die Eheschließung mit Hedwig Sparrer: „[…] gestern bekam ich vom erbprinzen reuß einen sehr netten brief, ob ich nicht lust hätte, ab september ausstattungswesensleiter am reuß. theater zu sein. er sichert mir genügend zeit für meine eigenen arbeiten zu, schönes atelier usw. also daß ich ihm geschrieben habe, ich sei nicht abgeneigt usw. […], ich bekomm hoffentlich soviel, daß Du, wenn du willst, das theater schwimmen lassen kannst, und alsdann laufen wir mit vollen segeln ein in ‚den hafen der ehö' [sic]. und all die porträtaufträge, denk nur."[19] Voller Erwartung in jeglicher Hinsicht begann Wilden seine Tätigkeit in Gera. Es zeigte sich hingegen schnell, dass der Reußische Erbprinz weder künstlerisch noch intellektuell kompetent war und so wuchsen bei Wilden bereits nach sechs Wochen Unmut und Desillusion über sein neues Tätigkeitsfeld. Wiederum führte die schlechte wirtschaftliche Situation am Theater in Gera zu ständigen Einsparungen und künstlerischen Beschränkungen. Wilden kritisierte: „[…] eine intrige wirtschaft, die mir schon lächerlich ist."[20] Ein überaus dichter und anspruchsvoller Spielplan sollte gleichzeitig die Zahl der Theaterbesucher erhöhen, führte jedoch durch die permanente Überforderung aller Beteiligten zu einer schmerzhaften Qualitätsminderung und Erschöpfung: „[…] ich war so müde, daß ich nicht mehr weiter konnte. gestern sonntag hab ich fast den ganzen tag gepennt. ich bin körperlich und geistig so matt und unlustig, daß ich immer schlafen könnte. liegt es an der jahreszeit, am theaterberuf, am leben oder sind wir krank, ohne es zu wissen?"[21] Hier wie bereits schon in Düsseldorf übernahm Wilden neben seiner Haupttätigkeit als Bühnenbildner auch noch Rollenauftritte. So spielte er 1924 einen Menschenfresser im Tanzspiel *Der Wald*.[22]

Seine wachsende Erbitterung über das Theaterleben in der Geraer Zeit wird in einem Brief an Hedwig Sparrer von 1924 deutlich: „[…] bei mir ist doch das gefühl der berufung, die überzeugung viel mächtiger als alles andere. deshalb geb ich auch leichten herzens den bequemen theaterberuf auf und will lieber hungern und alle entbehrungen auf mich nehmen, als noch einmal ein solches jahr voller kompromisse erleben. das wichtigste ist ja doch die menschwerdung, und die blüht nicht aus dem brachliegenden feld des theaters, für mich sicher nicht."[23] Dennoch verpflichtete sich Wilden kontinuierlich dem Theater. Nachdem er von der Neueröffnung des Düsseldorfer Theaters gehört hatte, schrieb er im März 1924 aus Gera an Gustav Lindemann und bat um eine Anstellung: „[…] mit herzklopfen verfolge ich die pressenachrichten, die von der begeisterung berichten, mit der die wiedergeburt des schauspielhauses von allen seiten ersehnt wird. ich hänge so von jeher an Ihrer arbeit, daß ich auch mit ganzem herzen das neu ausrichten Ihres werkes herbeiwünsche. ich habe die feste überzeugung, daß es wird und würde mich sehr glücklich schätzen, wenn für mich die möglichkeit bei Ihnen bestehen würde, mitzuarbeiten mit allen meinen kräften. haben sie schon einen bühnenbildner in aussicht genommen? darf ich Ihnen entwürfe senden?"[24] Lindemann schickte ihm jedoch eine sehr klare und ernüchternde Absage: „Ich möchte Ihnen auch um der Wahrheit willen nicht verhehlen, daß – wenn es wirklich zu Stande kommt – bereits ein fester Kreis von Mitarbeitern besteht, in dem auch die Raumgestaltung der Bühnen (wir sind vom Malerischen ziemlich weit fort) vertreten ist."[25] Daraufhin wandte sich Wilden an Richard Dornseiff, der mittlerweile am Theater in Hagen Intendant war. Von der daraus resultierenden Zusammenarbeit mit Dornseiff versprach sich Wilden abermals viel: „[...] zeit für inszenierungen anderwärts hab ich ja bestimmt bei ihm und auch sonst bin ich bei ihm wirklich gerne, ich werde sicher noch nebenher manches verdienen können, auch malen und ausstellungen."[26]

Für die freie Malerei blieb Egon Wilden in Gera wenig Zeit. Dennoch entstand gerade hier in den Jahren 1923–24 eine Reihe abstrakter und geometrischer Kompositionen von reinen, nur leicht nuancierten Farben und klaren Formen. Diese kleinformatigen, in Mischtechnik ausgeführten Blätter blieben jedoch nur ein einmaliger Versuch, sich der gegenstandslosen Kunst zu nähern, und wurden in späteren Jahren nicht fortgesetzt (▸ A 288 – A 315, S. 209 – 213).

1924–27:
Am Theater in Hagen

Mit der Wiederaufnahme des Theaterbetriebes in Hagen im Jahr 1924 unter dem Intendanten Richard Dornseiff, dem Regisseur Wolfram Humperdinck und dem Szenographen Egon Wilden brach für das Hagener Theater ein neues Zeitalter an. So ist in der *Hagener Zeitung* 1925 zu lesen, wie stark die bisherige Bühnenkunst unter dem Intendanten Franz Ludwig, der 1922 das Theater mit dem gesamten Ensemble verließ, in Kritik geraten war: „In künstlerisch beinah grausamer Art wurde mit der überlebten, verstaubten und vergilbten Illusionsbühne gearbeitet, und das Schauspielerische selbst klebte in einer Art fest, die an fortschrittlichen Bühnen längst als bedenklich erkannt und überholt war."[27] Hier in Hagen fand Wilden genügend Raum zur Entfaltung und so erntete er nicht nur Lob, sondern wurde sogar als Reformator der Bühne gefeiert.[28] Erst hier konnte sich Wilden vollständig von der Illusionsmalerei, die ja so von Lindemann kritisiert worden war, lösen und sich an einem räumlich-architektonischen Bühnenaufbau orientierten.[29]

Die Arbeit in Hagen schien ihm insgesamt leicht zu fallen: „jetzt schon wieder mitten in ‚weh dem, der lügt'. das stück ist doch schlecht, aber ich mach eine lustige dekoration, die mir freude macht."[30] Diese Freude mag darin begründet gewesen sein, dass Wilden in Hagen nicht mehr den Launen eines inkompetenten Intendanten ausgeliefert war, sondern unter der Regie von Richard Dornseiff, einem langjährigen Freund, sein bildnerisches Werk weiterentwickeln konnte.

In dieser Zeit verspürte Wilden eine unheimliche Schaffenskraft und da er in Hagen keinen geeigneten Raum für sein Atelier fand, malte er vorwiegend in Düsseldorf: „[...] heut nachmittag flutschte es sehr gut. die beiden bilder ‚die junge tänzerin' und ‚der bajazzowagen' fangen langsam an, fertig zu werden. ein guter schritt vorwärts. mein kopf steckt voller pläne zu neuen bildern. ich muß den ölberg und die grablegung noch einmal malen, vielleicht auch das abendmahl, dann das liebespaar im wald mit dem orgelsmann [sic], die schlusssszene aus dem ‚idioten' usw. von den schweizer skizzen hab ich noch nichts ausgeführt, ich hab jede helle stunde auf die bilder verwendet."[31]

Tatsächlich sind in dieser Zeit zahlreiche Aquarelle entstanden. Seit seinen Anfängen am Theater war in Wildens freier Malerei die Bühnendramaturgie nicht mehr auszublenden. Dabei bedingte das Sujet häufig die stilistische Ausführung. Während die Landschaften dieser Periode eher dem Expressionismus angelehnt sind, lassen sich die Figurkompositionen häufig auf Theaterszenen zurückführen und knüpfen stilistisch an die Neue Sachlichkeit an. Bei den Letztgenannten sind zwei Themenkategorien zu differenzieren: zum einem die Darstellung von Artisten, Balletttänzern, Pierrots hinter der Bühne, zum anderen die Szenen auf der Bühne. Hierbei ist der Aufbau des Bildes meist flächig gehalten und sowohl die Gestik als auch die Posen der Figuren erinnern an Theaterinszenierungen. Als Beispiele können an dieser Stelle die Aquarelle *Zwei Frauen und ein Mann*, *Tänzerin mit rotem Haar* oder auch *Badende am Strand* gelten **(Abb. 7, 8, 9)**.

Die Zeit in Hagen scheint die glücklichste im Leben von Egon Wilden gewesen zu sein: „[…] es geht mir gut. ich klinge und strahle. meine gedanken sind bei Dir und ich freue mich, bald wieder Dich zu sehen. ich bin glücklich und weiß nicht warum. wie ich oft traurig war und nicht wußte warum."[32] Während der Zeit in Gera hatte das Paar nur wenige Möglichkeiten sich zu

Abb. 7, 8, 9

Zwei Frauen und ein Mann III, o. J., Aquarell auf Papier, 40 × 28,5 cm, Kunstmuseum Ahlen, A 186

Tänzerin mit rotem Haar, o. J., Aquarell auf Papier, 24 × 17 cm, Privatbesitz, A 197

Badende am Strand, o. J., Aquarell auf Papier, 34 × 48,5 cm, Kunstmuseum Ahlen, A 200, Taf. S. 89

sehen und auch die finanzielle Situation belastete sie sehr. Nun änderte sich die Lage grundlegend mit Wildens Engagement am Theater in Hagen. Zwar arbeitete er unter der Woche in Hagen, aber die Wochenenden verbrachte das Paar zusammen in Düsseldorf. Wildens Leichtigkeit und Lebensfreude spiegeln sich in dem übermütigen Sprachmix seiner Briefe. So ist auf der Postkarte vom 8. Oktober 1925 zu lesen: „o ma chère and amata coeur. die arbeit wird toujours mehr und ich komme nicht vor morgen nachmittag retour. heut abend schlusuns und après wieder arbeit auf der bühne. mein kreuz und handgelenk sind schon lahm. ich hoffe Dich bei mir zu finden, quand je komme. ich ne sais pas, mit quel train. sonz jeht et misch jut. bei platte tres bien sleeped. ich bin froh, wenn ich ici wieder raussuis. anstreichen und pinxen [sic] ist doch ein großer unterschied. je te bütz sur ton schnüss et … [unleserl.] malen. Dein E. viele grüße für titi."[33]

Abb. 10

Zwei grasende Pferde vor Baumgruppe, 1930, Aquarell auf Papier, 34 × 41 cm, Privatbesitz, A 124

Bereits 1923 sprach Wilden von Heirat, doch erst am 16. Juni 1926 fand dann tatsächlich die Hochzeit statt. Anstoß dazu dürften der Wunsch nach einem gemeinsamen Wohnsitz gegeben haben und die Hoffnung auf ein Kind, womöglich angeregt durch die Geburt der Nichte von Hedwig, Brigitte Küper, am 4. Mai 1926. Das Ehepaar Wilden sollte jedoch kinderlos bleiben.

1927–30:
In Hagen, Elberfeld, Köln

Mit der Spielzeit 1927/28 übernahm Wilden zusätzlich zu seiner Tätigkeit in Hagen die Aufgabe des Künstlerischen Beirats und Leiters des Ausstattungswesens an den Vereinigten Stadttheatern Barmen-Elberfeld und während der Jahre 1929–32 die des Bühnenbildners an den Städtischen Bühnen in Köln. In dieser Zeit blieb Wilden aufgrund einer Vielzahl von Inszenierungen an verschiedenen Orten erneut nur wenig Raum für seine freie Kunst. So schrieb er an Hedwig Sparrer am 7. März 1928: „[...] sonst gibt es nichts neues. immer dasselbe. arbeiten und tee kochen und schlafen. ich bin eine maschine. meistens traurig und ohne bewußtsein. immer im trott."[34]

Die Sommermonate verbrachte Wilden seit 1926 regelmäßig bei seinem Schwager

Wilhelm Küper in Ahlen und dessen Bruder Bernhard Küper in Dinklage, wo er ab 1926 sein Atelier einrichtete. „[...] im garten ein backhaus, schön. das wird mein atelier. vorläufig rumpelkammer und überall löcher. aber das wird gemacht un [sic] denn ist es herrlich. ruhe."[35] Zu diesem Zeitpunkt überzeugte ihn die Landschaft bei Dinklage noch gar nicht: „[...] dabei ist es schön, sicher, aber eine schönheit, die ich in der landschaft nicht schätze. kein aufbau, keine architektur, nichts begeisterndes, an's engadin oder auch schwarzwald darf ich gar nicht denken."[36]

Doch nachdem sein Atelier nun im Jahre 1930 fertig gestellt worden war, entstanden zahlreiche Aquarelle, die flache Feldlandschaften, Bauernhäuser mit dunklem Himmel in Dinklage, im Kreis Oldenburg, und Umgebung wiedergeben (▶ A 112 a/b, S. 183; A 117, S. 184). Neben diesen dunklen, etwas schwermütigen Lanschaftsbildern entstanden aber ebenfalls lichtere, nass in nass ausgeführte kraftvolle bis sogar grell leuchtende Arbeiten **(Abb. 10)**, die er seiner Frau zukommen ließ: „[...] inzwischen wirst Du wohl die aquarelle bekommen haben und kritisch gemustert. ich hoffe sehr, daß sie Dir gefallen und daß Du etwas neues darin findest. und ist es nichts neues, so scheint es doch ein weg dazu zu sein. ich weiß ja so genau, daß ich erst am anfang bin. die zweite aquarellserie hat begonnen gut. ich versuche, heller und leichter zu werden."[37]

Nur in den Sommermonaten konnte Wilden die Zeit fernab des Theaterlebens genießen, sich mit der Kunst im Allgemeinen und seinem eigenen Œuvre auseinandersetzen. „[...] das ist ja doch eine kleine bestätigung für mich, daß alles ‚von selbst' kommen muss. und mein gefühl, unbedingt etwas werden zu können, wurde auch gestern in der bremer kunsthalle ganz stark. es kommt nur darauf an, daß ich mich selber finde und das in mir finde, was nur ich allein sagen kann. und dazu scheint mir diese zeit des in mich hineinhorchens sehr wichtig. es wurde mir klar, daß der geschätzt wird heutzutage, der etwas zuerst tut, daß nicht das ‚können an sich' entscheidet, sondern das ‚können aus sich' allein. es gibt viele leute, die malen können wie manet, cézanne, van gogh, aber nur die gelten, weil sie es zuerst so getan haben. und so ist mein weg der richtige, alles zu können, um mein eigentliches ganz – rund und dicht – zu machen."[38] Diese Selbsteinschätzung, alles zu können, spiegelt sich sowohl im sicheren Umgang mit den zahlreichen Techniken wie Bleistift, Tusche, Aquarell, Tempera und Ölfarbe als auch in dem stilistisch überaus heterogenen Werk. Wilden orientierte sich, wie bereits erwähnt, natürlich an der aktuellen Kunstentwicklung, adaptierte die vorherrschenden Stile und setzte sie um, um auf diese Weise zu einem individuellen Stil zu gelangen.

1930 – 31: Die letzten Jahre

Arbeitslosigkeit, Krankheit und die Scheidung von Hedwig Sparrer kennzeichneten Egon Wildens letztes Lebensjahr.

In der Spielzeit 1930/31 war er nicht mehr am Theater in Hagen beschäftigt. Für die Bühnen in Köln kann in der Spielzeit 1930/31 nur noch *Viktoria und ihr Husar* nachgewiesen werden. Die allerletzte Inszenierung stattete Egon Wilden im Frühjahr 1931 für die Freilichtbühnen Marburg aus, die Premiere im Jahr 1932 erlebte er jedoch nicht mehr.

Sein Rückzug aus dem Theaterbetrieb war wahrscheinlich nicht freiwillig, sondern lag am Mangel an Bühnenaufträgen.

Zwar verschlechterte sich seine wirtschaftliche Situation dadurch enorm, doch konnte er nun als freier Künstler so intensiv arbeiten wie nie zuvor. In seinem Kalender von 1931 finden sich ab Ende Januar Einträge, die darauf hindeuten, dass er für die Ford-Werke in Köln zahlreiche Aquarelle gemalt hat.[39] Weitere Verweise auf seine Bilder des Jahres 1931 lassen eine eindeutige Zuordnung zu. So fertigte Wilden als Geburtstagsgeschenk für Hedwig Sparrer am 15. Februar 1931 den humoristischen Bilderzyklus *Die Lippischen Schützen* (▸ A 275, S. 206). Das Aquarell *Kaffeegarten am Rheinufer in Düsseldorf* (▸ A 163, S. 16) bezeichnete Wilden in seinem Kalender lediglich als „Café" und das Aquarell *Königin der Nacht* (▸ A 170, S. 100) als „kaktusblüte". Das Familienbildnis von Clara, Brigitte und Angelica Küper (▸ G 09, S. 135) kennzeichnete Wilden mit den Anfangsbuchstaben der Porträtierten, also mit „abc". Das Monogramm „p.w." – ausgeschrieben „pewe" – verweist auf das Porträt der Schauspielerin Paula Wulfers (1907 – 1985) (▸ G 08, S. 236), die ihm vor allem in den letzten Monaten seines Lebens zur Seite stand. Es entstanden in diesem letztem Lebensjahr auch „3 frauen", das Gemälde *Drei weibliche Badende in der Hängematte* (▸ G 04, S. 235) und *Liebespaar* (▸ G 07, S. 236). Aufgrund der Fülle der thematisch ähnlichen Werke sind die Bezeichnungen „4 frauen", „selbstporträt" und „liegend, stehend, sitzend, gehend" den einzelnen Arbeiten nicht eindeutig zuzuordnen.

Der künstlerische Erfolg blieb damals aus und die finanzielle Not bedrängte Wilden wie nie zuvor in seinem Leben. So schrieb er an seinen Schwager Wilhelm Küper: „es scheint, daß ich zu schade dazu bin, und so sitze ich täglich 10 stunden oder mehr in stockum und immer mehr bilder stehen und hängen an den wänden und harren des echos, daß einer komme, ergriffen von der not der künstlerschaft und sie von mir nähme. doch keiner naht und vorwurfsvoll schauen die körpergewordenen gedanken den ergebenen maler an, der abends betroffen rechnet, daß das leben teuer ist und auch das malen und zusieht, daß das ärmliche kassenkonto bedrohlich schwindet, ohne daß eine nahe aussicht sich eröffnet, ihm durch erneute zufuhr neue kraft zu geben."[40]

Zu der Arbeitslosigkeit kam am 3. März 1931 die Scheidung von Hedwig Sparrer hinzu.[41] Sie blieben zwar weiterhin im Kontakt, dennoch fehlte ihm ihre Unterstützung. In seinem Kalender sind kurze Notizen stichwortartig vermerkt, die sehr klar darauf hinweisen, wie sehr ihn die Trennung schmerzte. Er spricht in der letzten Märzwoche von „ sehnsucht höpp" und meint damit Hedwig Sparrer. Die ironisch formulierte Anmerkung: „wenn mein liebchen hochzeit hat holahai [...]" verweist auf die Hochzeit zwischen Hedwig Sparrer und Hans Heinrich Berg, die bereits am 25. März 1931 stattfand, lediglich drei Wochen nach der Scheidung von Egon Wilden. An Therese Sparrer, Hedwigs Mutter, schreibt Wilden im Juli 1931: „[...] manchmal fühl ich mich ja wirklich so verlassen und einsam, daß ich nicht weiß, wohin mit ihr und wohin ich gehöre. Hedwig steht mir ja nah wie je, und das wird immer so bleiben."[42]

Und nicht zuletzt traten im Sommer des Jahres 1931 schwerwiegende gesundheitliche Probleme auf. Im Mai notierte er in seinem Kalender: „rippenfellentzündung ausschlag am rücken" und ab dem 4. August 1931 dokumentieren Einträge den Verlauf seiner Gelbsucht. In Folge von zwei chirurgischen Blinddarmeingriffen Anfang September verstarb Egon Wilden am 7. September 1931 schließlich an Lungenversagen in Ahlen bei seinem Schwager und Freund, dem Kinderarzt Wilhelm Küper.

Ausstellungsbeteiligungen

Zu Lebzeiten konnte Wilden nur vereinzelt seine Werke der Öffentlichkeit zeigen. Er beteiligte sich an Ausstellungen verschiedener Künstlergruppen, ohne sich dauerhaft an diese zu binden. In seiner ersten Ausstellungsbeteiligung am 10. Juli 1919 an der Kunstakademie in Düsseldorf präsentierte er sechs Bilder und bedauerte, dass er keine weiteren Bilderrahmen hatte.[43] Eine Ausstellungsbeteiligung im *Aktivistenbund* ist für den April des Jahres 1920 nachzuweisen. Eine Teilnahme an der Großen Kunstausstellung Düsseldorf vom Mai bis Oktober 1926 ist durch den Katalogeintrag mit den Nummern 478 „Komödiantenkarren" und 479 „Fußballspieler" dokumentiert. Da Wildens Bilder meist weder datiert noch betitelt sind, kann nur vermutet werden, dass er eines der Bilder *Fahrendes Volk* (▸ Z 065 a/b, S. 225) und eines aus der Reihe der Fußballbilder (▸ A 270 – A 274, S. 136, 205 – 206) präsentierte.

Ferner beteiligte sich Wilden sowohl 1927 an der Ausstellung des *Jungen Rheinlands* als auch an den Ausstellungen der *Rheinischen Sezession* in den Jahren 1929 und 1931, die alle in der Städtischen Kunsthalle Düsseldorf stattfanden. So stellte er im Jahr 1927 zwei Ölgemälde mit den Titeln „Komödianten" und „Musikalischer Clown und Tänzerinnen" sowie ein Aquarell aus. Bei dem letztgenannten Gemälde könnte es sich um das Ölbild *Pierrot mit zwei Ballett-Tänzerinnen* handeln (▸ G 17, S. 237).

In der Ausstellung der *Rheinische Sezession* von Mai bis Juni 1929 war Wilden mit zwei Aquarellen vertreten. Im Ausstellungskatalog 1931 wird Egon Wilden erwähnt, doch es finden sich keine Anhaltspunkte auf die ausgestellten Bilder.[44] In seinem Kalender trägt er am 14. April ein: „bilder für sezession fertig gemacht" und am 15. April „5 ölbilder, 5 aquarelle zur sezession."

Leider finden sich keine weiteren Verweise, die eine genauere Zuordnung ermöglichen könnten. Drei uns heute bekannte Bilder sind mit „rheinische Sezession" beschriftet (**Abb. 11, 12, 13**).

Eine erste posthume Ausstellung erfolgte im Jahr 1962 im Kunstkabinett Hans Trojanski in Düsseldorf. Es folgten – mit großem zeitlichen Abstand – Ausstellungen im Wilhelm-Marx-Haus der Bayerischen Landesbank Düsseldorf (1993), im Theatermuseum Düsseldorf (1994) und im Karl-Ernst-Osthaus-Museum in Hagen (1994/95). Einzelne ausgewählte Arbeiten präsentierte das August Macke Haus in Bonn im Rahmen der Ausstellung *Rheinische Expressionisten aus Bonner Privatbesitz* im Jahr 1995. Einige seiner religiösen Aquarelle und Zeichnungen fanden Eingang in die Ausstellung *Mehr als alle Bilder,* die im Rahmen der Sommerakademie des Bildungswerkes Bonn und der Katholischen Hochschulgemeine zunächst in der Name-Jesu-Kirche in Bonn und anschließend im Erftkreis und in Solingen gezeigt wurde. Das August Macke Haus in Bonn griff das religiöse Thema in der Ausstellung *Christus am Rhein und Ruhr* im Jahr 2009 erneut auf. Im Kreise seiner Künstlerkollegen konnten Wildens Aquarelle in der Ausstellung *Das Junge Rheinland – Vorläufer – Freunde – Nachfolger* im Stadtmuseum Düsseldorf im Jahr 2006 vorgestellt werden.

Nach der ersten Präsentation von Ausschnitten aus Wildens Œuvre im Jahr 2004 stellt das Kunstmuseum Ahlen nun im Zusammenhang mit dieser Publikation das Werk des Künstlers 2009/10 in großem Umfang aus.[45]

Abb. 11, 12

Gehöft in Dinklage, o. J., Aquarell auf Papier, 37,5 × 45,5 cm, Kunstmuseum Ahlen, A 101, Taf. S. 113

„N° herbstwald", ca. 1930, Aquarell auf Papier, 34 × 41 cm, Privatbesitz, A 128

Abb. 13

Gehöft bei Dinklage, ca. 1930,
Aquarell, Tusche auf Papier,
37,4 × 45,6 cm,
bez.: N⁰ 9 rheinische Sezession,
Privatbesitz, A 144

Mensch – Künstler – Bühnenbildner

„Wilden war ein langer, etwas schlacksiger Künstler, der stets in einem braunen Manchesteranzug herumlief. Er war ziemlich wortkarg, aber wenn er die Malpinsel zur Hand nahm, dann war etwas los! Mit einem Satz: Der konnte malen! Dabei war er, wie man damals sagte, ein ganz ‚Moderner', ein Expressionist."[46] Diese Erinnerung von Karl Brand, einem Malergehilfen am Herner Theater, illustriert sehr eindrucksvoll das Bild des introvertierten Künstlers Wilden.

In seinen Briefen offenbart sich Egon Wilden dem Leser als ein zurückhaltender, sensibler, von den Erfahrungen des Ersten Weltkrieges gezeichneter Mann, der sein Leben lang den Wunsch hegte, als freischaffender Künstler seiner Begabung nachzugehen. Trotz seiner augenscheinlich introvertierten und teils depressiven Art klingt in seinen Briefen immer wieder Ironie an, mit der er – in rheinischem Zungenschlag – seine verzwickte Lebenssituation umschreibt. Kleine, frech wirkende Zeichnungen und Wortspiele lockern seine doch so häufig melancholisch verstimmten Darlegungen auf und offenbaren seinen Humor.

Eine seiner Stärken war Wildens vorausschauender Blick. So bewertete er bereits 1923 die Nazibewegung als eine ernst zu nehmende Gefahr. In einem Brief schreibt er zehn Jahre vor der Machtergreifung Hitlers: „[...] man redet überall von krawallen. ich kann mir nicht denken, daß das müde volk noch lust zu solchen dingen hat. alles wird sofort zu der partei übergehen, die was verspricht, das werden also die hitlerleute sein. der militarismus wird wieder blühen und das elend wird noch größer. es ist zum verzweifeln."[47]

In seiner Briefkorrespondenz nennt er nur wenige Freunde oder Bekannte namentlich. Die wichtigste Person in seinem Leben war ohne Zweifel Hedwig Sparrer, sie hat ihn in der Zeit nach dem Ersten Weltkrieg am Leben erhalten. Wie sehr er unter ihrer Abwesenheit bzw. an der Fernbeziehung litt, wird an vielen Stellen deutlich: „mein geliebtes herzensfräuke, wie konntest Du mir das antun, abzufahren, ohne zu warten bis ich kam. ich hatte doch gesagt, ich käme ende der woche. und als ich gestern nach köln kam, warst Du wieder weg. es war noch viel schlimmer als damals in hamborn. ich war fast gelähmt und es fiel mir schwer zu gehen. ich konnte nichts sagen und hab mich nach 10 minuten schweigen von trudi verabschiedet. es war furchtbar und ich musste mich sehr beherrschen, nicht zu weinen."[48] Genauso groß war aber auch die Freude über die folgenden Wiedersehen, die er nicht nur in den Briefen, sondern auch in gemalten Grußkarten zum Ausdruck brachte **(Abb. 14)**.

Abb. 14

Postkarte von Egon Wilden an Hedwig Sparrer „HURRA ICH KANN DOCH KOMMEN"

Trotz Zeitmangels für seine tatsächliche Berufung erarbeitete Wilden in den zwölf Jahren seines Schaffens über 500 Aquarelle, Zeichnungen und Gemälde, die zunächst Gegenständliches aufgreifen, 1923/24 abstrahiert sind und stilistisch an Expressionismus, Fauvismus und Konstruktivismus anknüpfen. Er probierte die vollständige Palette seiner Möglichkeiten aus, beherrschte die Stile seiner Zeit und suchte nach einem ganz eigenen Weg. Sein Werk ist nicht nur ein Beispiel für die Kunst der Nachkriegsgeneration, sondern offenbart sein Talent als herausragender Aquarellist, das er jedoch nicht mehr zu voller Entfaltung bringen konnte.

Dank der Schenkung aus dem Privatbesitz seiner Nichten Brigitte und Angelica Küper gelangten mehr als 300 Werke des Künstlers als Dauerleihgabe des Förderkreises Kunstmuseum Ahlen e.V. in die Ahlener Sammlung. Weitere Arbeiten befinden sich heute in Privatbesitz.

In seinem kurzen Leben konnte Egon Wilden mehr als 180 Inszenierungen ausstatten, mehr als 17 pro Spielzeit. Das Repertoire der Theaterstücke reichte von klassisch bis modern und bezog auch die Bereiche des Musik- und Sprechtheaters ein. Zu diesen Inszenierungen werden mehr als 800 Entwürfe im Schloss Wahn, in der Theaterwissenschaftlichen Sammlung der Universität Köln aufbewahrt. Wilden betonte immer wieder, dass er nicht für das Theater geschaffen sei, dass ihm das Bühnenbild zu unwesentlich vorkomme und er es nur als Spielerei betrachte.[49]

Dennoch vermochte es Wilden dank seines hervorragenden Gespürs für die einzelnen Theaterstücke, seinen Aufführungen einen künstlerisch ansprechenden, zeitgemäßen Rahmen zu geben. Bei der Einteilung seiner Arbeit als Bühnenbildner und freischaffender Maler musste Egon Wilden stets Kompromisse eingehen, die seine innere Balance zwar immer wieder ins Wanken brachten, letztlich aber seinen Lebensmut nicht zerstören konnten.

Achtungsvoll erfasste sein Freund Erich Kuhn 1931 im Nachruf die Persönlichkeit des Expressionisten der sogenannten zweiten Generation: „Schmerzvoll ist es uns, daß Du dein Werk nicht hast vollenden können, in das Du Deinen unerschütterlichen Glauben, Deine zuversichtliche Fröhlichkeit, Deinen heiligen Ernst und Deinen unbezwingbaren Humor fest eingebettet hast."[50]

Anmerkungen

1 Hinweise aus den Stadtarchiven Düsseldorf, Brilon und Aachen:
Egon Wilhelm Johann (Februar bis April 1891), Brunhilde Caroline Wilhelmine (21.11.1893 – 13.7.1975), Mathilde Emma Martha Magdalene (18.11.1898 – 3.8.1899), Kurt Josef Hubert Hans (6.6.1897 – 16.2.1973).
2 Brief an Hedwig Sparrer vom 2. Mai 1919. Dieser und die folgenden zitierten Briefe befinden sich in Abschrift im Egon Wilden-Archiv, Kunstmuseum Ahlen.
3 Brief an Hedwig Sparrer vom 4. Juni 1930.
4 Brief an Hedwig Sparrer vom 8. Juli 1919.
5 Brief an Hedwig Sparrer vom 19. Juli 1919.
6 Zu Jupp Rübsam vgl. Jutta Pitzen: Jupp Rübsam 1896–1976, in: *Leben und Werk niederrheinischer Künstler, Schriftenreihe der Sparkassenstiftung Natur und Kultur Kreis Viersen*, Bd. 1, Krefeld 1991.
7 *Zweihundert Jahre Kunstakademie Düsseldorf,* hg. von Eduard Trier, Düsseldorf 1973, S. 150–152.
8 Brief an Hedwig Sparrer vom 12. Juli 1919.

9   Zur kunsthistorischen Einordung siehe den Beitrag von Martina Padberg in diesem Katalog S. 57–75.
10 Brief an Hedwig Sparrer vom 8. Juli 1919.
11 In der Forschungsstelle Glasmalerei Mönchengladbach existieren keine Verweise auf Glasfensterausführung von Max Pechstein oder Egon Wilden in Essener Kirchen.
12 Kuhn, Erich (1890–1967), dt. Bildhauer (Stein und Holz). Kuhn war zeitgleich mit Wilden am 21. April 1920 auf dem Feldberger Hof im Schwarzwald. Das Kirchenmodell entstammt der Haushaltsauflösung dieser Gaststätte. Es ist naheliegend, dass das Kirchenmodell eben in dieser Zeit von den beiden Künstlern angefertigt worden ist.
13 Trier 1973 (wie Anm. 7), S. 152.
14 Zit. nach Joachim Geil, in: ders.: *Egon Wilden (1894–1931). Der Maler und die Bühne,* Köln 1999, S. 43.
15 Brief an Hedwig Sparrer vom 12. September 1922.
16 Brief an Hedwig Sparrer vom 28. Dezember 1922.
17 Brief an Hedwig Sparrer vom 12. September 1922.
18 Brief an Hedwig Sparrer vom 19. Oktober 1922.
19 Brief an Hedwig Sparrer vom 13. April 1923.
20 Brief an Hedwig Sparrer vom 23. Oktober 1923.
21 Brief an Hedwig Sparrer vom 12. Januar 1924.
22 Joachim Geil, Egon Wilden als Bühnenbildner, in: *Maler und Bühnenbildner. 1894–1931,* hg. von der Theaterwissenschaftlichen Sammlung der Universität zu Köln, Ausst. Kat. Theatermuseum Düsseldorf, Düsseldorf 1994, S. 34.
23 Brief an Hedwig Sparrer vom 9. Januar 1924.
24 Brief an Gustav Lindemann vom 31. März 1924, Dumont-Lindemann-Archiv Düsseldorf.
25 Durchschlag des Briefes an Egon Wilden vom 4. April 1924: Theaterwiss. Sammlung der Universität Köln (TWS) Au 6485.
26 Brief an Hedwig Sparrer vom 1. Juni 1924.
27 Albert Maaß: Die Reformation der Hagener Bühnenkunst, in: *Hagener Zeitung,* 1. April, 1925, zit. nach Geil 1999 (wie Anm. 14), S. 50.
28 Genauer bei Joachim Geil in diesem Katalog, S. 144 ff.
29 Genauer bei Joachim Geil in diesem Katalog S. 157 ff.
30 Brief an Hedwig Sparrer vom 26. Februar 1925.
31 Brief an Hedwig Sparrer vom 20. Juli 1925.
32 Brief an Hedwig Sparrer vom 8. Januar 1925.
33 Postkarte an Hedwig Sparrer vom 8. Oktober 1925.
34 Brief an Hedwig Sparrer vom 7. März 1928.
35 Brief an Hedwig Sparrer vom 3. März 1926.
36 Brief an Hedwig Sparrer vom 13. Juli 1926.
37 Brief an Hedwig Sparrer vom 16. Oktober 1930.
38 Brief an Hedwig Sparrer vom 11. Oktober 1930.
39 Einträge im Kalender vom 27. Januar: „ford gearbeitet 3 aquarelle"; vom 3. Februar: „ford 15 stück fertig; vom 8. April: „nachm. ,ford' gearbeitet"; vom 10. April „ford", Egon Wilden-Archiv, Kunstmuseum Ahlen. Im ersten Werkverzeichnis von 1994 sind insgesamt 21 Aquarelle vermerkt, die an die Ford-Werke in Köln übergeben worden sind.
40 Brief an Wilhelm Küper vom 25. August 1930, Egon Wilden-Archiv, Kunstmuseum Ahlen.
41 Zu den Gründen der Scheidung siehe Peter Berg in diesem Katalog, S. 45 ff., 53 ff.
42 Brief an Therese Sparrer vom 8. Juni 1931.
43 Brief an Hedwig Sparrer vom 9. Juli 1919.
44 Geil 1999 (wie Anm. 14), S. 69; Große Kunstausstellung Düsseldorf, veranstaltet von dem Verein zur Veranstaltung von Kunstausstellungen e.V. in Düsseldorf. 8. Mai bis Anfang Oktober 1926, Düsseldorf 1926.
45 Zu den Ausstellungen erschienen folgende Kataloge: *Egon Wilden. Maler und Bühnenbildner. 1984–1931,* hg. von der Theaterwissenschaftlichen Sammlung der Universität zu Köln, Ausst. Kat. Theatermuseum Düsseldorf, Düsseldorf 1994; *Mehr als alle Bilder, Christus in der Kunst des 20. Jahrhunderts,* hg. vom Bildungswerk der Erzdiözese Köln, Ausst. Kat. Namen-Jesu-Kirche Bonn u. a., Bonn 2000; *Rheinische Expressionisten aus Bonner Privatbesitz,* hg. vom Verein August Macke Haus e.V., Schriftenreihe Nr. 16, Bonn 1995; *Das Junge Rheinland – Vorläufer – Freunde – Nachfolger,* hg. von Susanne Anna, Annette Baumeister, Düsseldorf 2008; *Christus an Rhein und Ruhr – Die Wiederentdeckung des Sakralen in der Moderne 1910–1930,* hg. vom Verein August Macke Haus e. V, Schriftenreihe Nr. 55, Bonn 2009.
46 Karl Brand: *Herne hatte ein Stadttheater. Erinnerungen von Karl Brand,* 1. Folge, in: Herne – unsere Stadt. Monatsschrift der Stadt Herne, Jg. 2, Nr. 3, März 1965, S. 18.
47 Brief an Hedwig Sparrer vom 23. Oktober 1923.
48 Brief an Hedwig Sparrer vom 20. Juli 1923.
49 Brief an Hedwig Sparrer vom 1. Juni 1924.
50 Erich Kuhn, Totenrede vom 10. September 1931, Egon Wilden-Archiv, Kunstmuseum Ahlen.

Hedwig Sparrer und Egon Wilden – ein Künstlerpaar

Peter Berg

Das folgende Kapitel wurde von Peter Berg, dem Sohn von Hedwig Sparrer aus ihrer zweiten Ehe mit Professor Dr. Hans Heinrich Berg, dem langjährigen Internisten an der Hamburger Universität, geschrieben. Es stammt aus seiner kürzlich erschienenen Familiengeschichte (*Berggeschichten – über eine deutsche bürgerliche Familie in unsicheren Zeiten – erzählt von Peter Berg*), die der Autor auf der Grundlage zahlreicher schriftlicher Unterlagen und vieler Hunderte von Briefen seiner Vorfahren, die zurück bis in die Mitte des 19. Jahrhunderts reichen, verfasst hat.

Zum Verständnis des Folgenden sollte der Leser wissen, dass Hedwig, meine Mutter, und Hans Heini, mein Vater, sich schon vor dem Ersten Weltkrieg oben auf dem Feldberg im Schwarzwald in dem damals sehr bekannten „Feldberger Hof" kennengelernt hatten. Dorthin war Hedwig nach dem Scheitern der Ehe ihrer Eltern als Bürokraft gelangt; Hans Heini, damals Medizinstudent in Freiburg, kam an den Wochenenden im Winter herauf, um seiner Leidenschaft, dem Skilauf, einer damals ganz neuen Sportart, nachzugehen. Die beiden jungen Menschen waren einander gleich sympathisch – und wer weiß, wie sich die Dinge entwickelt hätten, wäre nicht im August 1914 der Krieg ausgebrochen.

Hans Heini, der soeben seine Approbation als Arzt erworben hatte, trat als Kriegsfreiwilliger in ein für den Winterkrieg im Gebirge neu aufgestelltes Jägerregiment ein, als Bataillonsarzt und Skilehrer. So machte er die vier Jahre des Ersten Weltkrieges mit, an nahezu allen Fronten: Ostpreußen, Tirol, Serbien, Verdun, Karpathen, Isonzo, Westfront 1918.

Hedwig blieb auf dem Feldberg und verlobte sich im dritten Kriegsjahr mit einem gewissen Leutnant Wohlmacher, übrigens ein Regimentskamerad von Hans Heini, der im Unterschied zu ihm wochenlang auf dem Feldberg stationiert war, um dort die Ausbildung der Rekruten des Jägerregimentes für den Krieg im Gebirge zu leiten. Das Glück endete, bevor es richtig begonnen hatte. Wohlmacher fiel, mit dem gesamten Regimentsstab, in der letzten großen deutsch-österreichischen Offensive am Isonzo. Hans Heini, der einzige Überlebende, musste Hedwig die traurige Nachricht übermitteln.

Auch Louise Dumont, die große Theaterprinzipalin aus Düsseldorf, weilte damals häufiger als Gast oben auf dem Feldberg. Sie war es, die das große Talent der jungen Hedwig erkannte und die Wende in ihrem

◂ Porträt Egon Wilden und Hedwig Sparrer

Leben herbeiführte. Sie forderte sie auf, zu ihr nach Düsseldorf in die Schule des Schauspielhauses zu kommen. Während Hans Heini also seit dem Frühjahr 1918 an der Westfront in Nordfrankreich stand und später den Rückweg des geschlagenen Heeres bis an den Rhein mitmachte, zog Hedwig nach Düsseldorf, um dort eine völlig neue Welt, die Welt der Bühne, zu betreten.

Die Lebenswege meiner Eltern führten sie also damals noch nicht zusammen, sondern erst mehr als zehn Jahre später. Jeder ging zunächst eine andere Bindung ein: Hedwig mit dem Maler Egon Wilden, Hans Heini mit einer acht Jahre älteren Krankenschwester namens Paula Schnorrenberg. Er warf sich auf die Wissenschaft und erwarb sich rasch den Ruf als einer der besten Röntgenologen Deutschlands. Beider Ehen blieben kinderlos. Nie in all diesen Jahren verloren sich Hedwig und Hans Heini gänzlich aus den Augen. Und als sich ihre Wege, nach manchen Enttäuschungen der letzten Jahre, im Juni 1930 wieder kreuzten, war beiden sofort klar, dass sie zusammengehörten. Sie lösten sich von ihren jeweiligen Ehepartnern und heirateten 1931.

Hedwig in der Schauspielschule

„Es war die Zeit kurz nach der Revolution, während der Besetzung und zu Beginn der Inflation. Alles war neu, alles war besonders und täglich anders. Auf der Luegallee schossen die Belgier und auf dem Hindenburgwall die Separatisten, und wir packten unsere Reclamhefte fester unter den Arm und rannten auf Umwegen, die Gefahr noch überspielend, zu unseren Unterrichtsstunden. Viele von uns wohnten damals in Oberkassel und der Weg zur Schule war gleichzeitig ein Weg über die Grenze. Die Unannehmlichkeiten und die Gefahr, die das mit sich brachte, machten unser Leben noch romantischer als es ohnehin schon war."

Der das schreibt im Jahre 1931 – der Text erschien am 25. Januar im Unterhaltungsblatt der *Düsseldorfer Nachrichten* – ist Gustav Gründgens, der große deutsche Theatermann. Gründgens war damals mit Hedwig Sparrer in derselben Schauspielklasse bei Louise Dumont.

Die Stadt Düsseldorf, am Rande der besetzten Zone liegend, durchlief in dieser Zeit, wie alle großen Städte in Deutschland, ‚revolutionäre Fieberschübe'. Das Schauspielhaus wurde davon voll getroffen. Zuerst Auseinandersetzungen mit dem Arbeiter- und Soldatenrat, dann ein Streik des Personals – es ging damals schon um ein Mitbestimmungsmodell –, sodass Louise Dumont und Gustav Lindemann sich gezwungen sahen, vorübergehend die Leitung des Schauspielhauses niederzulegen.

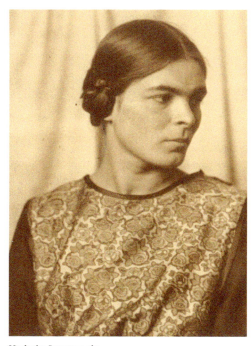

Hedwig Sparrer als Schauspielschülerin

In der Schauspielschule dagegen herrschte Hochbetrieb. Gründgens: „Es war die Zeit des Interregnums Henckels-Holl, und das war für uns besonders schön und günstig, weil sich nun Frau Dumonts ganze Kraft und Arbeit auf die Schule konzentrierte. Mir ist heute allein die Quantität unserer Arbeit unfassbar. Wir haben alle geschuftet wie die Wilden. Aus reinem Vergnügen, aus lauter Überschwang, ohne Aufforderung. Unfassbar auch die Geduld, mit der Frau Dumont alle diese unsere Temperamentsausbrüche über sich ergehen ließ. Viermal Balkonszene aus ‚Romeo und Julia', dreimal Faust und Mephisto, zehnmal Gretchen in einer Unterrichtsstunde gehörten zur Tagesordnung. Von Strindberg und Wedekind ist kein Satz ungesprochen geblieben; ich glaube, hier hat jeder jede Rolle probiert und vorgesprochen. Und als wir erst die Werfel'schen Gedichte in die Hände bekamen! [...] Unvergesslich, wie sie uns nach einer solchen Nur-Werfel-Stunde spontan Nietzsches Gedicht ‚Die Krähen' vortrug. Ich werde nie vergessen, wie sie im Halbdunkel des Probensaales stand und erst nur andeutend, dann plötzlich mitgerissen mit einer Wucht und Leidenschaft sprach, vor der uns unsere Explosionen wirklich einmal so kindisch vorkamen, wie sie wohl waren." „Wir waren weiß Gott ein Haufen respektloser Rauhbeine," schreibt Gründgens noch, „aber in ihrer Gegenwart, nein, auch hinter ihrem Rücken gab es keinen Zweifel an ihrer unbedingten Autorität und Verehrungswürdigkeit. Dass sie es verstanden hat, sich und uns diese bedingungslose Verehrung zu erhalten, will mir heute als das Wichtigste erscheinen, was sie uns zu geben hatte."

Unbedingte Verehrung der „hohen Frau", wie sie Louise Dumont unter sich titulierten, prägte auch Hedwigs Haltung, seit die Dumont ihr so lebensentscheidend auf dem Feldberg begegnet war. Mit liebender Hingabe folgte sie allem, was ihr die verehrte Lehrerin an Hinweisen gab. Kunst war etwas Heiliges, das die Menschen gesund machen sollte, das vermittelte die große Tragödin ihren Schülern.

Aus den erhaltenen Briefen an Hans Heini nach Marburg aus den Jahren 1918–19 wird deutlich, dass Hedwig die Eingewöhnung in Düsseldorf, überhaupt in eine große Stadt, zuerst nicht leicht fiel: „Die ersten drei Wochen, der Umschwung war radikal. Ich fange erst seit gestern, vorgestern wieder an zu leben und spüre inzwischen, wie schön es wird – Mittler zwischen Volk und Dichter – Göttlichem – zu sein – sei's in irgendeiner Weise. Aber der Weg – aus sich selbst heraus zuerst – ist schwer."

Doch sie lerne drollige, nette Leute kennen, schreibt sie. Die Lehrer und auch viele Schüler nahmen sie freundlich auf: „Neulich kam eine Schauspielerin schnüffelnd auf mich zu u. sagte: ach, lassen Sie mich einmal riechen. Sie sind so frisch."

Die politischen Unruhen in der Stadt Düsseldorf, die diese Zeit prägten, ließen Hedwig jedoch völlig unberührt. Sie ging unbeirrt ihren Weg und da wird in einem Brief höchstens einmal kurz erwähnt, dass sie von den Schießereien zwischen dem Spartakus und den Regierungstruppen gar nichts mitbekam. Sie hörte erst nachträglich davon. „Es war nur einen Tag Krawall und nun ist es wieder ruhig." Die Straßenbahner streikten, der gefürchtete Wahltag aber ging ruhig vorbei. „Heute sind die Theater geschlossen: Trauertag für K. Liebknecht und Rosa Luxemburg."

„Es müssen ja schauerhafte Dinge über die Zustände in Düsseldorf erzählt werden", schreibt sie an Hans Heini. Sie aber führe ein „braves Leben" und die Woche in der Schule sei produktiv gewesen. Sie, die Schüler, sollten Hebbels Maria Magdalena einstudieren. Hedwig bekam die Rolle der Mutter und wurde gelobt. „Wie mutig das macht. Ebenso, wie wenn meine Frau Dumont sagt, sie glaube, ich werde später gut für Ibsen sein. Oder, sie freue sich, wie richtig ich Shakespeare auffasse. Auch interessiere ich mich seit den letzten Wochen sehr für Regiearbeit – und hoffe sehr, dass Frau Dumonts Plan wahr wird, eine Regieklasse zu gründen. Nächstens geht's an Lessing …"

Man sieht, die junge Hedwig war vollkommen eingetaucht in die Welt von Spiel und Lernen. Was draußen vorging, berührte sie gar nicht. Und wenn das Personal des Schauspielhauses wieder einmal streikte, was häufiger vorkam, so sprangen die Schüler, damit keine Vorstellung ausfiel, ein – als Garderobenfrauen oder als Helfer beim Aufbau der Bühnenbilder. Sie handele aus Liebe zu Frau Dumont, schrieb Hedwig, die in allen Krisen sehr stark sei.

Die einsetzende Inflation z. B. ‚biss richtig zu'. Zwar hatte Hedwig an der Schule eine Freistelle, doch aus den besorgten Briefen vom Feldberg wie auch von Hans Heini aus Marburg ist zu entnehmen, dass sie häufig knapp bei Kasse war, dass Pakete mit Esswaren sehr willkommen waren. Aber das war alles unwichtig im Vergleich zu dem, was sie innerlich so ganz erfüllte.

Und sie hatte inzwischen einen Freundeskreis gefunden – unter den „Mölerkes", den Malschülern der nahegelegenen Kunstakademie. Unter den „Mölern" waren der Jupp, der Herbert und vor allem der Egon. Im Kreise dieser immer fröhlichen jungen Männer verbrachte sie ihre freien Stunden. Es ist schade, dass wir über diesen Freundeskreis so gut wie nichts Näheres wissen, bis auf das, was in ihren Briefen steht. Mit Ausnahme von Egon natürlich, dazu gleich mehr.

Mit den „Mölern" ist es schön. Der Jupp hat ihren Blumenkasten bemalt mit Sternen, Herzen und dem Spruch ‚Lass' Sonne herein'. Ihr Zimmer, schreibt sie Hans Heini, gleiche inzwischen einer Galerie expressionistischer Gemälde. Draußen sei jetzt Frühling. Sie beschreibt den warmen Sonnenschein, die blühenden Krokusse. Unten auf der Straße blase ein Bettelmusikant Trompete. Die Schwalben schaukelten in der blauen Luft. Gleich kämen die Freunde sie abholen. Zuerst gingen sie in eine kleine Kapelle zur Maienandacht, danach an das Rheinufer, auf die Rheinwiesen. „Wie ist es da so schön, wenn Egon seine alten, inni-

Hedwig Sparrer und
Egon Wilden

gen Lieder singt. Ganz leise und schlicht. Du kennst sie ja schon aus meinen Briefen, gell? Meine drei Möler?"

Wer war nun dieser Möler, der so schön singen konnte? Egon Wilden, am 8. Dezember 1894 in Düsseldorf geboren, der Vater war wohl Goldschmied, die Ehe der Eltern wurde später geschieden; aus der Jugend von Egon ist weiter nichts bekannt. Wir hören nur, dass er noch vier Geschwister hatte.

Egon war also vier Jahre älter als Hedwig und ein groß gewachsener, gut aussehender Mann mit dunklem, natürlich gelockten Haar und einer runden Nickelbrille, wie auch Bertold Brecht eine trug. 1913, nach Beendigung seiner Schule, bezog er die Düsseldorfer Kunstakademie, um Malerei zu studieren. Ein Jahr später musste er in den großen Krieg ziehen, wurde schwer verwundet und verschüttet, wovon ihm für immer Albträume und quälende Kopfschmerzen übrig blieben. Wir wissen nichts Näheres über sein Kriegserlebnis, nur dass es, anders als etwa bei Otto Dix, in seinem malerischen Werk keine direkten Spuren hinterlassen hat. Oder sollte seine lebenslange Auseinandersetzung mit religiösen Themen etwa darauf zurückzuführen sein? Wir können die Frage nicht beantworten. Nach Kriegsende 1918 setzte er dann seine Ausbildung an der Kunstakademie fort. Er studierte bei Heinrich Nauen, der als Vertreter der Moderne an der Akademie galt. Und so trafen sich der Kunststudent Egon Wilden und die Schauspielschülerin Hedwig Sparrer schon bald, nachdem Hedwig im Herbst des Jahres 1918 in Düsseldorf eingetroffen war.

Egon Wildens große malerische Begabung ist nie so recht ins Licht der Öffentlichkeit getreten, wofür es mehrere Gründe gibt. Als er die Akademie verlassen hatte, arbeitete er, um seinen Lebensunterhalt zu verdienen, vor allem als Bühnenbildner für diverse Theater im Rheinland, später auch in Thüringen. Nur zu einer Karriere im Düsseldorfer Schauspielhaus, in seiner Heimatstadt also, ist es nicht gekommen, weil neben den zwei dort bereits etablierten Bühnenbildnern für einen dritten kein Platz mehr war. Hinter diesem Brotberuf, unter dem er immer wieder litt, musste seine Malerei häufig zurückstehen.

Der andere Grund, warum Wilden die ihm sicher zustehende öffentliche Bekanntheit nicht erreichte, liegt darin, dass er bereits mit 36 Jahren starb, am 7. September 1931. Ein viel zu kurzes Leben, das seine Vollendung nicht erfahren hat. Sein beträchtliches künstlerisches Werk war lange Zeit öffentlich nicht zugänglich.

Zwischen Egon, der so schön singen konnte, und Hedwig entwickelte sich rasch mehr als eine Freundschaft. Ab 1920 waren sie ein Paar, 1926 heirateten sie. Und auch, als sie sich vier Jahre später von ihm scheiden ließ, riss die Beziehung zu ihm niemals ab, bis zu seinem frühen Tode. Hedwig war in den zehn Jahren, die sie miteinander verbrachten, die wichtigste, wenn auch nicht die einzige Frau in seinem Leben. Egons etwa 200 Briefe an Hedwig, geschrieben in seiner schönen, ausdrucksvollen Handschrift, z. T. mit kleinen Zeichnungen illustriert, sind eine der großen Quellen für sein, für ihr gemeinsames Leben. Und daraus wollen wir das Folgende versuchen darzustellen.

In einem Brief Hedwigs vom 16. September 1920 an die verehrte Louise Dumont, der im Archiv des Düsseldorfer Schauspielhauses erhalten blieb, lesen wir, dass sie vor Sehnsucht vergehe, einmal wieder zu ihr zu gehen, „um mein Herz vertrauend auszugießen […] Aber ich sehe Sie in so viel schwerer Arbeit und lese in Ihren Augen oft Sorge. Ach wie oft schon trieb's mich zu Ihnen – liebevoll – und immer bin ich – mir meiner Unwürdigkeit bewusst – wieder umgekehrt. Und andererseits will so schwer Wort werden, was in mir vorgeht. Liebste Frau Dumont, es ist nicht Schwärmerei, nicht Hysterie, eigentlich ist es so einfach. Ich liebe Egon W. – Sie wissens's ja – und durch diese Liebe kam Glück und Schmerz – oh Schmerz so gewaltig – in mein Leben, dass alles vergangene Erleben klein wird – ich muss zu neuer Ebene fliegen, mich heben. Aber das ist Kampf zuerst und Unrast. Manchmal, ja oft sehe ich Wege hinaus und das ferne Ziel – und dann weiß ich, was es heißt, als Frau in das Leben der Erde geboren zu sein, verstehe was Solveigh heißt. Und die Sehnsucht, dies zu erreichen, ist größer als ich […]."

Dies ist ein außerordentlicher Brief mit dem Geständnis ihrer Liebe – seien wir dankbar, dass der Zugang zu Louise Dumont anscheinend so schwierig war, sonst wäre er nicht geschrieben worden. Stören wir uns auch nicht daran, dass bei der jungen Schauspielerin, als sie über sich spricht, die Liebe und das Theater ineinanderfließen. Solveigh, in *Peer Gynt* von Ibsen, eine Rolle, die sie damals gerade einstudierte, steht ihr vor Augen, als sie sich Frau Dumont zu erklären versuchte. Solveigh, das ist die unbeirrbar Liebende, die den mit reicher Fantasie und unstetem Tatendrang begabten Bauernjungen Peer zur Erkenntnis seines Wesens führt – zur Selbstfindung durch ihre Liebe. So also sah Hedwig wohl ihre Aufgabe im Verhältnis zu Egon.

Auch die Antwort der Dumont ist, auf einem Bogen ohne Datum, erhalten geblieben: „Liebe Hedwig, nun sah ich Sie immer noch nicht – daher dieser Brief […]." Darin stehen die Sätze, die die junge Frau beeindruckt haben dürften: „Jünglinge in diesem Alter haben es immer schwer. Ganz ungeheuer schwer aber haben es junge männliche Künstler – und dies ist einer, ein wahrer. Hegen Sie ihn ordentlich. Sie können es […]." Der Rat einer lebens- und leidenserfahrenen Frau, den am Ende die Hedwig gar nicht mehr brauchte, der sie aber in ihrer Liebe bestärkt haben wird.

Die Liebesbeziehung zwischen Egon und Hedwig ging damals schon in ihr erstes Jahr. Und sie war alles andere als unkompliziert. Sie, Hedwig, hatte sich nach dem plötzlichen Kriegstod ihres Verlobten, Hans Wohlmacher, und im Gedenken an ihn geschworen, statt Einen zu lieben, „1000 Blumen zu sein und 1000 Mal am Tag mich verschenken zu dürfen" – über die Rampe der Bühne, wie sie sich das, seit sie in Düsseldorf anfing, wohl zurecht gelegt hatte. „Und dann schrieb einer von Qualen, Eifersucht, Begehren, Sehnsucht. Mein Herz stand still – es kämpfte, es öffnete sich ihm – in seliger Hingabe – ihm – ihm und allem Seinen. Sein Leid, seine Schuld trug ich bald ebenso verklärt und geliebt in meiner Brust wie seine wahrhaftige Schönheit." Hedwig bittet Gott, Egon helfen zu dürfen, lesen wir in diesem Text der Selbsterforschung, datiert vom 14. August 1919, von dem mir gar nicht so sicher erscheint, ob sie ihn überhaupt als Brief an Egon schickte.

Und er, Egon, schrieb ihr laufend Liebesbriefe, so einen ersten vom 19. Mai 1919, mit seiner Lebensbeichte, mit seinem Kriegserlebnis, seinen bisherigen Frauengeschichten: „ich liebe Dich, Du bist der einzige mensch, für den ich leben kann. ich hab' wahnsinnige kopfschmerzen und ich bin ganz wirr. der regen bohrt sich in mich, alles schreit nach Dir. alles quält mich vor einer furchtbaren eifersucht, deren ich nicht herr werde. Du liebst alle menschen, möchtest Dich allen verschenken, möchtest tausend blumen sein – und das sticht mich, meine eigenliebe verträgt es nicht."

Er begehrte sie also, ganz Mann, allein für sich. Wäre das nur schon alles – aber es kam noch viel komplizierter. Da war noch eine andere Frau in seinem Leben.

„einmal sagte ich Dir, ich hätte keinen menschen. das war gelogen, um mitleid zu erregen. seit fünf jahren lebt ein mensch für mich, dem ich viel leid zugefügt habe, der trotz allem und allem immer für mich lebte, mich glaubte zu verstehen und an mich glaubte. ich hab' ihm heute einen stoß versetzt, gerade jetzt muß ich ihr das antun, muß! der kreuzweg schreit in meiner seele, will mich zerreißen."

Es war ihm offenbar nicht möglich, gänzlich mit ihr zu brechen. Annemarie hieß sie, sie war Töpferin, und sie liebte Egon, ohne Hoffnung auf Erfüllung, ihr ganzes Leben lang. Sie heiratete einen anderen, bekam von ihm Kinder und zog später in die Siedlung Loheland bei Fulda, eine der zahlreichen lebensreformerischen Künstlergemeinschaften, die diese Jahrzehnte hervorbrachten. Ihre Liebe zu Egon aber überdauerte alles, bis zu seinem Tode, wie Briefe der Annemarie an Hedwig beweisen.

War Egon also ein Don Juan? Nein, das nun nicht. Er wirkte nur als Mann auf viele Frauen und er war selbst leicht entflammbar, sozusagen. So geriet er häufiger in Affären – in dem Milieu, in dem er lebte, war das kein besonderes Kunststück. Affären gab es auch, als er mit Hedwig zusammenlebte. Eine wollen wir später erzählen, weil er sie gar nicht geheim hielt. Im Gegenteil, er beichtete sie ihr brieflich, so als ob sie, Hedwig, seine Mutter wäre.

Es war also allerhand, was Hedwig in ihrer Liebe zu Egon schon ganz am Anfang auszuhalten hatte. Trotzdem haben die beiden sogar noch geheiratet, 1926, und ausschlaggebend dafür war wohl die Geburt des ersten Kindes ihrer jüngeren Schwester Clärchen, also die ansteckende Wirkung der Mutterschaft auf Hedwig, die inzwischen spürte, wie sich das dreißigste Lebensjahr näherte. Nur ist es dann zur Zeugung eines Kindes in diesen vier Jahren Ehe doch nicht mehr gekommen.

Überhaupt trifft das Wort Zusammenleben das Verhältnis von Egon und Hedwig nur zum Teil. Auch nach der Heirat und dem Bezug einer gemeinsamen Wohnung in Düsseldorf lebten sie so weiter wie vorher. Beide gingen ihren Berufen nach; sie spielte hier, er bühnenbildnerte dort. Meistens konnten sie sich nur am Wochenende treffen, wenn überhaupt. Egon Wildens Briefe, die ja nur deswegen so zahlreich sind, weil die beiden sich die meiste

Hedwig Sparrer in *Torquato Tasso,* 1922

Zeit an getrennten Orten aufhielten, beweisen das. Es war also eine recht ‚moderne' Form der Ehe, eine Wochenendehe, die sie miteinander führten. Dass sie solange gehalten hat, beweist, wie tief ihre beiderseitige Bindung doch war. Beiden muss aber über die Jahre klar geworden sein, dass sie nicht auf Dauer halten würde. Als meine Mutter meinem Vater 1930 in Marburg wieder begegnete, und beschloss, ihn zu heiraten, erschwerte ihr Egon, sicher voller Trauer und Resignation, die Scheidung nicht. Sie gingen auseinander, blieben aber Freunde.

Hedwigs Karriere als Schauspielerin

Die Schauspielschule, in der Hedwig im September 1918 begonnen hatte, dauerte zwei Jahre. Mit Vertrag vom 1. Juli 1920 trat sie dann als Mitglied in das Ensemble des Schauspielhauses ein. Hedwig wäre sicher die ganzen Jahre über dem Düsseldorfer Theater treu geblieben, wenn das so leicht möglich gewesen wäre. Die aufgeregten Zeitläufte aber verhinderten das. Das Künstlerpaar Louise Dumont und Gustav Lindemann hatte schon im Jahre 1919 für kürzere Zeit die Leitung des Schauspielhauses niedergelegt, damals wegen der Auswirkungen von Revolution und Umsturz auf das Theater. Schwerer und länger andauernd war die durch die Inflation heraufbeschworene Finanzkrise, die im Dezember 1922 zur Schließung des Schauspielhauses für mehr als ein Jahr führte. Damals wurde allen Mitgliedern des Ensembles gekündigt. Sie mussten zusehen, wo sie blieben. Hedwig spielte für die Spielzeit 1922/23 am Stadttheater Hamborn und im Jahr darauf (1923/24) dann für das Hessische Landestheater in Darmstadt unter dem Intendanten Gustav Hartung. Das war das Jahr der Besetzung des restlichen Rheinlandes, des Ruhrkampfes und der totalen Vernichtung der alten deutschen Währung.

Nachdem im Laufe des Jahres 1924 die Ruhrkrise überwunden und eine neue feste Währung in Deutschland eingeführt worden war, begann auch das Düsseldorfer Schauspielhaus wieder zu arbeiten. Hedwig wurde mit der Spielzeit 1924/25 wieder an ihrer alten Bühne tätig.

Der maschinenschriftliche „Repertoire-Auszug für Hedwig Sparrer – Düsseldorf", wohl aus der Mitte der Zwanzigerjahre, ist eine eindrucksvolle Liste aller Rollen, die sie bis dahin gespielt hatte: 38 Stücke von 19 Autoren, die von Calderon bis Werfel reichen und einen bedeutenden Teil des damals gängigen Angebotes an weiblichen Theaterrollen abdecken. Berühmte Rollen sind darunter: Das „Gretchen" in Goethes *Urfaust* wie das „Klärchen" in seinem *Egmont*. Die „Johanna" in Schillers *Jungfrau von Orleans* wie die „Königin" in seinem *Don Carlos*. Die „Natalie" in Kleists *Prinz Friedrich von Homburg* wie die „Alkmene" in seinem *Amphitryon*. Die „Solveigh" in Ibsens *Peer Gynt* wie die „Tochter" in Strindbergs *Traumspiel*. Von Shakespeare fehlt wenig: Die „Maria Stuart" hat sie gespielt, die „Porcia" aus dem *Kaufmann von Venedig*, die „Helena" aus dem *Sommernachtstraum*, die „Viola" aus *Was ihr wollt*, die „Beatrice" aus *Viel Lärm um Nichts* und die „Cordelia" aus *König Lear*.

Ein reiches Schauspielerinnenleben steckt hinter dieser Aufzählung. Eine ganze Reihe erhaltener Theaterkritiken belegen, wie erfolgreich sie in diesen Jahren war: „Die beste Leistung des Abends bot unzweifelhaft Hedwig Sparrer als Viola, die in der Lebendigkeit ihres Spieles, in der Ungezwungenheit ihrer Bewegungen und in der schlichten Natürlichkeit ihres Temperamentes alle Möglichkeiten dieser Rolle voll und ganz auszuschöpfen wusste", schrieb am 20. 11. 1922 der Kritiker der *Weseler Zeitung* über den Eröffnungsabend des Hamborner Stadttheaters mit Shakespaeres *Was ihr wollt*.

Aus der Zeit ihres Engagements in Darmstadt: *Darmstädter Zeitung* vom 22. 9. 1923, Aufführung von *Der lebende Leichnam* von Leo Tolstoi im Hessischen Landestheater: „Ich habe nur Eine gesehen, die, wenn nicht alles täuscht, eine Gestalterin großen Formates ist oder werden kann, eine von jenen Schauspielerinnen, um die die Luft dicker wird, wenn sie nur auf die Bühne treten, eine von jenen, bei denen jede Bewegung des kleinen Fingers von Seelenregung weiß und im Zusammenhang mit der Aufgabe steht. Sie heißt Hedwig Sparrer. Um sie herum war Menschsein und war Russland. Nicht weil sie eine Russenbluse und Frisur trug, sondern weil innerer Einsatz unmittelbar verschmolz mit Gestaltungswert und Kraft."

Ich zitiere diese Kritik mit Vergnügen, weil sich aus der Aufführung dieses Stückes im Staatstheater Darmstadt eines der besten Fotos von Hedwig, natürlich in der Russenbluse, erhalten hat. Es wundert mich nicht, dass der Kritiker aus dem Häuschen geriet. – Und noch eine Kritik aus der Zeit von Hedwigs Rückkehr an das Düsseldorfer Schauspielhaus: *Düsseldorfer Nachrichten* vom 29. 11. 1925, Aufführung von Goethes *Torquato Tasso* unter Louise Dumonts Regie: „Das Ereignis der Aufführung ist Hedwig Sparrer als Prinzessin Leonore. Der wundervoll zarte Duft ihrer Sprachmelodie führt darstellerisch die Aufführung. Bei der Sparrer wird Goethes Maß menschliches Maß. Herrlich, wie sie die Szenen zu Beginn, wie sie die Szenen mit Tasso innerlich leitet. Wie bei ihr die Sprachmusik in den Ausdruck übergeht. In der Sparrer war das melodische Element nie rhetorisch, in ihr wurde es darstellerische Sprache. Die Leonore ist ihre wesentlichste, eigenste Leistung."

Genug von diesen in Worte gefassten Theatereindrücken. Was soll ich weiter dazu sagen? Meine Mutter war eine bedeutende Schauspielerin.

Hedwig Sparrer am Stadttheater Darmstadt, 1923

Hedwig Sparrer und Egon Wilden in Düsseldorf

Egon Wilden beim Fürsten Reuß in Gera – und eine stürmische Affäre

Für Egon Wilden begann hingegen eine wichtige Phase, als er im Jahre 1921 Kontakt zum Reußischen Theater in der Stadt Gera gewann. Wie der Kontakt nach Gera zustande kam, ist nicht überliefert. Vermutlich über einen Architekten und Freund moderner Kunst aus Gera, bei dem Egon dann bei seinem ersten Besuch auch übernachtete. Gera, das war eine der vielen thüringischen Residenzstädte. Nirgendwo im alten Deutschen Reich war die Zersplitterung in Kleinstaaten soweit getrieben worden wie in Thüringen. Alle paar Kilometer kam man in eine andere kleine Herrschaft, und Gera war die Hauptstadt des Fürstentums Reuß – jüngere Linie. Der Fürst Heinrich Reuß, der siebenundzwanzigste seines Namens, hatte nun, genauso wie alle anderen deutschen Fürsten, nach 1918 alle politischen Vorrechte eingebüßt. Er war zum Privatmann geworden. Sein Theater aber hatte er behalten, wie seine Schlösser, und um dieses Theater, ein ziemlich kostspieliges Spielzeug, kümmerten sich er und sein Sohn, der Erbprinz, höchstpersönlich. Es hatte übrigens in der reichen deutschen Theaterlandschaft einen gar nicht so schlechten Ruf. Was auch immer der Architekt, der den Kontakt herstellte, erzählt haben mag, Egon fuhr jedenfalls mit großen Erwartungen nach Gera. Es war eine Reise in ein märchenhaftes Deutschland.

„am bahnhof wurde ich vom architekten schoder abgeholt, bei dem ich wohnte, ganz famose leute. dem fürsten wurde meine ankunft gemeldet, der sofort telefonierte, ich solle heute kommen. ich fahre mittag nach schloss ebersdorf, noch drei stunden bahnfahrt von hier", berichtet er Hedwig auf einer Karte vom 5. 10. 1921.

In zwei Briefen vom 5. und 6. 10. 1921, in denen er sein Eintreffen auf Schloss Ebersdorf und seine ersten Begegnungen mit dem Fürsten und dessen Familie schildert, sind kleine Schmuckstücke des Erzählens. „mein geliebtes hetwischke, nu sitz ich im fürstlichen schloss und harre der kommenden dinge. die fahrt von gera nach hier, von 1 bis 4 uhr durch das herrliche saaletal war unendlich schön. eine klingende ruhe in den sanft schwingenden bergen, farben von jubelnder buntheit, tief unten die schwarze saale, weite strecken ohne haus, spielzeugbahnhöfchen. an der station ebersdorf erwartete mich ein fürstlicher wagen, kutscher in strammer haltung. feine gäule trabten mich dann durch die zu meinem empfang herrlich oktobersonnig strahlende landschaft hierher. zwei feine alte diener in schwarz empfingen mich und führten mich in mein ‚appartement'. ein wunderschönes riesengroßes wohnzimmer und ein behagliches schlafkabinett. ein unbeschreiblicher duft von lavendel und rosen strömt aus den alten schönen möbeln, 18. jahrhundert. eine japanische porzellanfigur fiel vom stengel, als ich mich auf das zierliche, geblümte sofa'chen setzte, mir auf den kopf. gottlob ist sie trotz des schrecks, der bei ihr sicher noch größer war als bei mir, heil geblieben. dann wurde mir tee und kuchen gebracht. ich entledigte mich der einzigen besuchskarte, die ich besaß, die der diener erbat, um ‚ihrer durchlaucht dem fürsten' meine ankunft zu melden. und jetzt sitz ich hier, hab ausgepackt und wage mich nicht aus dem zimmer zu begebigen. eine klingel, den diener zu rufen, hab' ich nicht entdecken können. raus finde ich nicht, ich verlaufe mich in den gängen des schlosses [...] ich glaub, ich zieh den cut an und mach mich fein. inzwischen wird wohl jemand menschenähnliches kommen, dem ich mich anvertrauen kann. ich hab so'ne ahnung, als würde diese reise mir allerhand erfolg bringen. wenn ich bloß nicht so unbeholfen wäre [...]"

Er zieht also seinen schwarzen Anzug an und wartet. Dann klopft ein „fabelhaft befrackter Diener" und meldet in strammer Haltung, dass der Fürst, seine Durchlaucht, sich freuen würde, ihn jetzt kennen zu lernen. Er folgt dem Diener durch viele Gänge bis zum Arbeitszimmer des Fürsten. „ich trat ein und stand vor einem alten herren in grauem anzug, der mir freundlich die hand drückte. ein liebenswürdiges gesicht mit ernsten augen, vor denen ich gleich meine beklemmung und aufgeregtheit verlor. wir sprachen eine stunde über kunst und allerlei. dann ging ich wieder, froh, einem wirklichen menschen und keiner puppe begegnet zu sein."

Am nächsten Morgen geht Egon, den Park kennen zu lernen: „er ist riesengroß und märchenhaft schön. eine unendliche ruhe überall. fasanen, schwarze und rote eichhörnchen, stille teiche, gartenhäuschen. eine unerhörte farbenpracht, hier ist es leicht, ein würdiges dasein zu leben. ein diener suchte mich: die hohen herrschaften bitten den herrn um 1 uhr mit ihnen das diner zu nehmen. ich hatte gott sei dank noch zeit, mich umzuziehen. der diener holte mich schlag eins ab und führte mich in einen großen gartensaal. daneben lag das speisezimmer, zwei flügel, fotos von fürstlichkeiten, alte stiche, porzellane und sonstige möbel. die türen öffnen sich und es erscheinen die fürstin, der fürst, der erbprinz. Alle drücken mir die hände wie einem alten, lieben bekannten. wir setzen uns zu tisch, hinter jedem stuhl ein grüner frack. das essen sehr gut, das schönste: eine dicke scheibe ananas. ich war keine spur mehr befangen, hab nicht einmal geschwitzt. die unterhaltung war sehr fröhlich und witzig. die fürstin sehr mütterlich und sächsisch. (sie sagte für ziegenrück: ‚ziechenrick'). es gab mokka und zigaretten, und ich führte meine bilder vor. anscheinend hatten die herrschaften viel verständnis dafür, viel mehr, als ich erwarten durfte."

Die fürstliche Familie verreist für ein paar Tage, trifft aber für den Gast die Anordnung, dass ihm ein Wagen mit Kutscher zur Verfügung steht: „[...] so kutschiere ich mit den herrlichsten pferden, gestern waren es braune, heute zwei wundervolle apfelschimmel, auf dem bock ein fabelhaft livrierter kutscher, durch die reußischen lande, eine wunderschöne landschaft, ernste tannenwälder, große bunte eichen- und buchenwälder, einsame, versteckte dörfchen, das tiefe tal der saale mit dem schwarzen wasser, alles das gibt einen unsäglich schönen, tiefen und so schwermütigen klang echt deutscher prägung. In einem jagdschloss des fürsten bin ich gewesen (es heißt waidmannheil, wie ich einer postkarte, die egon schickt, entnehme), eine verträumte ruhe überall, man denkt an schwind, aber ich erlebe das alles größer, eindringlicher, weiter [...] hirsche und rehe, viele, viele überall, die nur kurz den rollenden wagen anschauen und ruhig weiter äsen. es ist alles so stark und reich, ich kann gar nicht recht darüber schreiben, kann nur alles auf mich wirken lassen, einsaugen die große klingende erhabenheit und ruhe [...]."

Egon arbeitet viel. Ein ganzes Skizzenbuch hat er schon bald gefüllt: 14 Aquarelle waren entstanden, als die fürstliche Familie von einer Reise zurückkam. Wilden schreibt über den Fürsten: „[...] er war den ganzen nachmittag auf meinem zimmer und nahm sechs aquarelle von denen, die hier entstanden sind, mit sich. es machte ihm viel freude, dass ich so fleißig gewesen war. er fragte nach dem preis, und ich konnte nichts sagen. schließlich sagte ich, ich müsste das ihm überlassen. ich konnte wirklich nicht von geld reden, es war mir einfach unmöglich. ich habe das vertrauen, dass er das verstand und mir schon genug geben wird. am liebsten hätte ich ihm alle geschenkt. nachher kam der erbprinz, er war bis acht uhr bei mir und nahm zwei von den neuen und zwei aquarelle von denen, die ich mitgenommen hatte, sodass im ganzen zehn stück hier blieben, womit ich gut vertreten bin."

Aus diesem so glückhaft erlebten Besuch auf Schloss Ebersdorf und in Gera, wo er sich anschließend noch umsah, entwickelte sich eine Anstellung als Bühnenbildner am Reußischen Theater. Das geschah aber erst anderthalb Jahre später. Dazwischen machte Wilden eine schwierige Zeit durch. Die Inflation nahm immer bedrohlichere Formen an. Arbeit fand er nur noch am Stadttheater in Herne, einem reinen Arbeiterort, mitten im von der Schwerindustrie geprägten Ruhrgebiet. In Herne kam ihm alles grau vor, und das Publikum hatte gar kein Verhältnis zum Theater. Er hatte überhaupt Mühe, in Herne eine Zimmer zu finden – nur die Köchin in der Rathausküche, wo er sein Essen bekam, hatte sich bereits wieder in ihn verknallt, schrieb er Hedwig. Hier war er unglücklich mit allem, auch seiner Arbeit: „ich eigne mich nicht dazu, alle acht tage ein neues Stück auszukotzen. das ist mir künstlerisch zuwider. ich möchte nur stücke machen, die mir gefallen, zu denen ich ein verhältnis habe [...]. ich habe alles so satt, sehne mich unendlich nach meiner wirklichen arbeit, zu der ich geboren bin. ich glaube, ich gehe im frühjahr auf wanderschaft, gleich, wohin. ich habe keine ruhe mehr, fühle mich nirgends wohl und sehne mich, sehne mich unsäglich weg."

Da kam für ihn ein Brief vom Fürsten Reuß wie eine Erlösung, „ob ich nicht lust hätte, ab september (1923) leiter des ausstattungswesens am reußischen theater zu sein. er sichert mir genügend zeit für meine eigenen arbeiten zu, schönes atelier usw."

Nun, Egon zögerte nicht, zuzusagen und fuhr voller Erwartungen nach Gera.

Und dann lesen wir in Wildens Brief vom 12. August 1923, „[...] dass mich eine große, brennende leidenschaft zu einem menschen überfallen hat, wie ich sie noch nicht erlebte." Der leicht entflammbare Egon ist gleich nach seiner Ankunft in eine Affäre geschliddert – mit der Frau des Architekten, der ihn vor zwei Jahren nach Gera gelockt hatte. Alles schilderte Egon brieflich seiner Hedwig, sonst wüssten wir davon ja gar nichts. Hat er denn nicht daran gedacht, wie das auf sie wirken mag? Nein, er war ganz erfüllt von seinem Erlebnis und schrieb pathetisch: „ich muss meinem schicksal folgen. ich klage mich an vor dir, ich knie vor dir und weine mein ganzes herz aus." Mehrfach kündigte er ihr „einen großen brief" an, der ihr alles erklären sollte. Am 9. September kam dieser Brief, auf sechs eng, mit Tintenstift beschriebenen Seiten.

Das Architektenehepaar – sie war eine Prager Jüdin und Schauspielerin, bevor sie heiratete – befand sich, als Egon in Gera ankam, mitten im leidenschaftlichsten Ehekrieg. Als Egon das Paar vor zwei Jahren kennen gelernt hatte, war es ihm noch als ideales Paar erschienen und zwischen der Frau und ihm hatte sich rasch große Sympathie eingestellt. Jetzt aber, kaum hatte er sein Atelier bezogen, kam sie und überfiel ihn mit ihrer Seelenqual. „sie nahm meinen kopf, küsste mich und schmiegte sich an mich. ich nahm ihre hände und sie sprach mir von liebe." Der verdutzte Egon wusste nicht wohin, und sie sprach dann alle die Sätze aus, die einer Frau in einer solchen Situation angezeigt erscheinen: „sie liebe mich wahnsinnig, sie sei von elementarer leidenschaft erfüllt, sie fühle, ich sei der mensch, der ihr bestimmt sei, sie habe auf mich gewartet wie auf den erlöser, ihr mann peinige sie zu tode, sie ertrage das nicht mehr. wenn ich nicht gekommen wäre, hätte sie gift genommen usw." Egon, halb schon hingerissen, machte lange Spaziergänge mit ihr in den Wäldern. „ich lernte sie immer mehr als einen schönen und hohen menschen kennen und schätzen, – ich muss schreiben: lieben." Der arme Egon, hat er noch nicht gemerkt, dass er im Grunde nur benutzt wurde? Bald genug sollte er es merken. Er glaubte immer noch, der Ehemann ahne nichts von dem, was sich zwischen ihm und der Frau entwickelte. Er verkehrte weiter im Hause, obwohl die ganze Situation immer prekärer wurde. Ehemann und Ehefrau bekriegten sich in seiner Gegenwart jetzt schon ganz offen. Dann steuerte die Chose dem Höhepunkt zu. Die Frau gestand am Ende eines fürchterlichen Ehekrachs ihrem Mann, dass sie Egon liebe. Anschließend schrieb sie Egon einen „wahnsinnigen brief": [...]

sie werde jetzt nach prag fahren, ich soll nachkommen. inzwischen ein gift, das nicht weh tue, nicht entstelle und unbedingt tödlich sei, beschaffen, wir sollten eine reise machen, 14 tage in schönheit leben, um dann lachend zu sterben."

Egon las diesen Brief und wusste nicht mehr, wo ihm der Kopf stand. Dann sah er die Frau am nächsten Tag mit Mann und Tochter spazieren gehen. Da setzte er sich hin und schrieb ihr einen Brief: „[...] ziemlich toll, genau weiß ich den inhalt nicht, ich lebte diese tage in einem unbeschreiblichen zustand, die nerven versagten."

Diesen Brief von Egon fand dann natürlich der Mann: „[...] ein neuer, noch furchtbarerer krach bricht los. die frau stürzt außer sich in mein atelier, zwei minuten drauf der mann, eine ganz tolle szene entwickelt sich. der mann fordert seine frau auf, mitzukommen. sie fleht mich an, ihr zu helfen. alle drei ziehen wir gefolgt von seinem personal gegenüber in seine woh-

Aus der Korrespondenz zwischen Egon Wilden und Hedwig Sparrer

nung. der erbprinz kam grad vorbei, was der gedacht hat, weiß ich nicht. und dort geht's gleich wieder los. ich musste dableiben und ihr helfen, ich konnte doch nicht einfach abziehen und die frau, die mich liebt, sich aus dem fenster stürzen lassen ..."

Genau darauf hätte er es ruhig ankommen lassen sollen. Sie hätte sich schon nicht gestürzt. So aber ging für den mitfühlenden Egon die Seelenqual noch wochenlang weiter. Sie überschüttete ihn mit Briefen, die mit der Zeit im Ton von flehenden Bitten zu Drohungen überwechselten, bevor sie ganz aufhörten. Der Ehemann beantragte zunächst die Scheidung, aber am Ende wurde auch daraus nichts. Das Paar arrangierte sich wieder, erfahren wir aus einem späteren Brief von Egon. Es bleibt weiter ehelich verbunden. Bei dem ganzen Melodram, das einen ja beim Lesen zum Lachen reizt, wundert mich nur eines: dass meine Mutter, die mir als stolze, selbstbewusste Frau in Erinnerung ist, dieses alles hingenommen hat, ohne dem lieben Egon den Stuhl vor die Tür zu setzen.

Und nun genug von Egon. Kein Wort über seine erfolgreiche Theaterarbeit in Gera, die bis zum Ende der Spielzeit 1924 dauerte.

1924, nachdem sich die wirtschaftlichen Verhältnisse in Deutschland konsolidiert hatten, glückte Hedwig die Rückkehr aus Darmstadt an ihre alte Düsseldorfer Bühne, während Egons Bemühungen, auch dort anzukommen, keinen Erfolg hatten. Er fand stattdessen in Hagen eine neue Stellung, die ihn sehr ausfüllte.

Bei Hedwig schien das weniger der Fall zu sein. Aus einem Antwortbrief von Egon – vom Februar 1925; ihrer ist nicht erhalten – ist zu entnehmen, dass Hedwig darunter litt, dass sie nicht die richtigen Rollen bekam, sondern nur kleinere, dass da eine Nebenbuhlerin war, die sie zu verdrängen suchte. Er riet ihr: „geh' zu frau dumont und rede mit ihr, dass Du auch die rollen haben möchtest, die Du Dich berufen fühlst, zu verkörpern." Wie das im Einzelnen ausging, ist nicht mehr aufzuklären. Generell gewinnt man aus den wenigen erhaltenen Briefen der Hedwig aus der zweiten Hälfte der Zwanzigerjahre den Eindruck, als ob der Zenit ihrer Erfolge langsam überschritten gewesen sei. Ihr festes Engagement am Düsseldorfer Schauspielhaus jedenfalls endet zum 30. 6. 1927. Auswärtige Gastspiele, auch wieder für das Düsseldorfer Theater und später auch noch vermehrte Arbeit für den neu aufkommenden Rundfunk, traten an die Stelle einer regelmäßigen Mitarbeit in einem Theater. Es war eine Durststrecke – und vielleicht hat ja Hedwigs Gefühl, ihr Stern sinke langsam, dazu beigetragen, dass sie im Jahre 1926 doch noch in die Ehe mit Egon Wilden einwilligte. Wir vermuten nur, wir wissen es nicht.

Aber von Egon, der in Hagen eine ihn ganz ausfüllende Tätigkeit gefunden hatte, war auch als Ehemann die rechte Hilfe nicht zu erwarten. Hedwig war wohl viel allein, ahne ich. Egon schrieb fleißig, aber immer nur über sich, wie ich finde. Das Ehepaar Wilden unterhielt vermehrt Kontakt zu Hedwigs Schwester Clärle, inzwischen glückliche Mutter eines Töchterchens. Sie war verheiratet mit Wilhelm Küper, einem Arzt aus einer alten Familie in Ahlen. Der Bruder, Bernhard Küper, bewirtschaftete einen Bauernhof in der Nähe von Dinklage. Egon besuchte ihn, freundete sich mit Bernhard an und beschloss, in dem nicht mehr benutzten Backhaus dieses Hofes sich ein Atelier einzurichten. Sein alter Traum einer unabhängigen Künstlerexistenz winkte ihm wieder einmal. Er riet Hedwig ab, ihn dort zu besuchen, bevor nicht die nötigen Umbauarbeiten, die er selbst ausführe, erledigt seien. Bald aber fanden sich in seinen Briefen von

Egon Wilden | Leben und Werk 1894–1931

dort zunehmend düstere Töne: Im Backhaus war es immer noch zu dunkel, obwohl er ein Extrafenster eingebaut hatte. Er hatte auf dem ganzen Hof keinen Raum, wo er sich wohl fühlte. Ging er in den Wald, um zu arbeiten, waren da zu viele Mücken. Und das ewig gleiche westfälische Essen, immer nur Speck und Kartoffeln. Und im Stall die Maul- und Klauenseuche. „Du hast hier nichts versäumt, erhole Dich zu hause in feinen betten. Die hier taugen nichts." Das Ehepaar Wilden war nun zwar verheiratet; von einem wirklichen Zusammenleben aber kann genauso wenig gesprochen werden wie vorher. Hedwig machte, wenn sie Zeit hatte, alleine Ferien auf dem „Feldberger Hof". Dann konnte es passieren, dass er aus Hagen zurückkam und allein in der Wohnung in Düsseldorf saß und darunter litt. Er schickte ihr Postkarten auf den Feldberg. Eine vom 15. 8. 1929 mit einer hübschen Zeichnung, wie er sich seinen Anzug selbst stopft. Eine zweite Karte ist vom 18. 8. – da steht er vor dem Briefkasten, der immer leer ist (S. 52). Man gewinnt aus diesem Briefverkehr schon den Eindruck, dass die innere Entfremdung zwischen den beiden zunahm.

In Hedwigs wenigen Briefen an Hans Heini aus diesen Jahren kann man dagegen lesen, dass sie den Kontakt zu ihm sehr wohl pflegte, aber ihre Sehnsucht nicht so deutlich aussprach wie er. Diskretion der Frauen. Auf seine Geburtstagsgrüße antwortete sie am 19. 2. 1925 und erzählt, wie ihr die kleine Vase, die er ihr früher einmal mit den ersten Veilchen schenkte, vom Bord fiel und zerbrach. Worauf sie so lange an ihn denken musste. Und dann kam am selben Tag sein Geburtstagsbrief. „Ist das nicht eine feine, kleine Geschichte?" Sie sei wieder zurück in Düsseldorf, schreibt sie und fühle sich wohl: „Ich habe auch schöne Arbeit und lebe sonst ein, mein stilles Leben. Und ein anderes auf der Bühne, reich, bunt, erträumt... gerne würde ich Dich wieder sehen."

Drei Jahre später, im März 1928, war sie in Berlin. Offenbar hatte sie Hoffnung auf ein Engagement, was sich aber zerschlug. Sie hatte Hans Heini ihren Aufenthalt auf einer Postkarte an die Charité – rücksichtsvoll nicht an seine private Adresse – mitgeteilt. Aber sie verpassten sich. Ein halbes Jahr später, im August 1928: „Ich habe viel Pech gehabt, beruflich. Auch jetzt noch wenig Aussicht auf glücklichere Zeiten. Da wird man eben still." Und auf den großen Brief von Hans Heini vom Dezember 1928 antwortet sie: „Hoffentlich kann ich Dir bald mündlich berichten, von mir und allem, was krumm und quer ging. Aber nicht heute, heute nur Weihnachtsgrüße von Deiner uralten Freundin Hedwigli."

Nachbemerkung: Das entscheidende Wiedersehen meiner Eltern fand am 17. Juni 1930 in Marburg anlässlich der Festspiele oben vor dem Schloss statt.

Porträt Hedwig Sparrer mit blauem Hut, 1930, Öl auf Leinwand, 64 × 50 cm, sign. u. dat.: Egon Wilden 30, Privatbesitz, G 11

„es kommt nur darauf an, dass ich mich selber finde."
Zum malerischen Werk von Egon Wilden

Martina Padberg

Egon Wilden hat ein umfangreiches künstlerisches Œuvre hinterlassen.[1] Zwischen 1919, dem Jahr, in dem er sein Studium an der Kunstakademie Düsseldorf nach Kriegsende wieder aufnahm, und seinem frühen Tod am 7. September 1931, also in nur 12 Jahren, entstanden neben seiner Tätigkeit als Bühnenbildner etwa 450 Aquarelle und Zeichnungen, rund 20 Gemälde sowie einzelne Druckgraphiken. Im Unterschied zu seinem bühnenbildnerischen Werk wurden diese ‚freien' Arbeiten zu seinen Lebzeiten, aber auch lange Jahre danach so gut wie gar nicht öffentlich wahrgenommen.[2] Schon in einem Nachruf von 1931 heißt es: „Hinter seiner Arbeit für das Theater, der es an Anerkennung nicht gefehlt hat, ist die eigentliche Malerei Wildens zeitweise etwas zurückgetreten."[3] Liest man die erst vor kurzem wieder aufgetauchten Briefe, die Wilden zwischen 1919 und 1930 an seine Lebensgefährtin und spätere Frau, die Schauspielerin Hedwig Sparrer, schrieb, so wird deutlich, wie sehr er um Freiräume für seine künstlerische Arbeit kämpfen musste. Seine anspruchsvolle Tätigkeit als Bühnenbildner an unterschiedlichen Häusern in Deutschland forderte den vollen Einsatz seines kreativen Potenzials, war mit einem enormen Zeitaufwand und einem Kräfte zehrenden Organisationsaufwand verbunden. Die wechselnden Engagements zogen außerdem häufige Wohnortswechsel nach sich und erforderten eine ständige Reisetätigkeit, um mit seiner Frau, die durchweg an Theatern in anderen Städten engagiert war, zusammen sein zu können. Erst 1926 richtete sich Wilden im Haus Diek bei Dinklage, das dem Bruder seines Ahlener Schwagers, Bernhard Küper, gehörte, ein altes Backhaus als erstes eigenes Atelier ein. Dort lebte und arbeitete er in den folgenden Jahren häufig mehrere Wochen in den Sommermonaten. Ab 1929 mietete er schließlich ein Atelier im Künstlerhaus in Düsseldorf-Stockum, das nach der Trennung von seiner Frau zu seinem Lebensmittelpunkt werden sollte.

Komposition no 3 (Ausschnitt),
1923,
Aquarell auf Papier,
14 × 10,5 cm,
sign. u. dat.: 23 EW
Privatbesitz, A 289 b

Egon Wilden | Leben und Werk 1894–1931

Abb. 1

Weiden am Fluss, o. J.,
Kreide auf Papier,
25 × 32 cm,
Kunstmuseum Ahlen,
Z 004

Abb. 2

Johan Thorn-Prikker
Route de Souvré, 1900/04,
Farbkreide auf Papier,
47,2 × 60,5 cm,
Museum Boymans
Van Beuningen, Rotterdam

Nach seinem frühen und völlig überraschenden Tod verblieb Wildens künstlerischer Nachlass über Jahrzehnte in privatem Familienbesitz. Nur vereinzelt wurden Aquarelle oder Zeichnungen ausgestellt. Im Zusammenhang mit einer Gedächtnisausstellung zu Egon Wildens 100. Geburtstag erschien 1994 ein erstes Verzeichnis seiner künstlerischen Arbeiten, das die Basis des hier vorgelegten überarbeiteten Werkverzeichnisses bildet.[4] Im Rahmen dieser Publikation wird nun das Gesamtwerk Egon Wildens in größerer Breite sichtbar. Neben seiner Leistung als Bühnenbildner, die in dem 1999 von Joachim Geil vorgelegten Buch bereits gewürdigt wurde, soll damit auch sein künstlerisches Werk Beachtung und kunsthistorische Einordnung finden.[5] Dies entspricht Wildens eigenem Selbstverständnis. Denn trotz der Anerkennung, die ihm ab Mitte der Zwanzigerjahre als Bühnenbildner entgegen gebracht wurde, schrieb Wilden in einem Brief vom 1. Juni 1924 aus Gera an Hedwig Sparrer: „mir liegt ja gar nichts daran, als theatermaler einen großen ruf zu bekommen. ich bin bestimmt zu anderem geboren, das theater wird mich nie befriedigen können, dazu erscheint mir das bühnenbild wenigstens für mich als zu unwesentlich."[6] Die Spannung zwischen seinem ihn ganz und gar fordernden Arbeitsalltag im Theater und dem Wunsch, als freier Künstler leben und arbeiten zu können, blieb für ihn unauflösbar.

Erste Schritte in Düsseldorf

Die Anfänge von Egon Wildens künstlerischer Arbeit liegen fast ganz im Dunkeln. Früheste Zeichnungen und Aquarelle aus dem Nachlass sind 1914 datiert – sie entstanden also in dem Jahr seines Studienbeginns an der Düsseldorfer Kunstakademie.

Es handelt sich um eine kleine Gruppe von Kreidezeichnungen mit Park- und Gartenlandschaften, die mit ihrem weichen Lineament und ihrer lichten Farbigkeit an den um 1910 in Blüte stehenden Luminismus erinnert **(Abb. 1)**.

Diese ursprünglich holländische, von Künstlern wie Piet Mondrian, Jan Toorop und Johan Thorn-Prikker geprägte Stilrichtung wirkte vor dem Ersten Weltkrieg in den Kreis der Rheinischen Expressionisten hinein. Besonders die Schüler Thorn-Prikkers in der Kunstgewerbeschule in Krefeld, Heinrich Campendonk und Helmuth Macke, nahmen die Anregungen ihres Lehrers auf. Die Entdeckung der expressiven Ausdruckskraft von Linie und Farbe, wie sie etwa Thorn-Prikker in seinen furiosen Farbzeichnungen aus Visé von 1904 **(Abb. 2)** sichtbar werden ließ, unterstützte in einem ganz allgemeinen Sinne die Befreiung der jungen Künstler von akademischen Normen. Auch der 20-jährige Egon Wilden experimentierte in diesem Sinne mit einer Übersetzung des Natureindruckes in eine dynamisch belebte Strichführung, die sich zu einer dichten, fast ornamentalen Textur zusammenfügt. Eine grundlegende Tendenz zur Abstraktion und – damit zusammenhängend – zu einer flächenhaften Auffassung des Raumes wird in diesen ersten Studien bereits spürbar. Daran sollte Wilden um 1919/20 unter anderen Vorzeichen anknüpfen.

Der Ausbruch des Ersten Weltkrieges unterbrach zunächst Wildens künstlerische Ausbildung – kurz nachdem sie überhaupt begonnen hatte.[7] Verwundet und traumatisiert durch belastende Kriegserlebnisse, schrieb sich der 25-Jährige im Revolutionsjahr 1919 erneut an der Düsseldorfer Kunstakademie ein, die seit 1908 unter der Ägide des Malers Fritz Roeber stand.[8] Roeber hatte schon durch seinen 1898 gegründeten „Verein zur Veranstaltung von Kunstausstellungen" aktiv dazu beigetragen, dass sich Düsseldorf nach der Jahrhundertwende zu einer bedeutenden Kunstmetropole entwickelte. Nach der Übernahme des Direktorenamtes musste Roeber allerdings konstatieren, dass die Akademie aufgrund ihrer überholten Methoden und des konservativen Lehrpersonals immer stärker in die Kritik geriet. Daraufhin steuerte er eine vorsichtige Modernisierung in Richtung des damals wegweisenden Werkstattbetriebes an und richtete 1909 eine Werkstatt für kirchliche Kunst und Glasmalerei ein. Die 1919 in weiten Teilen vollzogene Verschmelzung mit der seit der Ära von Peter Behrens als fortschrittlich geltenden Kunstgewerbeschule schloss diesen Prozess ab und machte die Akademie nun auch für Studenten attraktiv, die im Bereich der angewandten Kunst arbeiten wollten. Anna Klapheck erinnert sich: „Wo bisher in der Hauptsache gemalt worden war, klapperten die Webstühle, Staub wirbelte durch die Ritzen der Arbeitsräume für Mosaik und Glas, Druckerschwärze rann von den Pressen auf den Fußboden. Es wurde gestickt und gebuchbindert, Werkstätten für Metall und Keramik waren geplant."[9] Egon Wilden studierte also in einem Umfeld, in welchem – ganz dem damaligen Zeitgeist entsprechend – die Grenzen zwischen ‚freier' und ‚angewandter' Kunst durchlässig geworden waren. Der Künstler wurde als ein Gestalter im weitesten Sinne verstanden, der seine kreativen Fähigkeiten in der industriellen Fertigung ebenso einsetzen konnte und sollte wie in der Raumgestaltung, in der Ausstattung von Kirchen oder eben auf der Bühne. Dass Egon Wilden sich schließlich für eine Tätigkeit als Bühnenbildner entschied, hatte sicher nicht nur wirtschaftliche Gründe, sondern spiegelt auch die damals üblichere gattungsübergreifende Arbeitsweise der Künstler wider. Waren die Arbeitsformen und -ergebnisse in den neuen Werkstätten der Akademie zeitgemäß und modern, so hinkten die Malklassen dem allgemeinen Modernisierungsprozess geradezu hinterher. Roeber konnte und wollte wohl als Historienmaler der alten Schule gerade auf diesem Feld keine Reformen vorantreiben. Nur die Berufung von Heinrich Nauen als außerplanmäßiger Professor für Malerei im Frühjahr 1921 bedeutete eine zaghafte erste Integration neuer Ansätze in den überalterten Akademiebetrieb.

Ob und wie intensiv Wilden tatsächlich bei Nauen studierte, lässt sich nicht klären.[10] In seinen Briefen findet der Lehrer erstaunlicherweise keine Erwähnung. Wildens künstlerische Entwicklung, vor allem seine Landschaftsauffassung, aber auch seine figurativen Kompositionen der frühen Zwanzigerjahre scheinen aber durchaus von Nauens Malerei und vor allem seinem

Abb. 3, 4

Bäume am Fluss II, o. J.,
Kreide auf Papier,
44 × 30 cm,
Privatbesitz,
Z 017

Heinrich Nauen
Park Dillborn mit lindgrünem Baum, o. J.,
Tempera und Kreide,
85 × 78 cm,
Clemens-Sels-Museum,
Neuss

Abb. 5, 6

Männlicher Rückenakt stehend, o. J.,
Bleistift auf Papier,
48 × 30,5 cm,
Kunstmuseum Ahlen,
Z 024

Sitzender weiblicher Akt, sich entkleidend, o. J.,
Bleistift auf Papier,
40 × 30 cm,
Kunstmuseum Ahlen,
Z 028

Kunstverständnis geprägt worden zu sein. Insbesondere einige ganz in der Fläche gehaltene Wald- und Parkansichten aus der Zeit um 1920 lassen an Nauens Kreidezeichnungen aus Dillborn denken, die eine vergleichbare leuchtende Farbigkeit und eine flächige Raumstruktur aufweisen (**Abb. 3, 4**). Über solche stilistischen Korrespondenzen hinaus spricht sich in Wildens Briefen eine mit Nauen verwandte künstlerische Grundhaltung aus. Das beständige Interesse am Naturvorbild, die enorme Bedeutung der Landschaft innerhalb des Gesamtwerkes und schließlich die Überzeugung, dass der Künstler nicht nur ein bloßes Abbild der Natur gestaltet, sondern vielmehr mithilfe des Bildes in eine unsichtbare, geistige Ebene vorzudringen vermag – hier sind sich Lehrer und Schüler ganz nahe.

Im Rahmen der Künstlerausbildung an den Akademien wurde dem Aktzeichnen traditionell ein hoher Stellenwert eingeräumt, da die Bewältigung größerer, mehrfiguriger Kompositionen die Beherrschung der menschlichen Anatomie voraussetzt. Innerhalb des Œuvres von Egon Wilden sind zahlreiche Aktzeichnungen aufgrund der typischen Atelierposen und einer weitgehenden plastischen Durcharbeitung in der Wiedergabe der Körper dem akademischen Kontext zuzurechnen (**Abb. 5, 6**). Ein herausragendes, aber singulär gebliebenes Blatt zeigt die *Frau auf blauem Tuch* (▸ A 201, S. 81) in einer ausdrucksstarken Verkantung und Verschränkung der Extremitäten.

Die isolierte Stellung der Figur in einem nicht näher definierten Raum sowie der Kontrast zwischen dem leuchtenden Inkarnat, dem tiefen Blau von Tuch und Haar und der weißen Leere, führt zu einer enormen Dramatisierung der schlichten Sitzposition. Mitte der Zwanzigerjahre knüpfte Wilden dann mit einer ganzen Serie von zumeist symbolisch oder allegorisch aufgefassten Figurationen in einem neoklassischen Stil in ganz anderer Weise an sein Aktstudium an (▸ A 203, A 204, S. 196).

Impulse und Kontakte

Obwohl der Versailler Vertrag, der das Kriegsende besiegelt hatte, das Rheinland über Jahre hinweg zum politischen Spielball der Siegermächte machte, entwickelte sich Düsseldorf in der Nachkriegszeit auch abseits der Akademie zu einem kulturellen und künstlerischen Zentrum.[11] Das Schauspielhaus mit der angegliederten Hochschule für Bühnenkunst, die sich gründenden

Künstlergruppen sowie engagierte Galeristen machten die rheinische Metropole zu einem attraktiven Anziehungspunkt für Künstler.

Mit Inkrafttreten des Versailler Vertrags waren die linksrheinischen Gebiete des Rheinlandes von den Franzosen besetzt worden. Als Sanktionsmaßnahme zur Durchsetzung ausbleibender Reparationszahlungen marschierten die Alliierten 1921 schließlich in Düsseldorf und Duisburg ein. Bis August 1924 verlief mitten durch den Düsseldorfer Süden eine Grenze zwischen der französisch und britisch besetzten Zone, sodass selbst alltägliche Erledigungen in der Stadt einen Grenzübertritt erforderten. Immer wieder kam es zu Schießereien auf Düsseldorfer Stadtgebiet, vor allem verursacht durch die von den Franzosen massiv unterstützte Separatistenbewegung.[12] Der 1923 einsetzende „Ruhrkampf", in dem sich die Bevölkerung mit Arbeitsverweigerung und Sabotage gegen die Besatzung zur Wehr setzte, verschärfte die ohnehin schon manifeste Wirtschaftskrise und Inflation in der Region.

Inmitten dieser wirtschaftlichen Notlage versuchten sich die Künstler durch Vernetzung ihrer Interessen gegenseitig zu fördern. Schon 1918 hatten der Literat Herbert Eulenberg sowie die Maler Arthur Kaufmann und Adolf Uzarsky ihren *Aufruf an die jungen rheinischen Künstler* verfasst, um mithilfe einer zu gründenden Vereinigung „den ihnen gebührenden, schon viel zu lange vorenthaltenden Platz im deutschen Kunstschaffen zu erobern [...]."[13] Gedacht war an die Organisation von Wanderausstellungen, deren Exponate durch eine Jury von Künstlern ausgewählt werden sollten. Das Vorhaben realisierte sich im Februar des folgenden Jahres in der Gründung der Künstlergruppe *Das Junge Rheinland*; diese richtete bereits im Juni eine erste Ausstellung in der Kunsthalle Düsseldorf unter Beteiligung von über 100 Künstlerinnen und Künstlern aus.[14] Von einer künstlerischen Programmatik oder einem Avantgardeanspruch kann bei einer solch ausufernden Präsentation wohl kaum mehr die Rede sein. Es war nicht viel mehr als ein grundsätzlicher Antiakademismus, der die Künstler verband. Entsprechend heißt es im Programm der Gruppe vom März 1919: „Jeder Künstler ist uns willkommen, der aus überlebter Schablone heraus Erneuerung anstrebt, Jugend und Frische an die Stelle des routinierten Malbetriebs und kleinlich naturalistischer Bildhauerei setzt. Wir begrüßen auch die Jüngsten und sie vor allen anderen."[15]

Verstand sich diese Vereinigung in erster Linie als Künstlernetzwerk mit einem starken regionalen Gepräge, so stellte der im selben Jahr gegründete *Aktivistenbund 1919* eine deutlich artikulierte politische Programmatik in den Vordergrund. Die anonym veröffentlichen *Leitsätze* des Bundes richteten sich gegen „die zu seelenlose[m] Formalismus erstarrte bürgerliche Tradition" und „den Ungeist des Genießens des Materiellen in jeder Form".[16] Eine heterogene Gesellschaft von Künstlern, Schriftstellern, Schauspielern und Intellektuellen kam hier zusammen, durchdrungen von einem gemeinsamen revolutionären Impetus, der in der Zeit der Novemberrevolution in der Luft lag. Die Künstler wollten eine neue, gerechtere Gesellschaft mitgestalten, denn schließlich schien die politische Situation um 1919 mit ihren undurchschaubaren Machtverhältnissen durchaus offen für grundlegende Veränderungen. Utopisches Gedankengut hatte entsprechend Hochkonjunktur. Intellektuelle und Künstler begriffen sich in diesem historischen Moment als Impulsgeber: Nicht im Elfenbeinturm des Kunstbetriebes, sondern mitten im politischen Geschehen sahen sie nun ihren Platz. Der Kunst kam dabei die Aufgabe zu, „die gefesselten Seelen der

Abb. 7, 8

Lichtflut, o. J.,
Aquarell auf Papier,
22 × 14 cm,
Privatbesitz,
A 024

Carlo Mense
Badende, 1913,
Öl auf Leinwand,
85 × 73 cm,
Westfälisches
Landesmuseum für
Kunst und Kulturgeschichte Münster

Menschen zu befreien und zu wahrhaft menschenwürdigem Dasein zusammenzuschließen", wie es in den *Leitsätzen* des *Aktivistenbundes* weiter hieß.[17] Entsprechend waren die Aktivitäten der losen Gemeinschaft vielfältig: Es gab Lesungen und Theateraufführungen, Diskussionen und kleine, im privaten Rahmen stattfindende Ausstellungen. Darüber hinaus wurden in der zweiten Hälfte des Jahres 1920 drei als „Bücher" titulierte Hefte mit Texten und Graphiken publiziert. Hier hatten vor allen Gert Wollheim und Otto Pankok mit Druckgraphiken und Texten großen Anteil. Egon Wilden, der seit 1919 Kontakte zum Düsseldorfer Schauspielhaus unterhielt und dort auch erste bühnenbildnerische Aufträge übernommen hatte, mag sich in dieser etwas bunteren Gesellschaft des *Aktivistenbundes* wohl gefühlt haben. Zumindest ist seine Beteiligung an einer Ausstellung der Gruppe im April 1920 in der Privatwohnung des Mitgründers und Fotografen Dr. Erwin Quedenfeldt anhand einer in der Düsseldorfer Zeitschrift *Der Kaliban* publizierten Besprechung nachweisbar. Recht begeistert heißt es dort: „Egon Wilden. Hier ahnt man den Meister. Hier fühlt man den Überwinder der Akademie, den wirklichen Könner, den urpersönlichen in Freiheit und Ekstase frei schaffenden Künstler."[18] Ein Lob, auf das Wilden selbst erstaunlich kritisch reagierte: „der ‚kaliban' ist lächerlich und müffig […] die kritik ist ahnungslos und eingebildet. Solche blättchen sind überflüssige spielereien."[19]

Leider lässt sich nicht mehr rekonstruieren, welche Arbeiten Wildens in Quedenfelds Wohnung zu sehen waren. Vielleicht waren es einige seiner um 1919/20 entstandenen Waldlandschaften (▶ A 031, S. 96; A 026, S. 97), die den Zuspruch des Rezensenten fanden. Weit davon entfernt Naturschilderungen zu sein, reflektieren diese Arbeiten in ihrer Komposition und ihrer Farbigkeit vielmehr den Rheinischen Expressionismus, der seine Quellen in der Auseinandersetzung mit der modernen französischen Kunst gefunden hatte.[20] Wilden operierte in dieser Werkgruppe souverän mit einer am Kubismus geschulten, konstruktiven Brechung des Gegenständlichen und einer differenzierten, transluziden Farbigkeit (**Abb. 7**). Die kristalline Raumstruktur seiner Landschaften erinnert an Bilder der *Brücke*-Künstler (**Abb. 9**) ebenso wie an Arbeiten der Ausstellungsgemeinschaft um August Macke (**Abb. 8**).[21] Vor dem Ersten Weltkrieg hatten die rheinischen Künstler um Macke über das aus der Anschauung vor der Natur entstehende impressionistisch geprägte Landschaftsbild zu einer emotional und symbolisch aufgeladenen Landschaftsauffassung gefunden. Eine intensive Auseinandersetzung mit den aktuellen Entwicklungen in der französischen Malerei hatte dabei inspirierend gewirkt. Für den etwas älteren Heinrich Nauen war insbesondere die Begegnung mit dem Werk von Vincent van Gogh zu einem Schlüsselerlebnis geworden. Nicht nur die anfängliche Begeisterung für die ländliche Motivwelt van Goghs, sondern vor allem auch die grundsätzliche Erkenntnis, dass im Landschaftsgemälde mithilfe von Farbe und Linie ein symbolisches Potenzial zum Ausdruck kommen kann, prägten Nauens weiteres Schaffen.[22] Malerei erwies sich nicht länger als ein in erster Linie abbildendes oder formalästhetisches Verfahren, sondern bot Gestaltungsmöglichkeiten für emotionale Empfindungswerte. Wassily Kandinsky hatte in diesem Sinne bereits 1912 im *Almanach* des *Blauen Reiter* formuliert: „Die Form ist der äußere Ausdruck des inneren Inhaltes."[23] An diese Gedanken knüpfte der junge Egon Wilden an: Kunst (und hier ist später auch die darstellende Kunst am Theater eingeschlossen) war für ihn von Anfang an ein Kommunikationsmittel, das im besten Sinne aufklärerisch wirken soll und wirken muss. Der Krieg hatte allerdings das expressionistische Aufbruchspathos grundlegend erschüttert. Eine gewisse historische Distanz, ja eine innere Entfremdung hatte sich eingestellt. Je mehr Anerkennung und Wertschätzung der Expressionismus erfuhr, desto stärker verlor er seinen Avantgardeanspruch und geriet bei den jungen Künstlern als modernistische Attitüde in die Kritik. Wilden schrieb 1919 in einem seiner Briefe: „wie unehrlich man ist, die stümperei mit expressionistischen phrasen zu bemänteln. es ist so leicht ‚modern' zu malen, schlagwort anzuwenden: wir wollen nicht naturabklatsch, wir wollen alles vergeistigen, kunst hat nicht mit können zu tun, und dergleichen. es wird mir immer klarer bei meiner eigenen arbeit, zu welcher unehrlichkeit und erstarrung das führt, zu sagen, ich mach das so, weil ich muss aus innerem antrieb, aus einer erleuchtung heraus. nein, das ist schwindel, nachempfindung."[24] Eine eigene Positionsbestimmung blieb für Wilden allerdings nachhaltig schwierig. In der Kunstszene bewegte er sich als Einzelgänger; seine Bindungen an Künstlergruppen wie *Das Junge Rheinland* oder der *Aktivistenbund* waren eher locker, ja unverbindlich. Enge Freundschaften verbanden ihn nur mit sehr wenigen Künstlerkollegen wie dem Maler Jupp Rübsam und dem Bildhauer Erich Kuhn. Kontakte in die Galerieszene gab es wohl gar keine, auch sein Versuch, in dem 1921 gerade nach München übersiedelten Verlag von Kurt Wolff als Illustrator Fuß zu fassen, blieb erfolglos.[25] Sein Zuhause wurde hingegen – auch wenn er hier vielfach über Spannungen und menschliche Problem klagte – das Theater.

Dennoch: Das reiche Kunstleben in Düsseldorf um 1918 ermöglichte Wilden eine gründliche Auseinandersetzung mit der Entwicklung der Moderne. Vor allem Kunsthändler wie Alfred Flechtheim, Hans Koch, Johanna Ey oder Karl Nierendorf förderten die junge Kunst im Rheinland.[26] Flechtheim hatte schon vor dem Ersten Weltkrieg mit seinen Ausstellungen mit Werken von van Gogh, Gauguin, Matisse, Picasso und Braque eine Begegnung mit der französischen Avantgarde ermöglicht. Der Kriegsausbruch setzte seinen kunsthändlerischen Aktivitäten ein Ende. Als Flechtheim Ostern 1919 wieder eröffnete, nahm er auch junge rheinische Künstler wie Eberhard Viegener, Max Burchartz oder Werner Heuser unter Vertrag. Das im Juli 1918 von dem Arzt und Kunstsammler Hans Koch neu eröffnete „Graphische Kabinett von Bergh & Co" zeigte regelmäßig Werke der Rheinischen Expressionisten, insbesondere von August Macke und Paul A. Seehaus. Junge Künstler wie Otto Pankok oder Conrad Felixmüller ergänzten das Profil der Galerie, die 1919 zum Schauplatz der Gründungsversammlung des *Aktivistenbundes* wurde. Ein weiterer wichtiger, geradezu legendärer Treffpunkt für junge Künstler war der kleine Laden von Johanna Ey auf dem Hindenburgwall 11, in dem u. a. Gert

Abb. 9

Erich Heckel **Gläserner Tag**, 1913, Öl auf Leinwand, 120 × 96 cm, Pinakothek der Moderne, München

Abb. 10, 11

Bergsee, o. J.,
Aquarell auf Papier,
35,5 × 25 cm,
Kunstmuseum Ahlen,
A 049

Abendschatten, 1919,
Aquarell auf Papier,
22 × 14 cm,
Privatbesitz,
A 021

Abb. 12

Wassermühle, ca. 1930,
Aquarell auf Papier,
40 × 34 cm,
Privatbesitz,
A 123

Wollheim, Otto Dix und Max Ernst verkehrten. Zur sich stetig entwickelnden „Ey-Zelle" gehörte neben Jankel Adler, Trude Brück, Arthur Kaufmann, Karl Schwesig und anderen auch Jupp Rübsam, der Wilden sicherlich das eine oder andere Mal in die berühmt-berüchtigte Galerie mitnahm.

Wilden selbst bemühte sich zwischen 1919 und 1921 erfolglos um eine Verbesserung seiner wirtschaftlichen Situation: Im Juli 1919 verlor er eine Wettbewerbspräsentation mit Entwürfen für Glasfenster und Mosaiken gegen Max Pechstein, der schon 1918 mit seinen Arbeiten im Haus der Berliner Kunsthandlung Fritz Gurlitt mit dieser Aufgabenstellung reüssiert hatte.[27]

Im selben Monat noch dachte er darüber nach, sich einer kommunistischen Kolonie in der Rhön anzuschließen, in der Musiker, Maler, Bildhauer und Tänzerinnen in einem künstlerischen Kollektiv zusammen arbeiten wollten. Dieser Plan scheiterte jedoch daran, dass er die notwendige finanzielle Beteiligung nicht aufbringen konnte.[28] Auch der Auftrag zur Ausmalung eines Kaffeehauses in Essen scheint sich nicht realisiert zu haben.[29] Schließlich fiel im Spätsommer 1921 die Entscheidung, ein Angebot des befreundeten Schauspielers und Regisseurs Richard Dornseiff anzunehmen: „mittags mit dornseiff. wir haben einen vertrag gemacht und mit edlem rheinwein begossen."[30] Wilden wurde mit diesem Vertrag als Künstlerischer Beirat am Stadttheater in Recklinghausen bestellt. Damit endete seine Zeit in Düsseldorf und an der Akademie endgültig, und es begann eine bis 1930 währende kontinuierliche Beschäftigung als Bühnenbildner an verschiedenen Häusern in Deutschland.

Themen und Motive

Versucht man einen ersten Überblick über Egon Wildens gesamtes künstlerisches Schaffen zu gewinnen, so kristallisieren sich Landschaft, Porträt und Figur sowie biblische Szenen als die wichtigsten Themengruppen heraus. Innerhalb dieser Genres entfaltete Wilden ein breites Spektrum an künstlerischen Gestaltungs- und Ausdrucksmitteln, das von einem flächig-linearen Bildraum (**Abb. 10**), über kristallin zersplitternde, gleichsam gläserne Landschaften (**Abb. 11**) bis hin zu einem leuchtenden, fast aggressiven Kolorit (**Abb. 12**) reicht.

Die Landschaft erwies sich für Wilden als ein Genre mit gleichsam unbegrenzten Möglichkeiten und eröffnete ihm offen-

sichtlich ein direktes Erlebnispotenzial: Dies belegen seine sich expressiv in den Himmel reckenden dunklen Bäume in dem Gemälde *Birken am Wegrand* (Abb. 13), der metaphorisch aufgeladene *Sonnenuntergang* (Abb. 14), die transluziden *Abendschatten* (Abb. 11) oder die Farbexplosionen der *Sonne im Herbst* (Abb. 15). Sowohl die Mittel-

gebirgslandschaften des Schwarzwaldes, die drama-tisch aufragenden Alpen mit ihren schroffen Felsgraten und idyllischen Bergseen, als auch die weiten, manchmal etwas düster wirkenden Ebenen Niedersachsens verdichtete er in seinen Aquarellen und Kreidezeichnungen zu belebten, ausdrucksstarken Farb- und Formgefügen. Linie und Farbe gehen in immer neuen Konstellationen einen lebendigen Dialog ein, erzeugen eine innerbildliche Dynamik, eine lastende Schwere, eine große Stille oder eine akzentuierte Beredtheit. Der Betrachter erlebt Wildens Landschaften als selbstständige ‚Bildräume', als autonome ästhetische Produkte, die sich deutlich von der Faktizität der Wirklichkeit emanzipiert haben. Es entstehen somit künstlerische Transformationen von Natur, die durch kristalline Farbsegmente (▸ A 031, S. 96) ebenso gekennzeichnet sein können wie durch ein rhythmisch belebtes Lineament (▸ A 044, S. 99) oder aber einen wolkig-diffusen, die gesamte Landschaft gleichsam verschmelzenden Farbauftrag (▸ A 120, S. 109). Auch die Stadt wird als Landschaftsraum begriffen, und die vom Menschen erbaute Architektur ‚wächst' zumeist wie ein Berg oder eine Baumgruppe organisch aus dem Bildgrund heraus (Abb. 16). Wilden gelingen auch hier Verdichtungs- oder Verschmelzungsprozesse, die selbst aus einer *Industriestadt mit Schornsteinen* (Abb. 17) ein Seherlebnis machen. Die expressionistische Idee vom ‚Klang', der den Dingen und Räumen eigen ist und den die Malerei sichtbar machen kann, scheint hier deutlich auf. Wo Wilden diesen Möglichkeiten seiner Malerei vertraute, erreichte er eine besondere Qualität. Der deutlich inszenatorische Ansatz seiner Landschaftsauffassung, nicht zuletzt mit den immer wieder in die Tiefe gestaffelten, Raum bildenden Architektur- oder Naturmotiven, mag im Kontext seiner

Abb. 13, 14, 15

Birken am Wegrand, 1930, Aquarell auf Papier, 36 × 27 cm, Privatbesitz, A 127

Sonnenuntergang, o. J., Aquarell auf Papier, 23 × 29,5 cm, Kunstmuseum Ahlen, A 086

Sonne im Herbst, o. J., Aquarell auf Papier, 41 × 33,5 cm, Kunstmuseum Ahlen, A 155

Abb. 16, 17

Würzburg, o. J., Aquarell auf Papier, 35,5 × 26,5 cm, Kunstmuseum Ahlen, A 008

Industriestadt mit Schornsteinen, o. J., Aquarell auf Papier, 28,3 × 18 cm, Kunstmuseum Ahlen A 015

Abb. 18

Heinrich Nauen
Beweinung Christi, 1913,
Tempera auf Leinwand,
210 × 320 cm,
Kaiser Wilhelm Museum,
Krefeld

Abb. 19

Heinrich Nauen
Der Tanz, 1919,
Öl auf Leinwand,
Maße unbekannt,
Verbleib unbekannt

Erfahrungen als Bühnenbildner zu sehen sein. Beide Tätigkeitsfelder wirkten allerdings wechselseitig aufeinander ein: Galten Wildens Bühnenprospekte – zumindest bis zu seiner Zeit am Theater in Hagen – als ‚malerisch', so entfalteten sich seine Landschaften oftmals wie der Prospekt einer Theaterkulisse.

In Wildens zahlreichen figürlichen Darstellungen steht das Motiv der Bewegung des Körpers im Raum im Vordergrund – auch dies ein Thema, das sich aus dem Theater ableiten lässt. Besonders einige früh zu datierende Blätter wie *Qual* (▸ A 212, S. 24) oder *Trauer* (▸ A 208, S. 197) sind dabei einer eindringlichen expressiven Gesten- und Gebärdensprache verpflichtet. Die manieristisch in die Länge gezogenen Körper und die betonten übergroßen Hände mit ihrer eindringlichen Gestik zielen auf eine bildsprachliche Übersetzung der im Titel angesprochenen Emotionen. Hier zeigt sich noch einmal recht deutlich der Einfluss des Lehrers Heinrich Nauen, der schon kurz vor dem Ersten Weltkrieg in den Gemälden des *Drove-Zyklus* mit ähnlichen Überstreckungen der Figur gearbeitet hatte **(Abb. 18)**. In der Nachkriegszeit platzierte Nauen diese stilisierten Figuren in einem abstrahierten, perspektivisch verzerrten Raumgefüge mit kristallin gebrochenen Kompartimenten **(Abb. 19)**. Wilden knüpfte hier an, arbeitete aber bei den Figuren mit einer noch sparsameren Binnenzeichnung, die die Körper stellenweise gleichsam durchscheinend wirken lässt. In Verbindung mit einer subtilen Lichtregie hob er die Leiblichkeit der Akte in ätherischer Leichtigkeit auf. Der Raum reduziert sich zur abstrakten Folie, die in ihrer Ausgestaltung das Thema des Blattes illustriert: Im *Kampf gegen das Ungewisse* (▸ A 205, S. 129) stemmen sich die vorwärtsschreitenden Menschen gegen eine niederdrückenden Strom, in *Qual* strecken sich die Körper aus dem dunklen Raum dem Licht entgegen. Gesten, die dem modernen Ausdruckstanz entlehnt scheinen (vgl. ▸ A 255, S. 83), drücken existenzielle Erfahrungen in einer sehr direkten, expressiven Weise aus.

Im Verlauf der Zwanzigerjahre beruhigte und klärte sich Wildens Bildsprache und folgte damit einem allgemeinen Trend in der Malerei. Nicht nur in Deutschland, wo etwa ab 1925 die Neue Sachlichkeit endgültig den Spätexpressionismus ablöste,[31] sondern auch in der internationalen Avantgarde zeigte sich in dieser Zeit eine Tendenz zur Monumentalisierung und Statuarik. Wilden arrangierte seine Figuren nun bevorzugt in einem betont bühnenartigen Landschaftsraum (▸ A 200, S. 89). An die Stelle aufschäumender Emotionen tritt ein ruhiges Mit- und Nebeneinander. Die stehenden oder lagernden Figuren sind plastisch deutlicher modelliert, bleiben aber in ihrer Ausführung typisiert und damit anonym. Der räumliche Kontext, zumeist ein nur angedeuteter Natur- oder auch Architekturraum, entfaltet manchmal eine geradezu surreale Wirkung (▸ Z 083, S. 227). In einigen Kompositionen wird durch angedeutete tänzerische Gesten die Bühnensituation noch stärker akzentuiert (▸ A 203, S. 87), in anderen werden antike Motive zitiert (▸ A 177, S. 192; A 188, S. 194). Im Unterschied zur Malerei der Neuen Sachlichkeit, die sich mit großer Detailversessenheit der Dingwelt zuwandte und auch in der Beschäftigung mit dem Menschen häufig zu einer Verdinglichung kam, blieb Wilden in seinem Darstellungsmodus in erster Linie einer Stilisierung verpflichtet. Es ging ihm weniger um den Gegenstand in seiner formalen und plastischen Gestalt und erst recht nicht um die Erzeugung der typisch neu-sachlichen Luftleere, in der alles Lebendige zu erstarren droht. Stattdessen ordnen sich seine Arbeiten nach wie vor in einen symbolischallegorischen Deutungshorizont ein. Menschliche Konstellationen des Mit- und Gegeneinander, der Zu- oder Abwendung interessierten ihn dabei in einem ganz grundsätzlichen Sinne. Das Expressive und Affektive trat zurück: Wilden experimentierte nun vorrangig mit der Vereinzelung der Figur, dem Innehalten und der Beziehung von Körper und Raum. „neues Bild angefangen", schreibt er am 5. März 1924 an Hedwig Sparrer, „wieder 3 menschen. dumpfes rot, blau und braun. aber immer ruhiger voller klingender." Ein rhythmischer Bewegungsfluss, axiale Ausrichtungen in der Fläche sowie Verdichtungen von Gestik und Bewegung durch Wiederholung oder Verdopplung werden zu neuen Gestaltungsprinzipien. Entsprechend der zeitgleich einsetzenden Betonung des Architektonischen im Bühnenbildnerischen wirkt auch der Bildraum seiner figurativen Kompositionen nun zumeist konstruktiv und wie ‚gebaut'. Trotz der nach wie vor kleinen Formate und der bevorzugten Aquarelltechnik kann Wilden damit eine gewisse raumgreifende Monumentalisierung erreichen, in die sich die klassisch-kühlen Figurationen integrieren.

Abgesehen von den zahlreichen mehrfigurigen Kompositionen hat sich Wilden auch in Porträt und Selbstporträt mit der Darstellung des Menschen auseinandergesetzt. Das Spektrum reicht dabei von seinen zahlreichen Porträtstudien (▸ A 276 – A 287, S. 207 f.; Z 092 – Z 136, S. 228 – 234), die dem Studium unterschiedlicher mimischer Ausdrucksmöglichkeiten, verschiedener Temperamente oder Emotionen dienen, bis zu ausgearbeiteten individuellen Bildnissen, die vereinzelt in Öl ausgeführt wurden. Sie zeigen ihm persönlich nahestehende Personen wie Hedwig Sparrer oder Mitglieder der Familie von Wilhelm Küper. Mehrfach von Wilden in seinen Briefen geäußerte Hoffnungen auf umfangreichere Porträt-

Abb. 20

Porträt Hedwig Sparrer mit Geranie, o. J., Öl auf Pappe, 49 × 34 cm, Privatbesitz, G 13

aufträge scheinen sich hingegen nicht erfüllt zu haben. Neben seinen teilweise sehr sensiblen Porträts und Kopfstudien von Schauspielerkollegen (▸ A 277, S. 207) machen vor allen die Bildnisse, die Egon Wilden von seiner Frau anfertigte, das Spektrum seiner Darstellungsmodi deutlich. Spontan festgehaltene Bleistiftskizzen stehen neben programmatisch wirkenden Ölgemälden. Ein vermutlich zu Beginn der Zwanzigerjahre entstandenes Gemälde zeigt die Kombination einer strengen en face-Ansicht Hedwig Sparrers mit floralen Motiven **(Abb. 20)**. Der Gestus der sich öffnenden Hände entrückt die Schauspielerin aus der Alltagswelt in eine besondere Sphäre künstlerischer Sensibilität. Wie ein Medium scheint sie gleichzeitig zu empfangen und zu geben. Ein spätes, 1930 datiertes Porträt zeigt Hedwig Sparrer hingegen als eine sehr gegenwärtige moderne Frau der Zwanzigerjahre mit modischem Hut und einer eher praktischen Garderobe (▸ G 11, S. 55).

Abb. 21

Selbstporträt VI (gnothi seauton), o. J.,
Kreide auf Papier,
43 × 33 cm,
Kunstmuseum Ahlen,
Z 133

Abb. 22, 23

Selbstporträt VII, o. J.,
Kreide auf Papier,
35 × 25 cm,
Kunstmuseum Ahlen,
Z 134

Selbstporträt III, o. J.,
Bleistift auf Papier,
28 × 18 cm,
Kunstmuseum Ahlen,
Z 130

Daneben finden sich in Wildens Œuvre auffallend viele Selbstporträts. Das Künstlerselbstporträt erfüllt traditionell eine Doppelfunktion: Es ermöglicht sowohl die Beschäftigung mit der eigenen Physiognomie (und bietet damit sozusagen ein jederzeit zur Verfügung stehendes Modell) als auch mit der eigenen Befindlichkeit als Künstler. *Gnothi seauton* (gr. Erkenne Dich selbst!) hat Egon Wilden programmatisch eines seiner eindrucksvollsten Selbstporträts (**Abb. 21**) betitelt, in dem Birgit Schulte „die Dokumentation eines echten Schockerlebnisses, einer elementaren seelischen Erschütterung"[32] erkannte. In der Tat war das Porträt als Erkenntnisweg zum Menschen als Individuum und als Gattungswesen zu Beginn des 20. Jahrhunderts gerade neu entdeckt worden. Van Gogh und seine Auffassung vom Gesicht als Ausdrucksträger hatte die junge expressionistische Generation in Deutschland stark beeindruckt.[33] Seine Konzentration auf das Gesicht als Träger der energetischen Kräfte des Menschen führte zu einer Bevorzugung nahsichtiger Büstenporträts, die eine intensive Erforschung des Gegenübers ermöglichen. Physiognomie und Seelenzustand verbinden sich im Ausdruck des Porträts – der Maler bringt nicht nur die äußere Hülle, sondern das Ganze einer Person zum Ausdruck. Diese Formulierung wurde in der deutschen Malerei vielfach rezipiert. Auch Wildens Porträts scheinen davon unmittelbar beeinflusst, seine Selbstbildnisse dürfen daher als Selbstbefragung verstanden werden. Der experimentelle Charakter der Serie wurde durch die Nummerierung der einzelnen Blätter unterstrichen. Die zum Teil radikale Isolierung des Kopfes führt zu einer Konzentration auf die Gesichtszüge und den oftmals skeptischen, aber wachen Blick des Künstlers (**Abb. 22**). In einer besonders auffallenden Variante klemmt er sein Haupt in ein konstruktivistisches Lineament ein und erzeugt damit eine geradezu räumlich bedrängende Situation (**Abb. 23**). Auch in zwei, um 1930 entstandenen Selbstporträts in Öl wirkt der hier angedeutete kastenartige Raum mit einem nur wenig Licht spendenden Fensterausschnitt fast klaustrophobisch (▸ G 14, S. 141; G 16, S. 237). In diesen en détail ausgeführten Gemälden präsentiert sich Egon Wilden mit den Arbeitsgeräten des Malers, Pinsel und Palette, beziehungsweise mit einem leeren Weinglas, das als Vanitasmotiv verstanden werden kann. Kritisch blickt Wilden durch seine Brillengläser aus dem Bildraum heraus und lässt keinen Zweifel an seiner schwierigen Situation in – bildlich umgesetzten – beengten Verhältnissen. Beide Selbstporträts wirken dennoch wie ein mutiges selbstbewusstes ‚Trotzdem' – wie eine Selbstvergewisserung in einer Umbruchsituation, die ihn als Künstler und Mensch zu dieser Zeit ergriffen hatte.

Innerhalb des weiten Spektrums seiner figürlichen Darstellungen gibt es eine weitere, kleinere Gruppe von Aquarellen, Zeichnungen und Gemälden mit Genremotiven aus der Theater- und Zirkuswelt.[34] Der Harlekin und sein Widersacher, der Pierrot (▸ **Abb. 24**; Z 070, S. 225), beides klassische Figuren der Commedia dell'Arte, treten hier ebenso in Erscheinung wie ein gerade auf der Straße gastierendes Trio von Musikern mit einer Tänzerin (▸ A 232, S.

der sogenannten Rosa Periode (um 1905/06) markiert der *Sitzende Pierrot*, 1918 **(Abb. 26)** in Picassos Werk nochmals eine programmatische Formulierung des Themas. In beiden Bildern sind Momente des Innehaltens und der Nachdenklichkeit festgehalten – während des Textstudiums in der Garderobe oder mitten im belebten Schankraum. Die Einsamkeit des gesellschaftlichen Außenseiters abseits der Scheinwerfer und die lähmende Erschöpfung nach dem enttäuschenden Akt auf der Bühne – in diesen existenziellen Erfahrungen fanden sich auch Künstler wieder. In diesem Sinne inszenierte auch Wilden sein kleines Gruppenporträt **(Abb. 24)**: Vor oder auch nach dem Auftritt hat sich die kleine Gruppe in einer Ecke niedergelassen, um sich auszuruhen. Trotz der körperlichen Nähe ist doch jeder ganz bei sich und mit sich allein. Kostüm und Maske weisen auf die jeweilige Rolle, die auf der Bühne gespielt wird – jetzt aber von den Schauspielern abgefallen ist. Nach dem Erlöschen der Scheinwerfer hat sich Stille, aber auch ein wenig Dunkelheit ausgebreitet, die nun die drei Personen umfängt. Die zwischen Erfolg und Niederlage, zwischen Ruhm und Vereinzelung schwankende Existenz des Künstlers findet hier ihren Ausdruck. Daneben wird aber auch noch eine zweite Deutungsebene greifbar: Mehrfach variierte Egon Wilden das Thema des Mannes zwischen zwei Frauen (▸ Z 052, S. 223), das in diesem Bild angesprochen wird und bis zum Ende der Zwanzigerjahre

200), das etwas traurig dahin trottende *Fahrende Volk I* (▸ Z 065 a, S. 225) oder auch eine erschöpft wirkende Gruppe von Schauspielern in *Nach dem Auftritt* (▸ A 237, S. 200). Wilden lenkt den Blick des Betrachters in diesen Arbeiten auf die Befindlichkeiten hinter den Kulissen: Er zeigt die Anstrengung der Schauspieler und Artisten, die Traurigkeit der Spaßmacher und Clowns und konterkariert selbst die Eleganz des *Schönen Gigolo* (▸ A 235, S. 200) durch die schonungslose Darstellung *Vergänglich* (▸ A 234, S. 200). Die Melancholie hinter der Maske des Komödianten war seit Antoine Watteaus berühmtem *Gilles* (1718–20) immer wieder ein Thema in der Malerei gewesen, das häufig auch der Reflexion über das eigene Künstlerdasein diente. Pablo Picasso kostümierte sich etwa als Harlekin in einem Selbstporträt, das er 1904 für das legendäre Lokal „Le Lapin Agile" auf dem Montmartre malte **(Abb. 25)**. Nach einer intensiven Beschäftigung mit der Welt der Wanderschauspieler und Gaukler innerhalb

Abb. 24, 25, 26

Tänzerin mit Pierrot und Harlekin I, o. J., Aquarell auf Papier, 25 × 34 cm, Privatbesitz, A 227

Pablo Picasso
Im Wirtshaus Le Lapin Agile, 1904, Öl auf Leinwand, 99 × 100,5 cm, Verbleib unbekannt

Pablo Picasso
Sitzender Pierrot, 1918, Öl auf Leinwand, The Museum of Modern Art, New York

auch im antiken Gewand des *Paris-Urteil* (▸ A 177, S. 192) in seinem Œuvre auftaucht. Es liegt nahe, in einer sehr direkten Lesart Parallelen zu seiner persönlichen Situation in Gera herzustellen, in der Wilden doch zumindest über einige Monate in einer ähnlichen Spannungssituation lebte. Allerdings zeigt sich in Wildens intensiver, über viele Jahre hinweg kontinuierlich erfolgter Beschäftigung mit mehrfigurigen Aktdarstellungen ein grundsätzliches Interesse an der Ausdeutung menschlicher Beziehungen (▸ A 184, S. 193), das weit über enge biographische Konstellationen hinausweist.

Sicherlich sind Egon Wildens Bilder aus der Theaterwelt in besonderer Weise dem eigenen Erfahrungshorizont geschuldet. Vielleicht wirken sie in ihrer Direktheit auch häufig ein wenig naiv. In den Zwanzigerjahren entdeckten jedoch viele Künstlerinnen und Künstler mit dem Kabarett, dem Tingeltangel oder der Theaterbühne Schauplätze des modernen Großstadtlebens. Seit der zweiten Hälfte des 19. Jahrhunderts unternahmen Künstler – besonders in Paris – als Flaneure Expeditionen in das anarchische Nachtleben der Großstadt. Mit den berühmten Lithographien von Toulouse-Lautrec war die Welt der Ballhäuser, Kabaretts, ja selbst der Bordelle bildwürdig geworden. Nach dem Ersten Weltkrieg und besonders in der neu-sachlichen und veristischen Malerei der Zwanzigerjahre wurde das nächtliche Leben in den Vergnügungslokalen als Spiegel menschlicher Abgründe begriffen: Hier zeigten sich Eitelkeit und Begierde, Käuflichkeit und Dekadenz, Maskerade und Verblendung in besonders ungeschminkter Weise. Wilden präsentierte diese Motive besonders gern und häufig bei Ausstellungsbeteiligungen und reagierte damit eventuell ganz bewusst auf ein vorhandenes Publikumsinteresse. Nicht nur Theater und Kabarett, auch der Sport spielte in dieser Zeit eine wachsende gesellschaftliche Rolle. Begünstigt durch die Zunahme der zur Verfügung stehenden Freizeit und propagiert durch unterschiedliche Reformbewegungen, entwickelte sich der Breitensport als Möglichkeit der Selbstentfaltung und des Zusammenseins mit Gleichgesinnten in Vereinen. Neue sportliche Großereignisse, wie etwa das Sechstagerennen in Berlin oder die berühmten Boxkämpfe von Max Schmeling, verstärkten eine allgemeine Sportbegeisterung, die auch künstlerisch reflektiert wurde. So malte etwa Willi Baumeister ab Mitte der Zwanzigerjahre Bilder mit Tennisspielern, Boxern und Fußballspielern. Auf Anregung seines Galeristen Alfred Flechtheim gab Baumeister 1928 sogar eine Graphikmappe unter dem Titel *sport und maschine* heraus – all diese Aktivitäten beweisen das damals virulente Interesse an diesem Thema. Auch in Wildens Werk tauchen in der zweiten Hälfte der Zwanzigerjahre solche Motive (▸ A 273, S. 136, S. 206) auf und zeigen ein mit Baumeister verwandtes Interesse an kinematographischen Effekten. Im Vordergrund steht entsprechend die im Bild festgehaltene multiple Bewegung der angreifenden Stürmer und des abwehrenden Torwarts. Die *Fußballspieler* (▸ A 270 – A 274, S. 205 – 206) reduzierte er auf schematisierte, anonyme Figuren, die in einer jeweils variierten Komposition miteinander in ein Bewegungs- und Handlungsgefüge eingebunden sind.

Egon Wildens „kommunistische Ader"[35] stand in keinerlei Widerspruch zu seiner kontinuierlichen Beschäftigung mit biblischen Themen und insbesondere seinem ernsthaften Interesse an Glasfensterentwürfen für den Kirchenraum. In seinen Aquarellen und Zeichnungen kommen hauptsächlich Szenen aus dem Neuen Testament zur Darstellung. Dabei steht wiederum die Passionsgeschichte im Mittelpunkt: Christus als Leidender und Sterbender, aber auch als Gemeinschaft und Erlösung stiftende Figur wird von Wilden zumeist durch eine suggestive Lichtführung herausgearbeitet. Düstere Szenarien am Berg Golgatha kontrastieren mit berückend zart kolorierten Darstellungen von der Geburt Christi und der *Flucht nach Ägypten* (▸ Z 043, S. 222). Die Erweckung des Jünglings von Naim vollzieht sich in einer den Heiland wie den Todgeweihten umfangenden Lichtaureole, ebenso wie das Pfingstwunder die Jünger in goldenen Glanz taucht. Neben dieser symbolischen Qualität der Lichtregie sind auch die sprechenden Gesten, mit denen etwa Blinde geheilt oder Tote beklagt werden, von besonderer Eindringlichkeit und Intensität. Das mittelalterliche Motiv der ‚Compassio', also des Mitleidens bei Betrachtung des Passionsgeschehens, wird in Wildens Blättern mit modernen Mitteln evoziert. Sicher sprechen sich in dieser Werkgruppe auch persönliche Erfahrungen des Leidens und Sterbens aus, die Wilden während des Ersten Weltkrieges machte.[36] Im Unterschied zu Künstlern wie Otto Dix oder Gert Wollheim artikulierte er diese ihn nachhaltig belastenden traumatischen Kriegserlebnisse nicht direkt. Wilden zeigte weder Kriegshandlungen noch Tote oder die das Stadtbild im Nachkriegsdeutschland durchaus prägenden verkrüppelten Soldaten. Die eindringliche Gestaltung von Tod und Trauer in seiner *Pietà* **(Abb. 27)** erfasst im christlichen Kontext „alles fürchterliche [...] was nur einem mensch zustoßen kann."[37] Hoffnungslosigkeit und Schmerz, Verlust und Hilflosigkeit spiegeln sich in den geradezu mittelalterlich wirkenden, ausgemergelten Leidensfiguren. Aber selbst an diesem tiefsten Punkt der Passionsgeschichte – der Beweinung des Gekreuzigten – lässt Wilden durch seinen metaphorischen Lichtkegel, der aus einem dunklen Himmelskörper in die Höhe steigt, den Auferstehungsgedanken anklingen. Damit rückt die zentrale Botschaft christlicher Überlieferung in den Mittelpunkt seiner künstlerischen Darstellung. Während ansonsten – gerade im rheinländischen Raum – nach dem Ersten Weltkrieg christliche Motive gerne sozialkritisch aktualisiert und damit manchmal in ihrer Tiefendimension beschnitten wurden,[38] beließ Wilden die biblischen Geschichten in ihrem eigenen, letztlich überzeitlichen Kontext.

Eine Sonderrolle in Wildens Œuvre nimmt schließlich die Gruppe der abstrakten Kompositionen ein, die zwischen 1923 und 1926 entstand. Seine Hinwendung zu ‚reinen' geometrischen Formen vollzog sich im zeitlichen und gedanklichen Kontext von Konstruktivismus und De Stijl in den frühen Zwanzigerjahren. Egon Wilden beschäftigte sich – wie schon in seinen Landschaften und figurativen Kompositionen – mit Fragen der rhythmischen Bewegung und der farbigen Vielschichtigkeit. Die Aquarellfarbe macht dabei eine luzide Durchflutung und diffuse Überlagerung der Formen möglich, die sich rhythmisch im Bildraum zu bewegen scheinen. Durch Überschneidungen, Farbabstufungen und die Leuchtkraft seines Kolorits öffnet sich das Formgefüge manchmal in einen sphärischen Tiefenraum (▸ A 292, S. 209), in anderen Blättern wird hingegen gerade die Fläche betont. Später entstandene, strengere und beruhigte Kompositionen lassen gegenständliche Andeutungen wieder sichtbar werden oder es integriert sich ein statuarisches Figurenpersonal (▸ A 316, S. 213). Der schon in seiner expressionistischen Phase beobachtete Prozess der Entmaterialisierung von Körper und Raum durch Farbe und Lichtführung wurde dabei konsequent weiterverfolgt. Gerade diese Beispiele zeigen die enge Verzahnung seiner künstlerischen Entwicklung mit seiner bühnenbildnerischen Tätigkeit, denn auch im Theater wurden die Ordnungsprinzipien

Abb. 27

Pietà, o. J., Bleistift auf Papier, 21 × 15 cm Kunstmuseum Ahlen, Z 037 der konstruktivistischen Raumauffassung diskutiert und angewandt.

Nach Gründung des *Bauhauses* 1919 in Weimar war der gegenstandslosen Malerei zudem die Aufgabe der Raumgestaltung zugewiesen worden. Es ist daher gut vorstellbar, dass Egon Wilden im Rahmen seiner Zusammenarbeit mit dem Architekten Thilo Schoder (1888–1979) in Gera zu Experimenten mit gegenstandslosen Kompositionen angeregt wurde. Schoder, der ab 1919 in Gera zum bedeutendsten Exponenten des Neuen Bauens in Thüringen avancierte, war ein ungeheuer produktiver und kulturell breit interessierter Mann. Sein Gästebuch liest sich wie ein who is who der damaligen Kunst- und Kulturszene: Wassily Kandinsky, Otto Dix, Theo van Doesburg, Adolf Behne, Wilhelm Worringer, Paul Westheim, Franz Werfel, Julius Meier-Graefe, Conrad Felixmüller, Alban Berg, Georg Kolbe, Henry van de Velde und Walter Kaesbach – sie alle waren damals in Gera bei Schoders zu Gast. Auch Egon Wilden wurde im Oktober 1921 zu einem ersten Kennenlernen eingeladen. Schoder arrangierte den für Wilden außerordentlich interessanten Kontakt zum Reußischen Fürsten[39] und spielte bei dem im Juli 1923 dann tatsächlich erfolgten Umzug Wildens nach Gera eine entscheidende Rolle, da er zusätzliche private Aufträge in Aussicht stellte.[40] „dann noch auf einen tag zu schoder, der mich sehr darum bat, nach gera zu gehen. er will mich zu verschiedenen leuten bringen, die unbedingt bilder von mir kaufen und mir aufträge geben würden", berichtet Wilden am 8. Oktober 1921 an Hedwig Sparrer. Dazu gehörte wohl auch die Mitarbeit an einem umfangreichen Bauprojekt – an Planung und Ausführung einer Villa mit Gesamtausstattung für den Textilunternehmer Franz Stroß im böhmischen Reichenberg, dem heutigen Liberec. Die Entwurfsarbeit begann Ende 1923, eine Ausstellung der Baupläne, Perspektiven und des Ausführungsmodells fand im April 1924 im Hotel „Erbprinz" in Weimar statt und die Einweihung erfolgte am 31.12.1925. Im September 1923 kam es durch die Affäre zwischen Egon Wilden und der Frau von Thilo Schoder, der Schauspielerin Marxeda Lichnovsky, jedoch zu einem Zerwürfnis mit dem Architekten. Auch der Kontakt zu Franz Stroß, der mehrere Gemälde und Aquarelle von Wilden erworben hatte, kühlte sich in der Folgezeit merklich ab. Es ist dennoch wahrscheinlich, dass Schoder anfänglich Wilden mit Aufgaben der Innenausstattung in der Villa Stroß betraut hat und seine Entwürfe zur Anwendung kamen. Vor allem die später im Wohnbereich ausgeführten Wanddekorationen und -malereien zeigen ein abstraktes Formenrepertoire, das mit Wildens Studien aus dieser Zeit deutlich verwandt zu sein scheint.

Resümee

Egon Wildens künstlerisches Werk entstand auf seinen privaten Nebenschauplätzen: Es waren die freien Stunden oder Tage, manche Reise oder auch Phasen des beruflichen Umbruchs, die ihm Gelegenheit zur ‚freien' Arbeit boten. Vielleicht bevorzugte er auch aus diesem Grund die Aquarellmalerei, das Pastell und die Zeichnung – künstlerische Techniken also, die Schnelligkeit und Spontaneität während der Arbeit ermöglichen, aber auch verlangen. Besonders auf dem Feld der Aquarellmalerei bewies sich Wilden als souveräner Kolorist, der in seinen Bildern Gegenständliches mithilfe einer transluziden Farbe in eine geradezu immaterielle Sphäre zu transformieren vermochte, ohne den Gegenstand aufzugeben. Dem Licht, bildlich erzeugt durch die Farbe, kommt dabei die zentrale Aufgabe zu. Dies verbindet ihn mit einer ganzen Reihe von Künstlern, die sich seit etwa 1912 mit dem Thema der Lichtqualität im Bild neu beschäftigten – insbesondere Robert Delaunay hatte mit seinen orphistischen Formulierungen einen viel beachteten Auftakt gesetzt.

Auch das von Wilden bevorzugte kleine Format seiner Blätter unterstreicht den intimen Charakter seines Œuvres. Seine Arbeiten sind nicht im Hinblick auf die große Wand im Museum konzipiert, sondern eher für das private Ambiente geeignet. Es sind Studien im besten Sinne: vielgestaltig, experimentell und ohne eine Hierarchiebildung zwischen Skizze und vollendetem Werk. Da die Aquarelltechnik keine Überarbeitungsphase ermöglicht, bieten sie zudem einen spannenden, weil ungeschminkten Blick auf ihren Entstehungsprozess.

Der Mut und die Offenheit zum Experiment lässt Wildens Œuvre zuweilen disparat, ja vielleicht sogar unentschieden und schwankend erscheinen. Es reflektiert die schnell aufeinander folgenden Strömungen in der Kunst der Zwanzigerjahre: Spätexpressionismus, Orphismus, Konstruktivismus oder Neo-Klassizismus – all diese Entwicklungen haben in Wildens Werk ihre Spuren hinterlassen. Dennoch lässt sich eine eigene Handschrift, oder vielleicht eher ein eigener ‚Ton' in seinen Arbeiten ausmachen. Er ist gekennzeichnet von dem Bemühen, Gesehenes, Gefühltes, Erlebtes in einem kreativen Prozess ästhetisch zu verbildlichen. Eine Form der Übersetzung von Wirklichkeit in etwas ganz und gar Artifizielles also, die mit dem Medium des Theaters durchaus verwandt ist. Auch auf der Bühne kommen im Drama menschliche Grunderfahrungen und -konflikte zur Anschauung, ohne ein Abbild unserer Realität zu sein. Das zu jener Zeit immer wieder beschworene „Geistige" in der Kunst zielte auf eben diese essenzielle Verdichtung des Wesentlichen im Bild. Darin erkannte man die einmalige Kraft der Kunst, an die auch Wilden nachhaltig glaubte. Dabei war er weder Sozialromantiker noch Utopist. Es ist ein eher bescheiden auftretender Glaube an die Universalität der künstlerischen Äußerung und ihre jenseits aller Geschichte stehende, überzeitliche Ästhetik.

Ein knappes Jahr vor seinem Tod schrieb Wilden an seine Frau unter dem Eindruck eines Besuches in der Bremer Kunsthalle: „es kommt nur darauf an, dass ich mich selber finde und das in mir finde, was nur ich allein sagen kann. und dazu scheint mir diese zeit des in mich hineinhorchens sehr wichtig."[41] Es war Egon Wilden nicht vergönnt, sich weiterentwickeln zu können. Sein Nachlass, der ungeordnet und unbereinigt zurückblieb, zeigt, dass er dennoch vieles schon gefunden hatte.

Anmerkungen

1   Das Zitat des Aufsatztitels stammt aus einem Brief an Hedwig Sparrer vom 11. Oktober 1930. Alle in diesem Aufsatz zitierten Briefe befinden sich in Abschrift im Egon Wilden-Archiv, Kunstmuseum Ahlen.
2   Siehe dazu die Aufstellung der Ausstellungen und Ausstellungsbeteiligungen im Anhang, S. 240. Eine erste kunsthistorische Besprechung erfolgte durch Birgit Schulte: „Wir suchen heute unter dem Schleier des Scheines verborgene Dinge…" Egon Wilden als freier Künstler, in: *Egon Wilden. Maler und Bühnenbildner. 1894–1931,* hg. von der Theaterwissenschaftlichen Sammlung der Universität zu Köln, Ausst. Kat. Theatermuseum Düsseldorf, Düsseldorf 1994, S. 17–29.
3   N. N.: Egon Wilden †, in: nicht bekannte Zeitung, 1931. Zit. nach Ausst. Kat. Düsseldorf 1994 (wie Anm. 2), S. 6.
4   Das erste Œuvreverzeichnis wurde zusammengestellt von Joachim Geil; die hier nun vorgelegte Fassung hat Kinga Luchs überarbeitet.
5   Joachim Geil: *Egon Wilden (1894–1931). Der Maler und die Bühne,* Köln 1999.

6 Brief aus dem Egon Wilden-Archiv, Kunstmuseum Ahlen.
7 Ein früherer Studienbeginn scheint durch den Brief vom 2. Mai 1919 unwahrscheinlich. Wilden schreibt dort an Hedwig Sparrer: „1914 wurde ich ‚reif' aus der schule entlassen … in dem frühjahr liebte ich das erste mal und dann kam der krieg wie eine erlösung. Da bin ich durch geknetet worden und hab alles fürchterliche erlebt, was nur einem menschen zustoßen kann. Im lazaret dieses entsetzliche elend in den irrenhäusern."
8 Siehe dazu Anna Klapheck: Die „goldenen" zwanziger Jahre. Die Akademie zwischen den beiden Kriegen, in: *Zweihundert Jahre Kunstakademie Düsseldorf*, hg. von Eduard Trier, Düsseldorf 1973, S. 147–160.
9 Ebd., S. 150.
10 Das Archiv der Kunstakademie Düsseldorf verfügt aufgrund von Kriegsverlusten über keinerlei Aktenmaterial über Schüler einzelner Klassen oder Werkstätten. Nach freundlicher Auskunft von PD Dr. Dawn Leach, Leiterin des Archivs mit Sammlungen der Kunstakademie Düsseldorf.
11 Siehe dazu Gertrude Cepl-Kaufmann: Im Rheinland der Nachkriegszeit, in: *Krieg und Utopie. Kunst, Literatur und Politik im Rheinland nach dem Ersten Weltkrieg*, hg. von Gertrude Cepl-Kaufmann / Gerd Krumeich / Ulla Sommers, Essen 2006, S. 15–18.
12 Siehe dazu das Zitat von Gustav Gründgens über seine Nachkriegsjahre in Düsseldorf bei Peter Berg: *Hedwig Sparrer und Egon Wilden – ein Künstlerpaar*, S. 40 in diesem Katalog.
13 Aufruf an die jungen rheinischen Künstler, wiederabgedruckt in: *Am Anfang: Das Junge Rheinland. Zur Kunst und Zeitgeschichte einer Region, 1918–1945*, hg. von Ulrich Krempel, Ausst. Kat. Städtische Kunsthalle Düsseldorf 1985, S. 19.
14 Siehe dazu ausführlich *Das Junge Rheinland. Künstler – Werke – Dokumente*, Ausst. Kat. Galerie Remmert und Barth, Düsseldorf 1996.
15 Aus: *Das Junge Rheinland*. Düsseldorf, März 1919, abgedruckt in: Ausst. Kat. Düsseldorf 1996 (wie Anm. 14), S. 10 f.
16 *Aktivistenbund. Leitsätze 1919*, wiederabgedruckt in: Ausst. Kat. Düsseldorf 1985 (wie Anm. 13), S. 22.
17 Ebd.
18 Zit. nach Rudolf Schmitt-Föller: Die Düsseldorfer Künstlergruppe „Aktivistenbund 1919", in: Cepl-Kaufmann / Krumeich / Sommers 2006 (wie Anm. 11), S. 102.
19 Brief vom 19. April 1920 vom Feldberg.
20 Vgl. dazu Martina Ewers-Schultz: *Die französischen Grundlagen des „Rheinischen Expressionismus" 1905 bis 1914. Stellenwert und Bedeutung der französischen Kunst in Deutschland und ihre Rezeption in den Werken der Bonner Ausstellungsgemeinschaft von 1913*, Münster 1996 (zugl. Diss. 1994, *Bonner Studien zur Kunstgeschichte*, Bd. 12).
21 Vgl. dazu *Im Rhythmus der Natur – Landschaft im rheinischen Expressionismus*, hg. vom Verein August Macke Haus e.V., Ausst. Kat. August Macke Haus, Bonn, Bonn 2006.
22 Vgl. Klara Drenker-Nagels: Heinrich Nauen – Das expressionistische Werk von 1905 bis 1920, in: *Heinrich Nauen 1880–1940. Monographie und Werkverzeichnis*, hg. von Klara Drenker-Nagels, Ausst. Kat. Städtisches Kunstmuseum Bonn, Von der Heydt-Museum, Wuppertal, Köln 1996, insbes. S. 38–42.
23 Wassily Kandinsky: Über die Formfrage, in: *Der Blaue Reiter, München 1912*, Dokumentarische Neuausgabe, hg. von Klaus Lankheit, München 1990, S. 137.
24 Brief vom 12. Juli 1919 an Hedwig Sparrer.
25 Davon berichten zwei Postkarten vom 6. und 17. September 1921 aus München: „dann zu wolff, sehr erstaunt und keine neigung zur illustrierung. nachher muss ich noch mal hin. Ich glaube nicht das was draus wird." Und: „kurt wolff ist also wirklich nichts geworden. bedauert sehr usw. gut dass ich enttäuschungen gewohnt bin."
26 Siehe dazu vertiefend: Peter Barth: Wegbereiter des Neuen – Kunsthändler im Rheinland. Alfred Flechtheim, Hans Koch, Johanna Ey, Karl Nierendorf, in: Cepl-Kaufmann / Krumeich / Sommers 2006 (wie Anm. 11), S. 373–383.
27 Brief vom 8. Juli 1919: „die glasfenster und mosaiken macht der berühmte pechstein, obwohl meine entwürfe besser waren, aber der name machts. Der hat in berlin so große erfolge und muss in allen ‚modernen' häusern vertreten sein."
28 Brief vom 24. Juli 1919 an Hedwig Sparrer.
29 Brief vom 31. Juli 1919 an Hedwig Sparrer.
30 Brief vom 1. September 1921 an Hedwig Sparrer.
31 Die 1925 in der Städtischen Kunsthalle Mannheim von Gustav Hartlaub ausgerichtete Ausstellung *Neue Sachlichkeit. Deutsche Malerei seit dem Expressionismus* markierte bereits die Musealisierung dieser neuen künstlerischen Richtung. Zeitgleich veröffentlichte Franz Roh sein Buch *Nach-Expressionismus. Magischer Realismus. Probleme der neuesten europäischen Malerei*, Leipzig 1925.
32 Schulte 1994 (wie Anm. 2), S. 17.
33 Siehe dazu: Martina Padberg: Ausdruck und Ähnlichkeit. Zum ästhetischen Konzept des Porträts in der Moderne, in: *Augenblicke. Bonner Begegnungen mit Porträts des rheinischen Expressionismus*, Ausst. Kat. August Macke Haus Bonn, Bonn 2007, S. 12–24, insbes. 20 ff.

34 In einem Brief vom 29. Oktober 1923 an Hedwig Sparrer berichtet er von einem fertig gestellten Pierrot-Bild, das einen Transportschaden erlitten hat und daher vom Käufer, dem Fabrikanten Franz Stroß aus Reichenberg, zurück nach Gera geschickt wurde.
35 Zit. nach einem Brief an Wilhelm Küper vom 7. Juli 1931, Privatbesitz.
36 So gedeutet von Birgit Schulte in: dies. 1994 (wie Anm. 2), S. 19.
37 Brief vom 2. Mai 1919 an Hedwig Sparrer (wie Anm. 7).
38 Besonders Künstler wie F. W. Seiwert, Otto Pankok oder auch Franz M. Jansen transformierten Christus als Leidenden an der Welt in die eigene Gegenwart. Siehe dazu ausführlich: Adam C. Oellers: „Christus im Ruhrgebiet." Die sozialkritische Aktualisierung der christlichen Bildthematik in der Kunst nach dem Ersten Weltkrieg, in: Cepl-Kaufmann / Krumeich / Sommers 2006 (wie Anm. 11), S. 248–259.
39 Bei dem ersten Besuch auf Schloss Ebersdorf verkaufte Wilden zehn Arbeiten, vermutlich überwiegend Aquarelle, an den Fürsten und den Erbprinzen. Siehe dazu den Brief vom 13. Oktober 1921 an Hedwig Sparrer.
40 Im Brief vom 5. Oktober 1921 berichtet er Hedwig Sparrer: „am bahnhof wurde ich vom architekten schoder abgeholt, bei dem ich wohnte. ganz famose leute. dem fürsten wurde meine ankunft gemeldet, der sofort telefonierte, ich solle heute kommen. ich fahre mittag nach schloss ebersdorf [...] glaube, dass ich viel verkaufe."
41 Brief vom 11. Oktober 1930 an Hedwig Sparrer.

Tafeln

Selbstporträt III, 1923,
Aquarell auf Papier,
25 × 17 cm, sign. u. bez.:
Egon Wilden bilder für (?) 23,
Privatbesitz, A 285

Porträt eines unbekannten Schauspielers, o. J.,
Aquarell, Bleistift auf Papier,
40 × 30 cm,
Kunstmuseum Ahlen, A 278

Porträt Joachim Ringelnatz, o. J.,
Aquarell auf Papier,
29,5 × 25,5 cm, sign.: Wilden,
Kunstmuseum Ahlen, A 280

Frau mit rotem Haar, o. J.,
Aquarell auf Papier,
65 × 49 cm,
Kunstmuseum Ahlen, A 281

Frau auf blauem Tuch, o. J.,
Aquarell auf Papier,
29 × 18 cm,
sign.: Egon Wilden,
Kunstmuseum Ahlen,
A 201

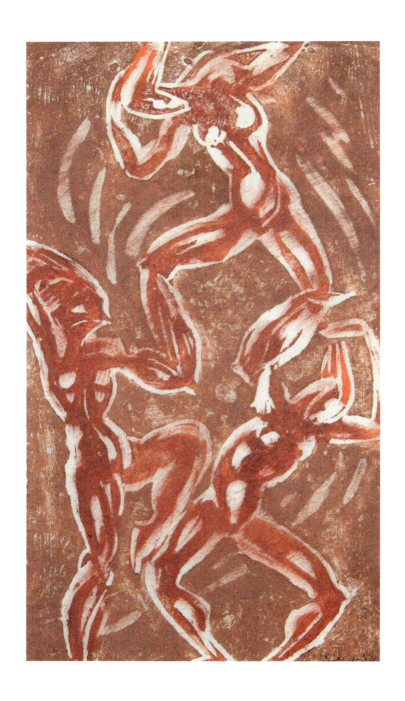

Tanz, 1920,
Holzschnitt 6/X, 26 × 15 cm,
sign. u. dat.: Egon Wilden 20,
Kunstmuseum Ahlen, Dg 2

Tänzerin, o. J.,
Aquarell auf Papier,
16 × 11 cm,
Privatbesitz, A 255

Porträt Matthias Walden, o. J.,
Kohle auf Papier,
37 × 25,5 cm,
Kunstmuseum Ahlen, Z 098

Frau im Profil, o. J.,
Kohle auf Papier,
48 × 32 cm,
Kunstmuseum Ahlen, Z 124

Frau mit Camee, o. J.,
Kohle auf Papier,
37,5 × 26,5 cm,
Kunstmuseum Ahlen, Z 120

Der Schauende II, o. J.,
Kohle auf Papier,
37 × 26,5 cm,
Kunstmuseum Ahlen, Z 102

Porträt Paula Wulfers, o. J.,
Bleistift auf Papier,
33,5 × 26 cm,
Privatbesitz, Z 100a

Galantes Spiel, o. J.,
Aquarell auf Papier,
26,5 × 35,5 cm,
Kunstmuseum Ahlen, A 204

Tanzende Mädchen, o. J.,
Aquarell auf Papier,
26,6 × 35 cm,
Kunstmuseum Ahlen, A 203

Badende am Strand, o. J.,
Aquarell auf Papier,
34 × 48,5 cm, sign.: Egon Wilden,
Kunstmuseum Ahlen, A 200

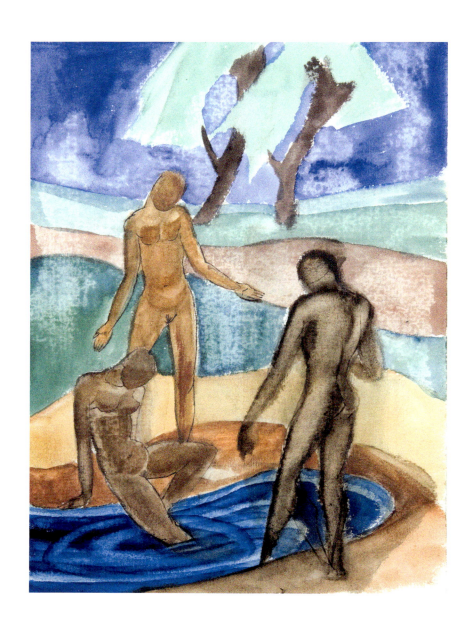

Zwei Frauen und ein Mann I, o. J.,
Aquarell auf Papier,
33,5 × 24,5 cm,
Kunstmuseum Ahlen, A 183

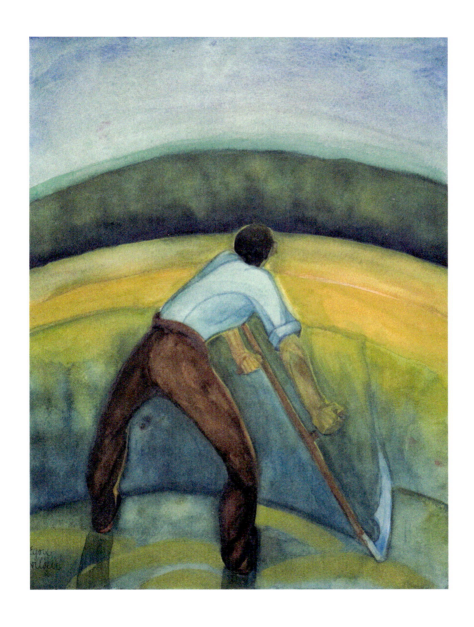

Schnitter, o. J.,
Aquarell auf Papier,
37 × 27,5 cm,
Kunstmuseum Ahlen, A 172

Tänzerin mit rotem Haar, o. J.,
Aquarell auf Papier,
24 × 17 cm, sign.: Egon Wilden,
Privatbesitz, A 197

Auftauchende Halbkreise,
ca. 1923/24,
Aquarell auf Papier,
24,5 × 13,5 cm,
Privatbesitz, A 291

Abstrakte Komposition,
ca. 1923/24,
Aquarell auf Papier,
24,7 × 14,7 cm,
Privatbesitz, A 290

„**42. abstr. VIII**", 1926,
Aquarell, Tinte auf Papier,
12,5 × 16 cm, sign. u. dat.: E.W. 26,
Privatbesitz, A 310

**Kugel mit Schweif
im Dunkel,** ca. 1923/24,
Aquarell auf Papier, 24,5 × 19,5 cm,
Privatbesitz, A 294

**Komposition mit Kreisen
und Rechtecken,** ca. 1923/24,
Aquarell, Bleistift
auf Papier, 12,5 × 9 cm,
Kunstmuseum Ahlen, A 295

Windfahnen, 1920,
Aquarell auf Papier, 25 × 13 cm,
sign. u. dat.: Egon Wilden 20,
Kunstmuseum Ahlen, A 031

Bäume im Licht, o. J.,
Aquarell auf Papier,
24 × 15 cm, sign.: Egon Wilden,
Kunstmuseum Ahlen, A 026

Lichtung, o. J.,
Aquarell auf Papier,
30 × 23 cm,
Kunstmuseum Ahlen, A 044

Königin der Nacht, ca. 1931,
Aquarell auf Papier,
34,5 × 25,5 cm, sign.: Egon Wilden,
Kunstmuseum Ahlen, A 170

Geranien, o. J.,
Aquarell auf Papier,
36 × 24 cm,
Kunstmuseum Ahlen, A 167

Ausblick im Schwarzwald, o. J.,
Aquarell auf Papier,
30,5 × 23,5 cm,
Kunstmuseum Ahlen, A 072

Berninamassiv, o. J.,
Aquarell auf Papier,
35,5 × 27 cm,
Kunstmuseum Ahlen, A 056

Auf dem Feld I, 1930,
Aquarell auf Papier, 27 × 36 cm,
sign. u. dat.: Egon Wilden,
Privatbesitz, A 112 a

Dorf am Hang, o. J.,
Aquarell, Tinte auf Papier,
35,5 × 27 cm,
Kunstmuseum Ahlen, A 080

„feldsee / schwarzwald mit seebuck", 1920,
Aquarell auf Papier, 30 × 23,5 cm,
sign. u. dat.: Egon Wilden 20,
Kunstmuseum Ahlen, A 040

Straße in Brockdorf, 1930,
Aquarell auf Papier, 33 × 40 cm,
sign. u. dat.: Egon Wilden X 30,
Privatbesitz, A 120

Urwald, o. J.,
Aquarell auf Papier,
44,5 × 36 cm,
Kunstmuseum Ahlen, A 160

„Damm", o. J.,
Kreide, Aquarell auf Papier,
28,5 × 38 cm, sign.: Wilden,
Kunstmuseum Ahlen, Z 018

Gehöft in Dinklage, o. J.,
Aquarell auf Papier,
37,5 × 45,5 cm, sign.: Egon Wilden,
bez.: N° 9 rhein. Sezession,
Kunstmuseum Ahlen, A 101

Blick auf Domtürme, o. J.,
Aquarell auf Papier,
32 × 24 cm,
Kunstmuseum Ahlen, A 005

Obstbaum, ca. 1930,
Aquarell auf Papier,
34 × 40,5 cm,
Kunstmuseum Ahlen, A 152

Kanal mit Brücke, o. J.,
Aquarell, Tinte auf Papier,
24 × 32 cm,
Kunstmuseum Ahlen, A 006

Fluss mit Lastkähnen, o. J.,
Aquarell auf Papier,
25 × 35,5 cm,
Kunstmuseum Ahlen, A 090

Fluss mit Brücke, o. J.,
Aquarell auf Papier,
23 × 29,5 cm,
Kunstmuseum Ahlen, A 113

Brunnen im Park, 1914,
Kreide auf Papier, 24 × 24 cm,
sign. u. dat.: Egon Wilden 1914,
Kunstmuseum Ahlen, Z 002

Der Garten, 1914,
Kreide auf Papier, 32 × 24 cm,
sign. u. dat.: Egon Wilden 14,
Kunstmuseum Ahlen, Z 001

Hafen mit Kirche, o. J.,
Kohle auf Papier,
22,7 × 31,9 cm,
Kunstmuseum Ahlen, Z 008

Hafen I, o. J.,
Kohle auf Papier,
31,8 × 22,7 cm,
Kunstmuseum Ahlen, Z 005

Morgens in der Stadt, o. J.,
Aquarell, Tusche
auf Papier, 24 × 16 cm,
Kunstmuseum Ahlen, A 093

Alte Stadt mit Glockenturm, o. J.,
Aquarell auf Papier,
22 × 12,5 cm, sign.: Egon Wilden,
Kunstmuseum Ahlen, A 002

Verwirrung, o. J.,
Aquarell, Kreide, Bleistift
auf Papier, 23,5 × 27,5 cm,
sign.: Egon Wilden,
Kunstmuseum Ahlen, A 215

Maler im Atelier, o. J.,
Aquarell auf Papier,
23 × 21 cm,
Kunstmuseum Ahlen, A 217

Kampf gegen das Ungewisse, o. J.,
Aquarell, Tusche, Kreide
auf Papier, 28,8 × 35,5 cm,
Kunstmuseum Ahlen, A 205

Waldeinsamkeit, o. J.,
Aquarell auf Papier,
23 × 15 cm,
Kunstmuseum Ahlen, A 023

Einsamkeit, o. J.,
Aquarell, Kohle, Bleistift
auf Papier, 23 × 30 cm,
Kunstmuseum Ahlen, A 216

Nächtliche Begegnung, o. J.,
Aquarell, Tinte auf Papier,
23 × 15 cm,
Kunstmuseum Ahlen, A 029

Lichtung im Gebirge, 1918,
Aquarell auf Papier,
25,5 × 16,5 cm,
sign. u. dat.: Egon Wilden 18,
Kunstmuseum Ahlen, A 019

**Porträt Clara, Brigitte
und Angelica Küper,** ca. 1931,
Öl auf Leinwand, 100 × 66 cm,
Kunstmuseum Ahlen, G 09

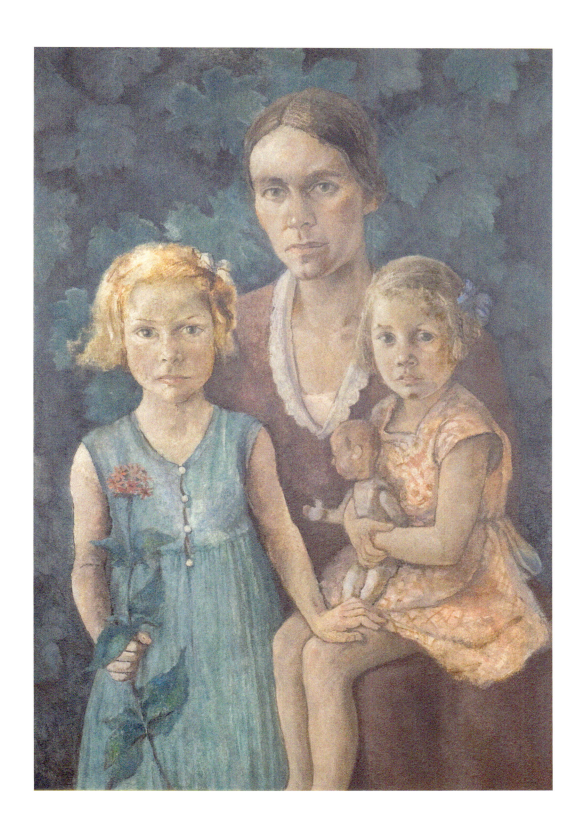

Drei Fußballspieler II, o. J.,
Aquarell auf Papier,
49,5 × 38 cm,
Privatbesitz, A 274

Drei Frauen vor Architektur (blau), o. J.,
Aquarell, Tusche auf Papier,
41 × 33 cm,
Privatbesitz, A 264 b

Beieinandersitzende, o. J.,
Aquarell auf Papier,
29 × 23 cm,
Kunstmuseum Ahlen, A 181

Zwei Frauen, eine vor dem Spiegel, o. J.,
Aquarell, Bleistift mit
Deckweiß auf Papier, 36 × 30 cm,
Privatbesitz, A 225

Rheinbrücke in Düsseldorf, o. J.,
Aquarell auf Papier,
38 × 29 cm, sign.: Egon Wilden,
Privatbesitz, A 135

Selbstporträt mit Weinglas, 1930,
Öl auf Leinwand, 75 × 61 cm,
sign. u. dat.: Egon Wilden IX. 30,
Privatbesitz, G 14

Egon Wilden – Bühne zwischen Malerei und Raum

Joachim Geil

Ein Reformator in der Provinz.
Egon Wilden in der Theatergeschichte

Am Anfang meiner Spurensuche nach Egon Wilden hat 1993 das Bild eines bebrillten, lächelnden Mannes mit Anzug, Fliege, Hut und Tüchlein in der Reverstasche gestanden, als Teil eines Nachrufs in einer nicht näher bekannten Zeitung von 1931. Darin ist von einem jungen, sympathischen Mann die Rede, „der mit seinem Schaffen gerade in den letzten Jahren langsam, aber stetig auch in der breiteren Oeffentlichkeit Fuß zu fassen begann." Wildens Arbeit fasst der unbekannte Autor zusammen: „Die Theater in Wuppertal, Hagen und zuletzt auch Köln verdanken seiner empfindungsvollen und poesiegesättigten Natur manche schöne und stilvolle szenische Gewandung."[1] Dieser Nachruf steht auch 1994 am Anfang des Kataloges *Egon Wilden. Maler und Bühnenbildner 1894–1931*[2] zur gleichnamigen Ausstellung, für die ich aus verschiedenen Teilen seines künstlerischen Nachlasses und aus dem bühnenbildnerischen Nachlass in der Theaterwissenschaftlichen Sammlung der Universität zu Köln ein Werkverzeichnis der freien Arbeiten und ein Inszenierungsverzeichnis zusammengestellt habe. In Zusammenarbeit mit dem Theatermuseum Düsseldorf und dem Karl-Ernst-Osthaus-Museum Hagen würdigt die Theaterwissenschaftliche Sammlung darin zu Wildens 100. Geburtstag erstmals seine szenographischen und freien Arbeiten.

Auf dem damals erarbeiteten Forschungsstand basiert das 1999 erschienene Buch *Egon Wilden (1894–1931). Der Maler und die Bühne.*[3] In ihm habe ich versucht, Wildens Bühnenbilder in die bildende Kunst und Bühnenkunst der 1920er Jahre einzuordnen. Durch die Ausstellung ist ein erfreuliches Interesse an den Arbeiten des Frühverstorbenen entstanden. Nora Eckert widmet Wilden in ihrem 1998 erschienenen Standardwerk *Das Bühnenbild im 20. Jahrhundert*[4] eine Kurzbiographie sowie eine Erwähnung in dem Absatz „Der Streit um die expressionistische Bühne" aus dem Kapitel „Die Stilbühne": „Was an Provinzbühnen geschah, hing in der Hauptsache vom einzelnen Künstler, seinem Durchsetzungsvermögen oder auch von wohlwollenden bis ambitionierten Intendanten ab. Ein solches Beispiel lieferte Egon Wilden, der in der Zeit von 1924 bis 1930 am Stadttheater Hagen als Bühnenbildner mit reformeri-

◂ **Angelina,**
Städtische Bühnen Köln 1929,
Bühnenaufbau,
Aquarell mit Tinte, 31,5 × 24 cm, TWS Inv. Nr. 17939/i

schem Anspruch arbeitete. Die Umsetzung der neuen Ideen war dabei wohl weniger schwierig als die finanziell prekäre Situation des Theaters selbst. In der Lokalpresse wurde 1925 seine Arbeit gar als ‚Die Reformation der Hagener Bühnenkunst' gefeiert. Einfachste Mittel und sparsamste Ökonomie diktierten das Ausstattungswesen."[5]

Dass Theater in der Provinz nicht mit provinziellem Theater gleichzusetzen ist, beweisen gerade die 1920er Jahre in Deutschland. Neben Bühnenbildnern wie Gustav Singer und Ludwig Sievert ist es vor allem das beredte Beispiel von Ewald Dülberg, der in Zusammenarbeit mit dem Dirigenten Otto Klemperer am Wiesbadener Staatstheater einen progressiv-kubischen Stil ausbildet. 1928 gehen die beiden dann doch in die Metropole, an die Kroll-Oper nach Berlin, wo sie letzte moderne Impulse in der Weimarer Republik setzen, bis Dülberg 1933 nur 45-jährig stirbt und Klemperer emigriert.

Die historische Bedeutung Wildens als Bühnenbildner innerhalb der 1920er Jahre lässt sich demnach in seinen Entwürfen suchen, die er als Dreißigjähriger ab September 1924 für das Stadttheater Hagen schafft. Sie werden mit einem Begriff verbunden, den nicht nur Nora Eckert, sondern bereits damals der Rezensent der *Hagener Zeitung*, Ernst Lorenzen, in seinem zweiteiligen Artikel verwendet: „Stilbühne"[6]. Ob und inwiefern sich dieser Begriff tatsächlich auf Egon Wildens Arbeiten anwenden lässt, soll an späterer Stelle diskutiert werden. Lorenzens Redaktionskollege Albert Maaß ist es, der im April 1925 den Epoche machenden Wandel als „Reformation der Hagener Bühnenkunst"[7] bezeichnet. Der Spätsommer 1924 ist also ein Wendepunkt in Egon Wildens Berufsleben, das er nun fast ausschließlich auf seine Tätigkeit für die Bühne verlagert.

Schicksalsjahre in der Ferne

Die gepriesene „Reformation" in Hagen wird – wie so häufig – ermöglicht durch einen Intendantenwechsel, der in der Regel einhergeht mit dem Auswechseln eines Teils oder des gesamten Ensembles. Angesichts der engen zeitlichen Vorgabe, unter der eine Produktion entsteht, ist ein aufeinander eingespieltes Team die Grundvoraussetzung. Der neue Intendant in Hagen ist 1924 Richard Dornseiff, ein alter Bekannter. Egon Wilden kann zu dieser Zeit bereits auf eine sechsjährige Bühnenerfahrung zurückblicken. Er kennt Dornseiff seit seinem ersten Bühnenengagement 1919 am Düsseldorfer Schauspielhaus unter der Leitung des Künstlerehepaares Louise Dumont und Gustav Lindemann. Nach der Schließung des Schauspielhauses 1922, als von der Düsseldorfer Stadtverordnetenversammlung inflationsbedingt der Zuschuss verweigert wurde, ist Wilden dem Schauspieler und Regisseur Dornseiff zunächst nach Herne und Recklinghausen gefolgt. Mit ihm und seiner Frau, der Schauspielerin Mechthild von Canstein, ist er freundschaftlich verbunden. Nach der Vereinigung der beiden Häuser zur Theatergemeinschaft Herne-Recklinghausen heißt der frischgebackene Intendant Dornseiff, sein Künstlerischer Beirat Wilden. Das Jahr in Herne, aus dem Wildens erster erhaltener Bühnenbildentwurf stammt, und die darauf folgende Spielzeit, die er am Reußischen Theater im thüringischen Gera verbringt, sind für ihn Umwege, auf denen er aber an ‚Kleinsttheatern' mit der strikten ökonomischen Beschränkung konfrontiert wird und einen eigenen Bühnenstil entwickelt. Im März 1924 hofft Egon Wilden in Gera eigentlich, die kommende Spielzeit 1924/25 wieder in seiner Heimatstadt Düsseldorf zu verbringen, wo das Schauspielhaus endlich neu eröffnet werden soll.

Erwartungsvoll schreibt er an den Düsseldorfer Intendanten Gustav Lindemann: „mit herzklopfen verfolge ich die pressenachrichten, die von der begeisterung berichten, mit der die wiedergeburt des schauspielhauses von allen seiten ersehnt wird. ich hänge so von je her an Ihrer arbeit, daß ich auch mit ganzem herzen das neu aufrichten Ihres werkes herbeiwünsche." Mit dem Herzklopfen sind auch berufliche Hoffnungen verbunden: „ich habe die feste überzeugung, daß es wird und würde mich sehr glücklich schätzen, wenn für mich die möglichkeit bei Ihnen bestehen würde mitzuarbeiten mit allen meinen kräften. haben Sie schon einen bühnenbildner in aussicht genommen? darf ich Ihnen einmal entwürfe senden? ich war die letzten drei jahre beim theater, zuerst bei dornseiff und jetzt hier am reußischen theater, ich will ab 1. juli wieder nach düsseldorf und würde mich mit meiner ganzen begeisterung und freude dem schauspielhaus widmen. darf ich Sie um eine nachricht herzlich bitten?"[8] Umgehend schreibt ihm Gustav Lindemann höflich, aber unmissverständlich zurück: „Ich möchte Ihnen auch um der Wahrheit willen nicht verhehlen, dass – wenn es wirklich zu Stande kommt – bereits ein fester Kreis von Mitarbeitern besteht, in dem auch die Raumgestaltung der Bühne (wir sind vom Malerischen ziemlich weit fort) vertreten ist. Von Ihrer Arbeit in Gera hörten wir viel Gutes und glaubten auch, hieraus schließen zu dürfen, dass Sie sich dort ein befriedigendes Arbeitsfeld geschaffen hätten."[9]

Will man Egon Wildens Arbeit als Bühnenbildner würdigen, so scheint also zwischen dem Düsseldorfer Engagement 1919 und dem Februar 1925, als der Rezensent Lorenzen 13 Hagener Inszenierungen mit Wildens Ausstattung gesehen hat, eine entscheidende Wandlung in seiner ästhetischen Auffassung und Gestaltung stattgefunden zu haben. Diese Wandlung von einem expressionistisch orientierten Raum- und Bildgestalter, der dem „Malerischen" verhaftet geblieben zu sein scheint, hin zum progressiven Bühnenbildner einer kubischen Raumbühne, der in den folgenden Jahren deutliche Impulse in Hagen und ab 1927 auch an den Vereinigten Stadttheatern Barmen-Elberfeld, dem späteren Wuppertal, setzt, möchte ich umreißen und zunächst anhand seiner frühen Entwürfe untersuchen.

Das „Malerische".
Frühe Arbeiten in Herne und Gera

Im Nachruf heißt es 1931: „Hinter seiner Arbeit für das Theater, der es an Anerkennung nicht gefehlt hat, ist die eigentliche Malerei Wildens zeitweise zurückgetreten." In der Geschichte des Bühnenbilds ist ein Maler, der die Bühnengestaltung übernimmt, keine Ausnahme. Immer wieder hat es Verbindungen zwischen bildenden Künstlern und der Bühne gegeben. Verstärkt seit der Wende zum 20. Jahrhundert, als vor allem der Regisseur und Theaterleiter Max Reinhardt im Rahmen ästhetischer Reformbestrebungen ‚echte Künstler' ans Theater holt, die den Betriebsstrukturen großer Ausstattungsateliers, arbeitsteiliger Theaterfabriken, individuelle künstlerische Akzente entgegensetzen sollen: Maler wie Edvard Munch, Lovis Corinth, Max Slevogt und Emil Orlik entwerfen bei Reinhardt Bühnenbilder und Kostüme.

Den ersten erhaltenen Entwurf für die Bühne fertigt Egon Wilden für die Spielzeit 1922/23 in seinem neuen Engagement in Herne. Aus einem Brief vom 12. September an seine Lebensgefährtin, die Schauspielerin Hedwig Sparrer, geht hervor, wie sehr ihm dort die geballte Kraft eines provinziellen Bühnenbetriebes, gepaart mit der desaströsen wirtschaftlichen Gesamtsituation der jungen Republik entgegenschlägt. Die mit dem Ersten Weltkrieg beginnende Inflation hat sich durch die alliierten Reparationsforderungen stetig gesteigert. Schließlich folgt der Ermordung von Außenminister Walther Rathenau im Juni 1922 eine Hyperinflation, die in einem aberwitzigen Verfall des Geldwertes gipfelt. Diese Situation trifft Wilden in Herne: „das theater haben wir in einem zustand übernommen, der jeder beschreibung spottet, der zuschauerraum, 1200 personen fassend, geht an, die bühne aber und garderoben usw. sind in einem üblen zustand, alle fensterscheiben entzwei, in jeder ecke große dreckhaufen und einfach nichts zu gebrauchen. die beleuchtungsanlage in ordnung zu bringen, nimmt 3 wochen in anspruch. jeder pinsel, jedes pfund farbe, leim, jedes stück holz und bespannstoff muss angeschafft werden, und ich laufe den ganzen tag, um das material herbeizuschaffen. [...] allerdings hab ich die leise ahnung, daß das theater bald nicht mehr auf der künstlerischen höhe stehen wird, die wir vorhaben, daß wir dem publikum zugeständnisse machen müssen, um leben zu können, die preise sind geradezu wahnsinnig für die materialien, und ich glaube, daß bis zur eröffnungsvorstellung, die sicher nicht vor anfang oktober ist, der ganze städtische zuschuss aufgebraucht sein wird."[10] Über das Publikum von Herne, wo man ihm zunächst kein Zimmer vermieten will, weil er am Theater arbeitet, macht sich Wilden keine Illusionen: „die sind nur den allergemeinsten kitsch, die allergeringste sorte komödianten, von denen noch grauenhafte typen hier herumlaufen, die in den bergwerken beschäftigt sind, gewohnt und werden zuerst sicher enttäuscht sein von der klaren, hellen luft, die wir ihnen bringen wollen."[11]

In den Erinnerungen des ehemaligen Malergehilfen im Herner Bauamt, Karl Brandt, ist eine Beschreibung Wildens enthalten. Sie entbehrt nicht einer gewissen kleinbürgerlichen Voreingenommenheit gegenüber Künstlertum und „Theatermenschen". Und in ihr klingt die skeptische Ratlosigkeit der Herner gegenüber ihrem seit einem Jahr „Stadttheater" genannten Theaterbetrieb an: „Der erste ‚Theatermensch', den ich in Herne näher kennenlernte, war der Kunstmaler Egon Wilden. Wie alle anderen Ensemblemitglieder hatte Direktor Dornseiff ihn mitgebracht. Wilden war ein langer, etwas schlacksiger [sic] Künstler, der stets in einem braunen Manchesteranzug herumlief. Er war ziemlich wortkarg, aber wenn er die Malpinsel zur Hand nahm, dann war etwas los! Mit einem Satz: Der konnte malen! Dabei war er, wie man damals sagte, ein ganz ‚Moderner', ein Expressionist."[12] Ähnlich voreingenommen erfolgt auch die anschließende Beschreibung einer Inszenierung von Shakespeares *Der Kaufmann von Venedig*: „Die Herner haben Augen gemacht, als sie im Hintergrund der Bühne die Silhouette von Venedig sahen; die Palazzos und Häuser standen sämtlich schief, so wie sich in etwa ein Betrunkener an einen nüchternen Mann lehnt. Bei der Rialto-Brücke mußte man befürchten, daß sie jeden Augenblick einstürzen würde, aber sie stürzte nicht – es war eine expressionistische Brücke, und die stürzen nicht ein!"[13]

Wildens einziger erhaltener Entwurf der Spielzeit in Herne stammt aus dem Schauspiel *Der Totentanz 1921. Ein Spiel vom Leben und Sterben unserer Tage* von Leo Weismantel, einem Schriftsteller und Reformpädagogen. In der Regie von Richard Dornseiff wird das angesagte expressionistische Symbolstück unter dem Titel *Totentanz* am 1. November 1922 in den Verei-

nigten Stadttheatern Herne-Recklinghausen aufgeführt. Wildens Entwurf (**Abb. 1**) lässt zum einen eine deutliche Verwandtschaft zu seinen frühen Landschaftsaquarellen erkennen. Expressionistische Anklänge in Lineatur und farblicher Gestaltung sind unverkennbar. Zum anderen kann die Aquarellskizze in pragmatischer Weise umgesetzt werden, wie Wilden in einem Brief an Hedwig Sparrer vom 15. Oktober 1922 umreißt: „dann kommt ‚totentanz 1921' von weismantel, das in vorhängen gespielt wird. Dazu brauch ich nur wenige möbel und kostüme zu entwerfen." Die trapezförmigen Stoffbahnen ergeben also ein sehr flächiges Bühnenbild, das auf den Eindruck architektonischer Räumlichkeit gänzlich verzichtet. Der Bühnenraum wird zum Bild abstrahierter Farbkontraste. Wilden reduziert realistische Elemente auf ihren Symbolgehalt und bewegt sich damit in einer Tradition, die seit Beginn des 20. Jahrhunderts im Rahmen einer Theaterreformbewegung gegen das herkömmliche illusionistische Bühnenbild und dessen Realismus zu Felde gezogen ist. Bis dahin ist Wirklichkeit widergespiegelt worden und soll in zahlreichen Dekorationsdetails erkennbar bleiben. Anders nun die reformerischen Protagonisten der so genannten „Stilbühne". Dieser Begriff ist bis heute unscharf geblieben, versammelt aber jene Tendenzen, welche die Widerspiegelung der Wirklichkeit bewusst aufgegeben haben. Der Begriff wird später vom Hagener Theaterkritiker auf Wildens ‚neuen' Stil angewendet, der neu vor allem für Hagen ist. Auf Wildens Hagener Jahre trifft er weniger zu als auf die frühen. Die Betonung des Reliefartigen und Flächigen, mit der Wilden sowohl in Düsseldorf als auch in Herne und Gera gestaltet, ist weit eher dem geometrisch-flächigen Stil verpflichtet als die spätere kubisch-kubistische Ausrichtung. Dennoch: Eine der Realität entrückte künstlerische Eigenwirklichkeit auf der Bühne einzurichten, ist eine deutliche Bestrebung des jungen Wilden wie auch der Theaterreformer um 1900.

Nach der Spielzeit 1922/23 kehrt Wilden nicht nach Düsseldorf zurück. Schon zwei Jahre zuvor, im Oktober 1921, hat er Kontakt nach Gera gefunden, dem Residenzstädtchen der Fürsten zu Reuß jüngere Linie, – als Maler. Damals hat er sogar bei freier Kost und Logis auf Schloss Ebersdorf, der fürstlichen Sommerresidenz, mehrere Aquarelle an Fürst und Erbprinz verkauft. Dieser lockt ihn nun wieder nach Gera, wo Wilden Leiter des Ausstattungswesens am Reußischen Theater werden könnte, und dies mit der ideal anmutenden Aussicht auf genügend Zeit für freies Arbeiten und sogar ein eigenes Atelier. Selbst die Abgeschiedenheit der Stadt und der wirklich kleine Theaterbetrieb, den Wilden 1921 als Zuschauer kennen gelernt hat, scheinen ihn nicht abzuschrecken. Nach einer Spielzeit im schlotreichen Ruhrgebiet – inflationsbedingt zum Hungerlohn – muss ihm die thüringische Provinz während eines mehrwöchigen spätsommerlichen Aufenthaltes – wieder auf Schloss Ebersdorf und im Haus eines Architekten – paradiesisch vorgekommen sein.

Abb. 1

Totentanz
Vereinigte Stadttheater
Herne-Recklinghausen 1922,
Aquarell mit Tinte,
16,3 × 20,1 cm, Slg. Niessen,
TWS Inv. Nr. 40722

Abb. 2

Peer Gynt
Reußisches Theater
zu Gera 1923,
*Ägypten. Morgendämmerung. Die Memnonssäule
im Sande* sowie *In der Nähe des
Dorfes Gizeh. Die große aus
Felsen gehauene Sphinx*,
Aquarell mit Tinte,
16,9 × 24,3 cm,
TWS Inv. Nr. 34310/f

Szenographie und freie Malerei stehen bei Wilden stets in einem Spannungsverhältnis. Nicht nur die Zeit, die der Brotberuf der Berufung nimmt, auch die fremdbestimmte Enge eines Bühnenbetriebes, der Umgang mit ehrgeizigen und weniger ehrgeizigen Kollegen, der Mikrokosmos eines Zweispartenhauses mit angehängtem Tanzprogramm und einem Publikum, dem Wilden immer mit einem gewissen missionarischen Eifer gegenübersteht, muss besonders in Zeiten angespannter wirtschaftlicher Verhältnisse zu Konflikten führen. Sie scheinen den Makrokosmos der Weimarer Republik mit seinen politisch wie kulturell widerstreitenden Kräften geradezu melodramatisch widerzuspiegeln. Denn was sich nach den sommerlichen Annehmlichkeiten im herbstlichen Arbeitsalltag am Reußischen Theater, für das sich Wilden nun entschieden hat, als schrittweise Desillusion erweist, sind die Unwägbarkeiten eines kleinen Theaterbetriebes, der von einer wenigstens hier noch bestehen wollenden Restaristokratie und offensichtlich um sie kreisenden Intrigen regiert wird – noch immer inflationsbedingt zum Hungerlohn. Ab November werden Wilden einige Kollegen immer unerträglicher. Er schreitet probeweise zur ‚Palastrevolution': Versteht er sich zu Beginn der Spielzeit im September mit Regisseur Erich Fisch „noch am besten" („wir haben viel verwandtes"), wird ihm „der fisch" nach drei Wochen „auch immer unsympatischer [sic]. ein vampyr und höchst bedenklicher mensch. mit seinen intendantenabsichten ist er reingefallen."[14] Dennoch solidarisiert sich Wilden am Tag der Abrechnung mit ihm und entwirft einen Brief „an die Leitung des Reuß. Theaters zur Verbesserung v. a. des künstlerischen Niveaus": „Unterzeichnete sind sich darüber einig, daß der Zustand des Theaters in menschl. und künstl. Beziehung unhaltbar ist u. sehen sich daher aus rein künstl. Motiven gezwungen, zusammen Schritte zu unternehmen, um wieder den Zustand geregelter und ordnungsgemäßer Arbeit herzustellen. [...] Sie sind sich voll bewußt, daß die Hauptschädlinge des reuß. Theaters der der Theaterpraxis gänzlich fernstehende Erbprinz, der seiner Stellung weder menschlich noch künstlerisch gewachsene oberste musikal. Leiter Dr. Ralph Meyer sowie der als Intendanzrat fungierende Herr Medenwald(t) mit seiner absoluten Laschheit sind. Die Unterzeichneten sehen es daher als ihre vornehmste Pflicht zur Rettung des künstl. Niveaus am reuß. Theater, die schlechten Einflüsse der 3 oben genannten Herren zu reduzieren, wenn nicht völlig zu beseitigen."[15] Offenbar wird dieser Brief nie abgeschickt. Aber Wildens tiefer Eindruck, von inkompetenten, unfreiwillig komischen Figuren umgeben zu sein („und der erbprinz schreibt quatschige aufsätze und fühlt sich ‚geistig'. ich kann ihn nicht mehr sehen, ohne lachen zu müssen."),[16] begleitet die Vorbereitungen zu seiner beeindruckendsten und stilbildenden Bühnenarbeit am Reußischen Theater – das legen jedenfalls die erhalte-

nen Entwürfe nahe –, die am 25. November 1923 Premiere hat, *Peer Gynt* von Henrik Ibsen: „alles wird dafür neu gemacht und ich hab soviel zu tun, daß ich nicht wegkann. ich mach jedes teil für ‚peer gynt' klein für die modellbühne, danach wird es genau angefertigt."[17] 17 Entwürfe haben sich für die 24 Stationen, die Erich Fischs Inszenierung zugrunde liegen, erhalten. Grundstruktur ist die Lebensreise Peer Gynts, auf welcher der tolldreiste Abenteurer und Lügner in der weiten Welt Menschen und symbolhaften Gestalten begegnet. Wilden sieht für alle Bilder schwarze Seitenvorhänge vor, die eine farbliche Grundstimmung von Schwarz und Grau kontinuierlich rahmen. Die wechselnden Prospekte sind ganz auf Farbkontraste abgestellt. Die verschiedenen Schauplätze werden durch große silhouettenartige Flächen in Schwarz und Weiß markiert. Hinzu treten signifikante Gegenstände als grelle Farbakzente und ermöglichen so eine einfache Symbolsprache, die jedoch – und das könnte als spezifisch malerische Praxis bezeichnet werden – durch ihre Flächigkeit einen Eigenwert innerhalb der farblichen Gesamtkomposition darstellen. Sie transportieren also nicht nur Inhalte, sondern stellen eine kohärente künstlerische Formensprache dar. Es ist eine malerische Entscheidung, die weder Wirklichkeit widerspiegelt noch Schauplätze lediglich zeichenhaft andeutet. Deutlich wird dies an zwei Szenen aus dem vierten Akt des Stückes, die Wilden auf einem Entwurf als 17. und 18. Bild versammelt: *Ägypten. Morgendämmerung. Die Memnonssäule im Sande* sowie *In der Nähe des Dorfes Gizeh. Die große aus Felsen gehauene Sphinx*[18] (**Abb. 2**). Das Blatt ist fast ausschließlich in Grautönen gehalten. Der seitliche Rahmen und das dreiteilige Podest dahinter bilden beinahe eine Farbeinheit. Wie eine einzige Silhouette werden links die gedrungene Sphinx und rechts die

Memnonssäule – wie eine hagere expressionistische Sitzfigur – grauschwarz umrissen: schattenhaft und bedrohlich vor weißem Hintergrund. Farblich auf Schwarz- und Grauwerte zurückgeführt, formal auf wenige geometrische Flächen, erweckt der düstere Schiffsentwurf *„19. schiff. 20. schiff weg."* mit einer fast abstrakten Reduktion den Eindruck unheimlicher Farblosigkeit (**Abb. 3**). Zu sehen ist in einem Rahmen aus schwarzem Podest und schwarzen Seitenvorhängen vor grauem Hintergrund das schwarze Segel, das die Prospektfläche weitgehend füllt, während seine straff gespannten dicken Taue wie Strahlen einer schwarzen Sonne wirken. Diese kompromisslose Gestaltung entspricht der wohl düstersten Szene des Stücks, in der Peer Gynt als alter Mann in Seenot gerät und sein Leben rettet, indem er den Schiffskoch in die Fluten stößt.

Abb. 3, 4

Peer Gynt
Reußisches Theater
zu Gera 1923,
„19. schiff. 20. schiff weg.",
Aquarell mit Tinte,
16,8 × 32,5 cm,
TWS Inv. Nr. 40706/1

Peer Gynt
Reußisches Theater
zu Gera 1923,
*Kairo. Ein großer Hofraum
mit hohen Mauern und
von Gebäuden umgeben.
Gitterfenster; eiserne Käfige
„18. irrenhaus",*
Aquarell mit Tinte,
16,8 × 24,3 cm,
TWS Inv. Nr. 34310/d

Wilden nutzt bei seinen *Peer Gynt*-Entwürfen (wie z. B. **Abb. 4**) die Lasuren der Aquarelltechnik wie in seinen freien Landschaftsaquarellen. Anstatt Deckfarben opak abzumischen, setzt er den sichtbaren Papiergrund ein, vor dem die Farbflächen, auch wenn sie in Braun- und Grauwerten eine fahle, lichtarme Stimmung wiedergeben, deutlicher und ungebrochener zum Ausdruck kommen. Wilden gestaltet in ähnlicher Weise seine frühen kleinformatigen Landschaftskompositionen (▸ A 031, S. 96). Stilisierte Landschaftsaquarelle als Bühnenbildentwürfe muten zunächst befremdlich an, aber Wilden scheint autonomes Gestalten im fremdbestimmten Produktionsprozess am Theater genau durch diese künstlerischen Aneignungen aus freikünstlerischen Genres zu bewahren. Und in der Bühnenrealität ergibt sich dementsprechend ein diffuser Raum, der eher durch Lichtstimmungen und farblich beleuchtete Stoffbahnen gekennzeichnet wird als durch architektonische Elemente. Wilden sieht offenbar das Aquarell als idealen Entwurf für die so genannten „Stimmungen", also beleuchtete Stoffflächen. Er entrollt einen ‚Bilderbogen' im Wortsinn. In der reußischen Theaterrealität durchdringen Leinwandbespannungen auf Holzlattenrahmen einen reliefartigen Raum. Die Stoffbahnen und Spannrahmen erinnern in ihrer materiellen Beschaffenheit und ihrer Anordnung parallel zur Rampe an die traditionelle Kulissenbühne, die bis ins 19. Jahrhundert das Bühnenbild strukturell bestimmt: gleichförmige Spannrahmen in Gleitschienen, die mittels eines Seilzugsystems gegeneinander bewegt werden und dadurch einfache Szenenwechsel herbeiführen können. Vergleicht man diese Arbeiten mit den Experimenten der historischen „Stilbühne" am Münchner Künstler-Theater um 1908, so ist sie dem dort vertretenen Ideal einer Reliefbühne, wie sie zur Jahrhundertwende von den Reformern Georg Fuchs und Peter Behrens gefordert wurde, sehr viel ähnlicher als Wildens spätere Raumvisionen: „Das Relief ist der markanteste Ausdruck der Linie, der bewegten Linie, der Bewegung, die beim Drama alles ist."[19] Während das Münchner Künstler-Theater unter Georg Fuchs an einer allzu strikten Einengung auf den „Reliefbegriff" scheiterte, hat der Behrens-Schüler Eduard Sturm als Bühnenbildner am Düsseldorfer Schauspielhaus wirkungsvollere Impulse gegeben, indem „der Reliefstil weder vom Bühnenbild noch von der Regie her als dogmatisches Prinzip praktiziert wurde."[20] Auch Wilden hat die Bühnendimension und -realität, die oft gegenüber möglichen künstlerischen Vorstellungen ihren Tribut fordert, immer vor Augen gehabt. Vor allem muss er in Gera bei jedem Entwurf den äußerst geringen Abmessungen der Bühne Rechnung tragen. Sie zwingen zu einer Verlagerung mancher Raumvision auf den gemalten Prospekt hinter der eigentlich bespielbaren Vorderbühne. Wilden muss also mehr malen als bauen. Auch davon zeugen seine Entwürfe.

Erstaunlich ist in dieser Spielzeit am Reußischen Theater angesichts der wirtschaftlichen Lage ein stark gefüllter Spielplan, der im Dezember 1923 schließlich zu Qualitätsproblemen und zur Erschöpfung bei den Beteiligten führt. Wilden macht keinen Hehl daraus, dass ihm dabei die Enge des kleinen Gera nicht gefällt: „ich weiß nicht, wo mir der kopf steht. meld ich mich krank, muss ich in's bett, also nix zu machen. es würde mir gut tun, sicher. ich brauch nötig ein paar tage ausspannen. weihnachten will ich unbedingt weg. hier wird einem vorgeredet, man müsse für die ideale opfern. es würde noch schlimmer für's theater usw. ich werde heut noch einen brief loslassen wegen gagenerhöhung, da ich das meistbeschäftigte mitglied bin."[21] Er trägt sich mit Plänen, in größere

Städte zu wechseln. Neben einem vielversprechenden Projekt in München hofft er wieder einmal auf die Möglichkeit, nach Düsseldorf zurückkehren zu können: „am liebsten wär mir aber doch düsseldorf u. dumont."[22] Das neue Jahr beginnt mit einer Enttäuschung: „ich bin so maßlos traurig und enttäuscht, mit münchen wird es anscheinend nichts. […] inzwischen ist mir auch gekündigt worden, und so sind alle hoffnungen und pläne wieder wasser."[23] Der Konflikt zwischen dem freien Maler, der er gerne wäre, und dem Bühnenbildner, der ihm als Brotberuf Zeit und Energie nimmt, ihn jedoch auch nicht hinreichend ernährt – was in der Tat zu Ernährungsproblemen am Monatsende führt –, begleitet ihn als nicht weichendes Dilemma. Bewusst wird es ihm bei der Lektüre von Gerhart Hauptmanns Stück *Gabriel Schillings Flucht*, das Ende Januar 1924 in Gera Premiere haben soll: „ich fand viel parallele eigenschaften bei mir mit dem maler schilling, bloß waren bei ihm die frauen zu stark, sodaß er sich selbst verlor und sich in's meer stürzte. bei mir ist doch das gefühl der berufung, die überzeugung viel mächtiger als alles andere. deshalb geb ich auch leichten herzens den bequemen theaterberuf auf und will lieber hungern und alle entbehrungen auf mich nehmen, als noch einmal ein solches jahr voller kompromisse erleben."[24] Wildens immer wieder geäußerte Absicht, dem Theater den Rücken zu kehren, klingt vor allem wie eine frustrierte Beschwörungsformel, um Gera nun endlich zu verlassen, aber auch um gegenüber seiner Frau die Bedeutung einer anderen Frau, der Gattin jenes befreundeten Architekten, bei dem er zunächst gewohnt hat, herunterzuspielen. Verlassen will er wohl auch den beengenden Ort einer verfahrenen Affäre mit einer leidenschaftlichen Frau, der er offenbar eher widerwillig nachgegeben hat und von der er Hedwig Sparrer gegenüber mit einer

beinahe freundschaftlichen Offenheit spricht. In nahezu jedem seiner Briefe an sein „fräuke" fragt er jetzt in Darmstadt, wo Hedwig Sparrer spielt, an, ob es Neuigkeiten von Louise Dumont aus Düsseldorf gebe.

Unterdessen läuft Wildens Verhältnis zum Fürsten von Reuß und dem Erbprinzen auf ein Zerwürfnis hinaus. Er empfindet die Einmischung („reinrederei") der fürstlichen Familie in künstlerische Belange als arrogant. Als der Erbprinz anlässlich der Premiere von Oscar Wildes *Ein idealer Gatte* die Regiearbeit von Erich Fisch der „Inkonzentration" bezichtigt und von Wildens Dekorationen als „unmöglichem, unverwendbarem zeug" schreibt, antwortet Wilden „ruppig". Doch der Erbprinz lenkt ein, entschuldigt sich in einem längeren Gespräch auf dem Schloss, betont, dass es ihm nicht um fürstliche Befehle gehe, sondern nur um Anregungen. Schließlich erhöht er Wildens Gage und lobt seine unverblümte Aufrichtigkeit. Wilden bleibt. Fisch geht. Unter der Regie von Paul Medenwaldt schafft Wilden im März die Ausstattung zu Goethes *Egmont*, mit der er sehr zufrieden ist. Erhalten hat sich ein eindrucksvoller Entwurf **(Abb. 5)**, der wieder einmal als expressionistisches Aquarell die „straße" des 4. und 5. Aufzuges zeigt: Unheil verheißend, in der Mitte ein verformtes gotisches Portal, von zwei Fenstern flankiert. Links und rechts Gassen ins Dunkel expressionistischer Filme, wo erdrückendes Unglück lauert.

Abb. 5

Egmont
Reußisches Theater zu Gera 1924, „*straße*", Aquarell mit Tinte, 15,7 × 23,9 cm, TWS Inv. Nr. 40663

In Gera bleibt der Konflikt mit den fürstlichen Interventionen, doch Wilden scheint ihn nun mit größerer Gelassenheit zu betrachten, selbst als Lessings *Emilia Galotti* Anfang März inmitten der Proben plötzlich vom Spielplan genommen wird: „abends hatte kaum die stellprobe begonnen, da kommt ein brief des fürsten, er wolle das stück nicht sehen, dafür ‚pygmalion'. also die ganze arbeit wieder mal umsonst, großer krach bei den schauspielern. die zogen auf's schloss, wurden aber nicht empfangen, da ‚keine veranlassung' sei."[25] Doch vier Tage später schreibt er – wieder einmal erschöpft – eine Postkarte an Hedwig, mit einer zukunftsweisenden Mitteilung, die er wenn nicht bewusst deutet, so sicher mit Hoffnung erwähnt: „dornseiff ist intendant von hagen geworden. ich bin todmüde."[26] Die Vorderseite hat er mit der Skizze eines Geige spielenden Mannes auf einem Hocker versehen.

Jetzt, Ende März 1924, also schreibt er in Gera jenen erwartungsvollen Brief an Gustav Lindemann, doch will er sicher gehen: „an lindemann eben feinen brief geschrieben, auch an dornseiff."[27] Und erhält jene erwähnte bedauerliche Antwort: „lindemann hat mir geantwortet, sehr nett, wenn die arbeit wieder würde, hätten sie schon ihren mitarbeiterstab, auch einen bühnenbildner. sie hätten nach allem, was sie von meiner arbeit hier gehört hätten, angenommen, daß ich hier selbstverständlich gehalten würde. Ich werde aber nochmal schreiben."[28] Lindemanns künstlerischen Einwand („wir sind vom Malerischen ziemlich weit fort"[29]) erwähnt er gegenüber Hedwig nicht. Einstweilen arbeitet er in den Frühling hinein, tritt sogar in dem Tanzstück *Der Wald* als Menschenfresser auf, was er als willkommenen körperlichen Einsatz sieht, erleidet in einem außergewöhnlich schwül-heißen Mai Fieberanfälle, eine an die Grenzen der Erträglichkeit gehende Zahnwurzelentzündung („meine maulschmerzen sind rasend"), doch dann erhält er erlösende Botschaft: „eben von dornseiff brief und vertrag, er geht auf alles ein. hilfspersonal ist schon vorhanden, doppelt so viel wie hier, einen assistenten kann ich mir selber holen von d'dorf. ich glaub hagen ist doch das günstigste für mich."[30] Wilden unterschreibt den Vertrag, schickt ihn aber zunächst nicht ab. Sein Zögern, das den Freund und Intendanten Dornseiff beunruhigt, erweist sich als taktische Maßnahme, um eine höhere Gage herauszuschlagen, denn in den letzten Wochen in Gera bleibt für ihn die Gewissheit bestehen: „das theater wird mich nie befriedigen können, dazu erscheint mir das bühnenbild wenigstens für mich als zu unwesentlich. es gibt genug leute, die nur dafür begabt sind und sicher besseres leisten können als ich, der es immer nur als spielerei betrachten kann."[31] Richard Dornseiff erhöht die Gage um 50 Mark, nicht ohne den Hinweis, dass Wilden nun ebensoviel erhält wie der Erste Kapellmeister und Oberspielleiter.

Die letzten erhaltenen Arbeiten aus Gera zeigen noch deutlich den bisherigen malerischen Stil, besonders die Entwürfe für Glucks Oper *Iphigenie auf Tauris,* die im Mai aufgeführt wird (**Abb. 6, 7**).

Abb. 6, 7 (*links*)

Iphigenie auf Tauris
Reußisches Theater zu Gera 1924,
Im Innern des Dianatempels, 2. Akt,
Aquarell mit Tinte,
15 × 23 cm,
TWS Inv. Nr. 40684/1

Iphigenie auf Tauris
Reußisches Theater zu Gera 1924,
Opferaltar, 4. Akt,
Aquarell mit Tinte,
14 × 22 cm,
TWS Inv. Nr. 40684/2

Die Hagener „Reformation" – die Eroberung des Raumes

Wilden beginnt umgehend im August seine Arbeit in Hagen. Verglichen mit Gera ist Hagen in den 1920er Jahren eine mittelgroße Industriestadt, deren Blüte allerdings vor dem Ersten Weltkrieg gelegen hat, geprägt durch den Mäzen und Industriellen Karl Ernst Osthaus, der für einen Theaterneubau im Jahr 1911 gesorgt hat. Dennoch ist in den Kriegsjahren und danach der Theaterbetrieb durch den auf Mittelmaß und Operettengastspiele setzenden Intendanten Franz Ludwig „völlig im Unkünstlerischen versackt", so der Kritiker der *Hagener Zeitung,* Albert Maaß, der mit dem Wechsel zu Intendant Dornseiff auf eine Abkehr von „einer überlebten, verstaubten und vergilbten Illusionsbühne"[32] hofft.

Wildens erste Ausstattung in Hagen ist Friedrich Wolfs Bauernkriegsdrama *Der arme Konrad,* mit dem er gleichsam als Zusammenfassung seiner bisherigen Arbeit eine stilisierte, keineswegs räumliche Bühne entwirft, ganz den Entwürfen seiner

Geraer Bühnenbilder verpflichtet (**Abb. 8**). Es wird in den ersten Inszenierungen eine von mehreren ästhetischen Linien bleiben, auf denen Wilden einen zeitgenössischen Bühnenstil aufbaut, der unterschiedliche Kunstströmungen ebenso aufnimmt, wie er dem auch in Hagen geltenden Gesetz der Ökonomie gehorcht: Wiederverwendung einmal zurechtgeschnittenen Materials und einmal angefertigter Bühnenelemente. Die Weiterführung seines expressionistischen Formengutes schlägt sich vor allem in Szenen nieder, die in der Natur angesiedelt sind: große Bäume, Felsen, schroffe Berge, so in Paul von Klenaus Oper *Gudrun auf Island* vom November (**Abb. 9**).

Einen neuen, raumbezogenen Weg geht Wilden im September mit seiner zweiten Ausstattung in Hagen: einem Werk des komischen Genres, Rossinis *Der Barbier von Sevilla*. Sein Bühnenbild stellt den Beginn einer ganzen Reihe von Entwürfen mit ähnlicher Raumstruktur dar. Hier kehrt er der „vergilbten Illusionsbühne" deutlich den Rücken und reißt die „Geschlossene Zimmerdekoration",[33] die neben der barocken Kulissenbühne das Bühnenbild des 19. Jahrhunderts als szenographische Illusionsstrategie geprägt hatte, auseinander. Die Entwürfe sind viel architektonischer als bisher. Vier mit roter Tinte überarbeitete Aquarelle und eine Tuschzeichnung haben sich zu Rossinis Oper erhalten. Wilden montiert rundbogenförmig abschlie-

Abb. 8

Der arme Konrad
Stadttheater Hagen 1924,
„*DER ARME KONRAD i 7*",
Aquarell mit Tinte,
11,2 × 24,5 cm,
TWS Inv. Nr. 17421/a

Abb. 9

Gudrun auf Island
Stadttheater Hagen 1924,
„*IV*",
Aquarell mit Tinte,
17,2 × 26 cm,
TWS Inv. Nr. 40679/4

ßende Paravents in Blau und Rot und durchbrochene in Grün zu immer neuen Formationen: Für den ersten Akt, der mit dem Ständchen beginnt, das Graf Almaviva seiner angebeteten Rosina unter deren Fenster bringen lässt (**Abb. 10**), sieht er einen zweigeschossigen Aufbau vor, also eine Außenansicht des Hauses (**Abb. 11**). Das Zimmer im Haus von Doktor Bartolo aus dem zweiten Akt zeigt Wilden als aufgebrochene

Zimmerdekoration aus denselben Rundbogen-Paravents. Dahinter ist deutlich der schwarze Vorhanghintergrund zu sehen. Das Ganze erscheint wie eine Bühne auf der Bühne, denn umfangen wird die Szene von einem – wohl aufgemalten – vierfach gerafften violetten Bühnenvorhang mit Goldbordüre – also von altertümlich anmutender Pracht. Die Möbel des zweiten Aktes setzen zu den starken Farbflächen einen vollends verspielten Akzent: leuchtend rote Stühle mit hellgrünen Polstern, ein Tisch und ein Cembalo im Louis-Quinze-Stil. Grelle Farbkontraste: ‚Bonboncharakter', eine Spielzeugwelt (**Abb. 12**).

In eben jene artifizielle Dekorationswelt aus Stellwandordnungen und Vorhängen, aus einem Auf und Ab von Treppenläufen, in Komplementärkontrasten, die Wilden in neuer Betonung des Architektonischen anlegt und in zahlreichen Aufbauskizzen schließlich zu einem ausgefeilten Raumkonzept fügt, stellt er die leichte Opernhandlung von Nikolaus von Rezniceks *Donna Dia-*

na. Ein ‚Reinschriftentwurf' hat sich neben zahlreichen Tuschskizzen einzelner Stellwandmodule erhalten, die Wilden immer neu zusammenstellt (**Abb. 1**3). Die unterschiedlich hohen Podeste und deren Treppenverbindungen bieten auch den Sängern die Möglichkeit größerer Bewegungen: Statisches Nebeneinanderstehen an der Rampe wird vermieden und ein differenzierteres – und temporeicheres – Spielgeschehen auf

der Bühne befördert. Ästhetisch klingen sowohl in der räumlichen Anlage als auch in der farblichen und ornamentalen Gestaltung zwei Tendenzen an, die sich seit Jahren in der bildenden Kunst und im Design formiert haben. Zum einen hat sich eine nachexpressionistische Strömung sowohl in der Malerei als auch in Literatur und Film durchgesetzt. Sie steht der Dingwelt wieder in einer neuen, nicht mehr bewegt-entfremdeten, sondern sachlich-statuarischen Darstellungsweise gegenüber. Im Sommer 1925 eröffnet Gustav Friedrich Hartlaub, Direktor

Abb. 10, 11, 12

Der Barbier von Sevilla
Stadttheater Hagen 1924,
Tuschzeichnung,
17,4 × 25,4 cm,
TWS Inv. Nr. 40649/5

Der Barbier von Sevilla
Stadttheater Hagen 1924,
Aquarell mit Tinte,
17,2 × 26 cm,
TWS Inv. Nr. 40649/4

Der Barbier von Sevilla
Stadttheater Hagen 1924,
Aquarell mit Tinte,
17,4 × 26 cm,
TWS Inv. Nr. 40649/1

der Mannheimer Kunsthalle, eine Epoche machende Ausstellung, die dieser Richtung ihren Namen geben wird: „Die Neue Sachlichkeit". Die andere Strömung, die zeitgenössisches Design nun mehr und mehr prägt und sich damit auch in Requisiten und bewussten Appropriationen der Bühne niederschlägt, sucht dem nüchternen Bauhausstil ornamentale Eleganz entgegenzusetzen. Auch sie erhält durch eine Ausstellung 1925 einen Namen: „Exposition Internationale des Arts Décoratifs et Industriels Modernes", kurz „Art déco". Wilden steht sowohl in seiner Entwicklung als Maler wie auch als Bühnenbildner unter dem verändernden Einfluss dieser Strömungen. *Donna Diana* wird am 13. Januar 1925 in Hagen zu einem großen Bühnenerfolg: „donna diana sehr großer erfolg. ijönsche hat sich mit ruhm bekleckert und im manchesteranzug verbeugt", bemerkt Wilden in der typischen Parodie seines rheinischen Dialekts.[34]

Die Bilanz seiner bisherigen Tätigkeit in Hagen und die euphorisierende ästhetische Wende der neuen Ära Dornseiff wollen zwei begeisterte Kulturjournalisten der *Hagener Zeitung* an die Öffentlichkeit bringen. Ernst Lorenzen schreibt im Februar: „Das bedeutet mehr als die frühere Echtheit der Oertlichkeit, bedeutet ein Komponieren monumentaler Formen und Raumkörper, die Herausarbeitung starker Farbklänge und großer Linien, bedeutet ein Abstrahieren aller unwesentlichen Kleinigkeiten, ein Stilisieren."[35] Diese Quintessenz ist neben der Benennung stimmiger Eindrücke jedoch insofern irritierend, als sie eher im Allgemeinen verhaftet bleibt. Gerade der Begriff des Stilisierens lässt Fragen nach der Art der Stilisierung in Bezug auf „Echtheit" offen, also nach dem Charakter der Abwendung von der Illusion der Wirklichkeit. Der zweiteilige Artikel ist kulturpolitisch bedeutsam, da er die längst überfällige Bühnenreform in Hagen endlich in einer „Reformation" verwirklicht sieht. Wildens Kommentar: „der artikel in der zeitung ist erschienen. leider großer quatsch und sehr unwesentlich."[36] Albert Maaß bestätigt im Mai den Nutzen für die Theaterszene in Hagen: „Die Hagener Bühnenkunst ist in dieser Spielzeit gründlich und tüchtig reformiert worden."[37]

Der Begriff der „Stilbühne" ist Mitte der 1920er Jahre angesichts einer Fülle neuer Entwicklungen in der Bühnenästhetik veraltet. Längst strahlen neue Formen des Theaters aus der jungen Sowjetunion auf Europa aus: Kubofuturistische Bühnenformen, mit denen bildende Künstler wie Ljubow Popowa im Rahmen des „Theateroktobers" experimentiert haben. Neue körperliche Spielformen, die der industriellen Massengesellschaft Rechnung tragen, wie Wsewolod Meyerholds „Biomechanik" haben die angestrebte „Reformation" der Jahrhundertwende nun als selbstbewusster Ausdruck einer Revolution weit hinter sich gelassen. Sie sollen auch nicht ohne Wirkung auf Egon Wilden bleiben.

Egon Wildens Theaterarbeit – Handschrift und Stil

Wie Wilden dem Hagener Theaterpublikum und ab 1927 auch dem im benachbarten Barmen-Elberfeld eine Reihe solcher neuer Ideen in einer eigenen Handschrift näher bringt, stets schwankend zwischen Experiment und Auslotung der ästhetischen wie technisch-ökonomischen Machbarkeit, möchte ich abschließend an ausgewählten Inszenierungen beleuchten. Denn in dieser Adaption zeitgenössischer Strömungen für einen konkreten Theaterbetrieb mit technischen Voraussetzungen und Publikumsbedürfnissen liegt die

Abb. 13 (*links*)

Donna Diana
Stadttheater Hagen 1925,
Aquarell mit Tinte,
17,3 × 26,3 cm,
TWS Inv. Nr. 40662/1

Abb. 14

Die lustigen Weiber von Windsor
Stadttheater Hagen 1926, „die lustigen weiber 4.", Bez. oben: „rechts wäschegestell mitte hinten zum aufziehen". Aquarell mit Tinte, 16,1 × 25,5 cm, TWS Inv. Nr. 40694/1

Bedeutung Egon Wildens für das Bühnenbild der 1920er Jahre, das also Provinztheater nicht zwingend epigonales Hinterwäldlertum bedeuten muss. Wilden hat auf seinen Stationen in Herne und Gera in oft schmerzlichen Erfahrungen erkannt, wie wichtig das unbeirrbare Ideal einer künstlerischen Vision in der Auseinandersetzung mit zum Teil wenig theatererfahrenen Mentalitäten vor Ort ist. Und er setzt der Illusion historischer Wirklichkeit auf dem Bühnenboden den Willen entgegen, ein ästhetisch geschlossenes Konzept kongenial der Regiearbeit an die Seite zu stellen. Darin sind seine Bestrebungen nicht nur modern, sondern von zeitloser Aktualität, denn sie sind Grundlage einer kommunikativen Kompetenz, die qualitätvolle Theaterarbeit bis heute ausmacht.

Bei Wilden lassen sich drei weitere Linien seines ‚Bühnenstils' verfolgen. Da ist der bereits zutage getretene ‚Puppenhaus-Konstruktivismus' im komischen Genre aus *Der Barbier von Sevilla* und *Donna Diana,* die im Wortsinn eine ‚Kulissenhaftigkeit' zeigen. Daneben schafft er immer wieder experimentelle ‚gotische' Spitzbogenkonstruktionen für eine enthistorisierte Vergegenwärtigung historischer Stoffe auf der Bühne, dann kubische Spielpodeste und schließlich kubofuturistische Raumgerüste, in die deutlich Elemente zeitgenössischer Architektur und Alltagskultur Eingang finden. Gemeinsam ist all diesen Linien, dass sie natürlich stets den pragmatischen Hintergrund haben, einzelne Bauteile häufig durch farbliche Umarbeitung oder eine neue Montage und Anordnung wieder verwenden zu können. Dies spart Kosten und – wie Wilden in Briefen an seine Frau unumwunden zugibt – auch Zeit, denn bei den zahlreichen Premieren entlastet die wohldosierte Wiederholung einmal entwickelter Bildfindungen die Entwurfsarbeit.

Im Oktober 1926 hat in Hagen Otto Nicolais Komische Oper *Die lustigen Weiber von Windsor* Premiere. Die Bühnenbilder zeigen farblich deutliche Anklänge an *Donna Diana* aus der vorletzten Spielzeit, besonders im zweiten und fünften Bild, auf dem das Zimmer von Frau Fluth, der jungen hübschen Angebeteten des alten Falstaff zu sehen ist **(Abb. 14)**. Auch hier deutet alles auf eine verspielte künstliche Welt hin und ist dabei – Wilden ist da ganz Prag-

matiker – für Szenenwechsel sehr praktikabel. Auf einer Postkarte an Regisseur Wolfram Humperdinck – „sohn des ‚hänsel u. gretel' mannes. genannt wolfram, mit einer großen glatze, mit knickerbockers und 3 armbändern. anscheinend sehr brauchbar, weiß, was er will"[38] – skizziert Wilden den Aufbau für das zweite Bild und notiert: „für alle bilder ein 8 meter breites, 0.40 hohes, 4 m tiefes podest, an das sich hinten – für jedes bild schon fertig gebaut – wagen anschließen. alle bilder, bis auf das letzte vor schwarzem vorhang. alle bilder ganz leicht, mit wenigen kleinen wänden, um die umbauten so einfach wie eben möglich zu machen."[39] Wildens Dekorationen für die Opera buffa mit ihren ironisch gebrochenen historischen Bühnenelementen werden in den Arbeiten der Hagener und Barmen-Elberfelder Zeit zu seinem Markenzeichen, offenbar mit einer Außenwirkung ins Rheinland. Das Kölner Opernhaus wird auf ihn aufmerksam und engagiert ihn zur Spielzeit 1929/30 zunächst für Millöckers *Bettelstudent*, dann im Oktober wiederum für einen Klassiker der italienischen Opera buffa: Gioacchino Rossinis Oper *La Cenerentola*, die unter dem Vornamen der Titelperson als *Angelina* gespielt wird. Wilden kombiniert im Rahmen der offenen Zimmerdekoration viele bisherige Bildfindungen, was für große Begeisterung bei den Verantwortlichen sorgt, die offenbar auch größere Kosten nicht scheuen: „eine ausführliche sitzung mit [Regisseur, J. G.] hofmüller, den technikern und malern. die ‚angelina' modelle sind so entzückend geworden, daß alles begeistert war. die leute haben das mit sehr großer liebe und sorgfalt gemacht. es kommen noch einige kleinigkeiten dazu und ein ganzes bild. das schlussbild. wird also so gemacht wie der erste entwurf. zuerst spielt sich die ganze sache ab wie vorgesehen und als haupt und schlusseffekt kommt das runde podest hereingefahren. die runden türen werden nicht geöffnet, sondern von den seiten herangeschoben. das wird ein schönes geld kosten. der vorhang wird tatsächlich aus samt oder seide."[40] **(Abb. 15, S. 142)** Der am weitesten ausgearbeitete Entwurf zeigt verschiedenfarbige Steinböden, von rötlicher Tonerde bis grünlichem Schachbrettmuster. Sie bilden die Grundlage für blaue Treppenläufe vor roten Rundbogenarkaturen und einer blauen Gewölbeflucht, immer wieder bekrönt von kleinen Laternen, goldenen Kugeln und Plinthen. Hinter all dem öffnet sich im Prospekt **(Abb. 16)** der Blick auf eine italienische Stadt auf einem Hügelrücken. Das angedeutete Bogenjoch in der linken Hälfte weist auf ein weiteres Motiv, das Wilden immer wieder eingesetzt hat, den Pfeiler, auf dem meist zwei Bögen in entgegengesetzter Richtung aufliegen.

Abb. 15, 16

Angelina
Städtische Bühnen Köln 1929,
Bühnenaufbau,
Aquarell mit Tinte,
31,5 × 24 cm,
TWS Inv. Nr. 17939/i,
Taf. S. 142

Angelina
Städtische Bühnen Köln 1929,
1. Bild,
Aquarell, Deckfarben und Tinte,
21,1 × 29,9 cm,
TWS Inv. Nr. 17939/b

Abb. 17

Die Räuber
Vereinigte Stadttheater
Barmen-Elberfeld 1928,
Aquarell, 25 × 32,4 cm,
TWS Inv. Nr. 40711/1

Abb. 18

Die Räuber
Vereinigte Stadttheater
Barmen-Elberfeld 1928,
Szenenfoto,
Reproduktion in der TWS
Original ist Eigentum der
Stadt- u. Uni.-Bibl. Frankfurt am Main.

Diese Konstruktion lässt sich zu beliebigen Bogenreihungen zusammenfügen, sie lässt sich aber auch als Solitär im Raum begreifen: Das Bogenhaupt ragt ohne Gegenstück in den Raum. In drei Inszenierungen des Jahres 1928 verwendet Wilden diesen in den Raum ragenden Spitzbogen: Charles Gounods Opernadaption *Margarete* nach Goethes *Faust* Anfang März in Barmen, Verdis *Räuber* nach Schillers Drama Anfang März in Barmen sowie Goethes *Faust* Anfang April in Hagen. Das alles beherrschende Motiv des halben Bogens schafft aber nicht nur ein leitmotivisches Konzept, es geht im Fall der *Räuber* auch wieder auf Wildens pragmatische Lösungsideen zurück, die nicht zuletzt der eigenen Entlastung – „ich schlag mich dauernd mit den ‚räubern' rum. andauernd proben, wobei mich humperdinck immer braucht"[41] – dienen: „es war eine blödsinnige arbeiterei mit den „räubern [?] gestern abend war die räuberpremière. es war ein riesenerfolg [?] bilder: die 3 ersten gut, die 5 folgenden mieser. aus vorhandenen hängebögen umgemalt. viel zu wenig zeit, ich war froh, daß es so fertig wurde. den leuten hat's gefallen und der intendant machte mir heut morgen schulterklopfend ein großes kompliment."[42] **(Abb. 17, 18)** Die *Faust*-Inszenierung in Hagen begeistert nicht nur Adolf Thiele, den Rezensenten der *Hagener Zeitung*, sondern auch Karl Groß von der *Kölnischen Zeitung*. Thiele fällt deutlich der spezifische Einsatz von Wildens Bühnenelement auf: „Den häufigen Szenenwechsel suchte man durch eine in mannigfaltiger Variation zu verwendende Spitzbogenarchitektur zu erleichtern, die allerdings mit dem geistigen Gehalt einiger (weniger) Szenen nicht ohne Rest zusammenklingen konnte. Das konnte man aber gern in Kauf nehmen, abgesehen von den technischen Vorteilen wegen der auf diese Weise bei den weitaus meisten Szenen erreichten Ausdrucksstärke des Bühnenbildes, für das Egon Wilden zeichnete."[43] Fast zwei Monate nach der Premiere wirft Karl Groß Ende Mai für die Kölner Leser einen generellen Blick auf das Theatergeschehen in Hagen: „Der Faust gewann vorzüglich durch die bühnentechnisch praktikable Rahmenschließung des Bühnenbildes von Egon Wilden, das den gesamten Faust zwischen gotisch verbundenen Pfeilern spielen ließ."[44] Wilden spürt das Echo: „die ‚räuber' waren auch ein presserfolg, so weit ich zeitungen las, mittag, rhein. westf. usw. berliner ztg. hab ich noch nicht gelesen. […] ich hatte mit dem intendanten eine ‚egmont' besprechung. wobei er von einer ungeahnten herzlichkeit und liebenswürdigkeit war."[45] Ob er seine Arbeit als Bühnenbildner an der Kölner Oper den buffo-Capricci oder den Spitzbogen aus Hagen und Barmen zu verdanken hat, lässt sich nicht sagen.

Wiederholt setzt sich Wilden mit den Wurzeln der Theaterreform um 1900 auseinander, aber auch mit der unmittelbaren Gegenwart der 1920er Jahre. Angeregt und beschrieben von Theoretikern der Theaterreformbewegung wie Adolphe Appia,[46] wird insbesondere im Konstruktivismus der 1920er Jahre, als das Bauhaus den modernen Menschen in geometrisch-funktionalen Behausungen ansiedelt, die Bühnenrealität als eigenständiger Ausdruckskosmos, als ‚Medium' avant la lettre, begriffen: Theater ist zunächst ein Raum-Zeit-Kontinuum. Bereits Ende des 19. Jahrhunderts wird Bewegung als „Rhythmus" postuliert, der mit kubischen Podesten und rechtwinkligen Treppenläufen seinen Ausdruck findet.[47]

Abb. 19

König Lear
Stadttheater Hagen 1928,
Einheitsaufbau,
Aquarell mit Tinte,
23,8 × 30,2 cm,
TWS Inv. Nr. 184/a

Abb. 20, 21

Elektra
Stadttheater Hagen 1927,
Burghof,
Aquarell mit Tinte,
23,9 × 32,4 cm,
TWS Inv. Nr. 17348/a

Judith
Stadttheater Hagen 1929,
Öffentlicher Platz,
Aquarell mit Tinte,
17,5 × 26,3 cm,
TWS Inv. Nr. 32505

Die politischen und kulturellen Umwälzungen während und nach dem Ersten Weltkrieg haben – wie bereits angedeutet – ein neues Menschenbild geschaffen: Der Mensch ist ein beweglicher Organismus, Schauspielerei ist mehr als die Illusion menschlicher Affekte, sondern eben „Biomechanik".

Nach Hagen bringt Egon Wilden ab 1927 diese Formen in so unterschiedliche Stücke wie *Elektra* von Richard Strauss (1927), Shakespeares *König Lear* (1928, **Abb. 19**) und Hebbels *Judith* (1929) ein. Dabei entwickelt er im Frühjahr 1928 die Epoche machende *Lear*-Inszenierung deutlich aus der Einortbühne der *Elektra* vom vergangenen Oktober (**Abb. 20**). Podeste und Treppenaufbauten lassen sich durch veränderbar kombinierte Einzelelemente im Nu zu verschiedenen Schauplätzen umbauen, die jedoch die grundlegende architektonische Struktur beibehalten. Dies erläutert auch die Randbemerkung auf dem Entwurf: „König Lear. Einheitsbühne. Aufbau bleibt fürs ganze Stück stehen."

Für Hebbels *Judith* schließlich entwirft Wilden den „Öffentlichen Platz" als Podestformation mit Treppenläufen in Erdtönen (**Abb. 21**). Ein angedeutetes Portal links erinnert sehr an die *Elektra*-Entwürfe. Die formale Orientierung daran ist offensichtlich. Wie er große Tragödienfiguren der antiken Mythologie in kubische Monumentalarchitektur setzt, so gibt er auch diesem alttestamentlichen Stoff einen abstrahierten Rahmen für den psychologischen Aspekt, das ‚innere' Drama der Figuren.

In den 1920er Jahren ist die Spielplangestaltung vieler Theater stark durch zeitgenössische Stücke bestimmt. Viele junge Autoren und Komponisten bringen aktuelle Fragen und neue Musik auf die Bühne. Ein ganzes Genre wird geprägt: die „Zeitoper". In den Stücken von Komponisten wie Kurt Weill, Ernst Křenek und Paul Hindemith erscheinen nun auch ungewöhnlich zeitgemäße Orte wie ein Fotoatelier oder ein Boxring auf der Bühne.

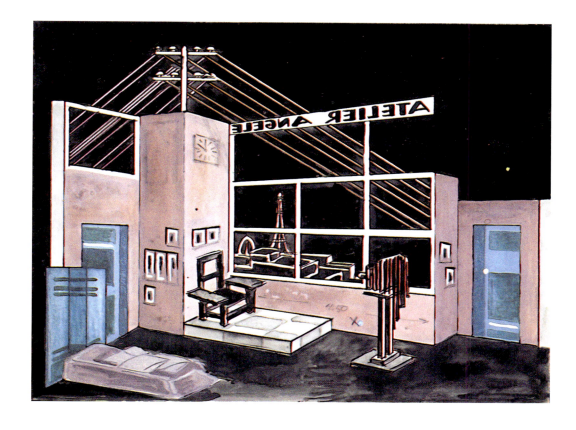

Abb. 22

Der Zar läßt sich photographieren
Stadttheater Hagen 1928,
Angele,
Aquarell mit Tinte,
24,7 × 32,1 cm,
TWS Inv. Nr. 40734

Wilden wählt hierfür ein konstruktivistisches Vokabular, fügt geometrische Flächen gegeneinander, baut Raumgerüste zusammen. In Kurt Weills Oper *Der Zar läßt sich photographieren* gestaltet Wilden im Frühjahr 1928 das Fotoatelier *Angele* als offene Zimmerdekoration (**Abb. 22**). Über einer Fensterfront mit Blick auf weiß konturierte Wahrzeichen von Paris wie Eiffelturm und Invalidendom ist in Spiegelschrift „ATELIER ANGELE" zu lesen, denn der Zuschauer blickt vom Atelier in die Stadt. Bekrönt wird der Szenenaufbau ganz im Sinne der Technikbegeisterung der Zeit durch einen Strommast, der entgegen jeglicher realistischer Widerspiegelung aus einem Kamin ragt und ein Bündel weißer Stromleitungen vor dem schwarzen Hintergrund spannt. Die turbulente Handlung um eine Gruppe von Verschwörern, die Angeles Atelier besetzen und einen nicht näher bestimmten Zaren bei einer Porträtaufnahme mittels einer präparierten Kamera erschießen wollen, ist durchgehend im Atelier angelegt, das vor allem ein elegantes Musterbeispiel zeitgenössischer urbaner Architektur ist. Auch der Boxring, den Wilden 1929 für Ernst Křeneks *Schwergewicht* in Barmen einrichtet, feiert in reduzierten konstruktivistischen Stellwänden das moderne Leben (**Abb. 23**). Diesmal bekrönen zwei Kugeln die Szene, in denen das kulturelle Spannungsverhältnis nicht nur der Handlung, sondern der gesamten Jahre vor der Machtergreifung in den Aufschriften „EUROPA" und „AMERIKA" auf den Punkt gebracht wird. Einmal mehr wird deutlich, wie aufmerksam Egon Wilden die ästhetischen Tendenzen seiner Zeit aufgenommen und sie auch oder gerade im Rhein-Ruhr-

Egon Wilden | Leben und Werk 1894–1931

Abb. 23, 24

Schwergewicht
Vereinigte Stadttheater
Barmen-Elberfeld 1929,
Aquarell mit Tinte,
21,4 × 32,1 cm,
TWS Inv. Nr. 18893

Hin und zurück
Stadttheater Hagen 1927
*Ein Wohnzimmer von
Robert und Helene,*
Aquarell mit Tinte,
21 × 29,4 cm,
TWS Inv. Nr. 32507

gebiet dem Publikum vor Augen geführt hat. Und in Barmen ist es ein aufgeschlossenes Publikum: „‚Der Diktator', ‚Das geheime Königreich' und ‚Schwergewicht' fanden bei ihrer Erstaufführung im Rhein = Ruhrgebiet am Barmer Stadttheater den unbestrittenen stürmischen Beifall eines für moderne musikdramatische Entwicklung besonders interessierten Publikums. Erheblichen Anteil am Erfolg hatten *Fritz Mechlenburgs* hinreißende musikalische Ausdeutung, *Dr. W. Arons* Regie und *Egon Wildens* Bühnenbilder, sowie alle Hauptpartienträger."[48]

In geradezu irrwitziger Kürze liegt der Reiz von Paul Hindemiths Opernsketch *Hin und zurück,* in dem als formale Groteske ein Gattenmord zeitlich gespiegelt wird und ab der Mitte wieder rückwärts abläuft: eine ideale Vorgabe für eine szenographische Miniatur **(Abb. 24)**. Für das Einheitsbild *Ein Wohnzimmer von Robert und Helene* setzt Wilden eine Stellwand auf ein Podest, die in einem 90-Grad-Winkel auf dem Boden steht und gleichsam tanzt. Davor Tisch und Stühle und ein Türrahmengerüst. Neben dem Spielpodest auf einem nicht begehbaren Postament mit der Aufschrift „OMA" steht ein leerer Stuhl. Mehr gibt es nicht auf dieser weißen, nicht kaschierten Minimalkonstruktion vor schwarzem Grund.

Egon Wilden hat mit seinen raumgreifenden Konstruktionen in Hagen, Barmen-Elberfeld und Köln ernst zu nehmende zeitgenössische Akzente gesetzt. Selbst bei märchen- und operettenhaften Vorlagen hat er sich an ein Vokabular gewagt, mit dem er zum einen das Primat der Praktikabilität nie aus den Augen verloren hat, zum anderen aber neueste Tendenzen der Zeit aufgenommen und eigenständig verarbeitet hat. Auch wenn er sich im letzten Jahr seines nicht absehbar kurzen Lebens mehr der Malerei gewidmet hat, konnten doch zwischen 1919 und 1930 rund 180 Inszenierungen nachgewiesen werden. Sicher erfährt Wilden die gebührende Anerkennung seiner Arbeit vor allem mit seinem Engagement in Hagen und später zusätzlich in Barmen-Elberfeld ab 1924. Aber auch in Zeiten des zähen Kampfes an so unterschiedlichen Kleinbühnen wie Herne-Recklinghausen, wo sein Eindruck sicher der eines äußerst provinziellen Publikums ist, und in Gera, wo er sich mit der Engstirnigkeit eines ehemaligen Duodezfürsten und dessen nun auf das Theater kaprizierten Herrscherwillen auseinandersetzen muss, schafft er einen eigenen ästhetischen Ansatz: Er geht als selbstbewusster und sogar vor einer leichten Revolte wie in Gera nicht zurückschreckender Raum- und Bildkünstler den Weg von den Farbkontrasten des Expressionismus zu den Raumgerüsten von Konstruktivismus und den zeitgenössischen Interieurs der Neuen Sachlichkeit. Wilden ist darin nicht der exzeptionelle Motor oder gar Anführer einer Bewegung, aber er ist ein exemplarischer Verfechter avantgardistischer Ideen abseits der Metropolen und in seinem durchaus nicht ohne Pathos bestehenden Selbstverständnis einer, der mit Erfolg und später auch mit der Anerkennung von Kollegen und Kritik sein Publikum gewinnt für die Idee einer „klaren, hellen luft, die wir ihnen bringen wollen"[49].

Anmerkungen

1. N. N.: Egon Wilden †, in: nicht bekannte Zeitung, 1931.
2. *Egon Wilden. Maler und Bühnenbildner. 1894–1931*, hg. von der Theaterwissenschaftlichen Sammlung der Universität zu Köln (TWS), Ausst. Kat. Theatermuseum Düsseldorf, Düsseldorf 1994.
3. Joachim Geil: *Egon Wilden (1894–1931). Der Maler und die Bühne*, Köln 1999.
4. Nora Eckert: *Das Bühnenbild im 20. Jahrhundert*, Berlin 1998.
5. Ebd., S. 54.
6. Ernst Lorenzen: Illusions- oder Stilbühne? Zum neuen Bühnenstil des Hagener Schauspielhauses. Egon Wilden als Bühnenmaler, in: *Hagener Zeitung* vom 9./10. Februar 1925.
7. Albert Maaß: Die Reformation der Hagener Bühnenkunst, in: *Hagener Zeitung* vom 1. April 1925.
8. Brief an Gustav Lindemann vom 31. März 1924, Dumont-Lindemann-Archiv, Düsseldorf.
9. Durchschlag des Briefes Gustav Lindemanns vom 4. April 1924, TWS Au 6485.
10. Brief an Hedwig Sparrer vom 12. September 1922. Dieser und alle weiteren zitierten Briefe befinden sich, soweit nicht anders angegeben, in Abschrift im Egon Wilden-Archiv, Kunstmuseum Ahlen.
11. Ebd.
12. Karl Brandt: Herne hatte ein Stadttheater. Erinnerungen von Karl Brandt. 1. Folge, in: *Herne – unsere Stadt*. Monatsschrift der Stadt Herne, Jg. 2, Nr. 3, März 1965, S. 11 ff., hier S. 12.
13. Ebd.
14. Briefe an Hedwig Sparrer vom 29. September und 23. Oktober 1923.
15. Entwurf eines Briefes „an die Leitung des Reuß. Theaters zur Verbesserung v. a. des künstlerischen Niveaus, verfaßt am 1. November 1923".
16. Brief an Hedwig Sparrer vom 12. November 1923.
17. Brief an Hedwig Sparrer vom 3. November 1923.
18. Die Ortsangaben sind einer fast zeitgenössischen Ausgabe entnommen: Henrik Ibsen: *Peer Gynt. Ein dramatisches Gedicht,* deutsch von Christian Morgenstern, Berlin 1926.
19. Peter Behrens: Feste des Lebens und der Kunst. Eine Betrachtung des Theaters als höchsten Kultursymbols (1900), zit. nach Manfred Brauneck: *Theater im 20. Jahrhundert. Programmschriften, Stilperioden, Reformmodelle*, Reinbek bei Hamburg 1993, S. 47 f.
20. Manfred Linke: *Gustav Lindemann. Regie am Düsseldorfer Schauspielhaus,* Düsseldorf 1969, S. 167.
21. Brief an Hedwig Sparrer vom 30. November 1923.
22. Brief an Hedwig Sparrer vom 17. Dezember 1923.
23. Brief an Hedwig Sparrer vom 5. Januar 1924.
24. Brief an Hedwig Sparrer vom 9. Januar 1924.
25. Brief an Hedwig Sparrer vom 11. März 1924.
26. Postkarte an Hedwig Sparrer vom 15. März 1924.
27. Brief an Hedwig Sparrer vom 31. März 1924. Vgl. Anm. 8.
28. Brief an Hedwig Sparrer vom 8. April 1924. Vgl. Anm. 9.
29. Siehe Anm. 9.
30. Brief an Hedwig Sparrer vom 19. Mai 1924.
31. Brief an Hedwig Sparrer vom 1. Juni 1924.
32. Maaß 1925 (wie Anm. 7).
33. Vgl. Arno Bosselt: „*Das Zimmer auf der Bühne*". Die Gestaltung des Innenraumes von der Kulissenbühne der klassischen Zeit bis zum Naturalismus, Diss. Kiel (Maschinentyposkript) 1927.
34. Brief an Hedwig Sparrer vom 14. Januar 1925.
35. Lorenzen 1925 (wie Anm. 6), hier 9. Februar 1925.
36. Brief an Hedwig Sparrer vom 13. Februar 1925.
37. Maaß 1925 (wie Anm. 7).
38. Brief an Hedwig Sparrer vom 13. August 1926.
39. Undatierte Postkarte an Wolfram Humperdinck, Stadt- u. Universitätsbibliothek Frankfurt am Main, Nachlass Humperdinck.
40. Brief an Hedwig Sparrer vom 20. August 1929.
41. Brief an Hedwig Sparrer vom 25. März 1928.
42. Brief an Hedwig Sparrer vom 30. März 1928.
43. Adolf Thiele: Stadttheater Hagen. Faust, in: *Hagener Zeitung* vom 21. April 1928.
44. Karl Groß: Schauspiel in Hagen, in: *Kölnische Zeitung* vom 29. Mai 1928.
45. Brief an Hedwig Sparrer vom 2. Juni 1928.
46. Vgl. dazu: Adolphe Appia: *Die Musik und die Inscenierung,* München 1899.
47. Vgl. dazu: Hubertus Gaßner: Zum Rhythmus in Bild- und Bühnenwerken des Konstruktivismus, in: *Raumkonzepte. Konstruktivistische Tendenzen in Bühnen- und Bildkunst 1910–1930,* hg. von Hannelore Kersting / Bernd Vogelsang, Ausst. Kat. Städtische Galerie / Städelsches Kunstinstitut, Frankfurt a. M. 1986, S. 11–29.
48. N. N.: Ernst Kreneks drei Opern=Einakter, in: *Regional-Anzeiger* (?) vom 22. Januar 1929.
49. Siehe Anm. 10.

Egon Wilden | Leben und Werk 1894–1931

Kostümentwürfe von Egon Wilden

Werkverzeichnis

überarbeitet und mit Abbildungen versehen von *Kinga Luchs*

Werkverzeichnis | Aquarelle

Das Werkverzeichnis ist gegliedert nach Aquarellen (A), Zeichnungen (Z), Gemälden (G), Druckgraphiken (Dg) und Entwürfen für Glasmalerei Verpackungen und Kirchenmodelle (E). Die einzelnen Rubriken sind nicht chronologisch, sondern thematisch geordnet. Die Originaltitel von Egon Wilden sind in Originalschreibweise belassen und in Anführungszeichen gesetzt. Die übrigen Werke sind mit Arbeitstiteln versehen.
Alle im Kunstmuseum Ahlen befindlichen Werke sind eine Dauerleihgabe des Förderkreises Kunstmuseum Ahlen e.V.

Abkürzungen:		
	gewidm. (s. l.)	gewidmet (sehr lieben)
	o. Abb.	ohne Abbildung
	o. J.	ohne Jahr
	o. O.	ohne Ort
	s.	siehe
	sign. und dat.	signiert und datiert
	Taf.	Tafel

Aquarelle

A 001
„landschaft im winter", o. J.,
Aquarell auf Papier,
35,5 × 31,5 cm,
sign.: Egon Wilden,
Kunstmuseum Ahlen

A 002
Alte Stadt mit Glockenturm, o. J.,
Aquarell auf Papier,
22 × 12,5 cm,
sign.: Egon Wilden,
Kunstmuseum Ahlen,
Taf. S. 125

A 003
„vièvre dep. aisle", 1918,
Aquarell auf Papier,
18,5 × 13,5 cm,
sign. u. dat.: Egon Wilden
Nov. 18,
Kunstmuseum Ahlen

A 004
Dorf im Tal I, o. J.,
Aquarell auf Papier,
44 × 30 cm,
Kunstmuseum Ahlen

A 005
Blick auf Domtürme, o. J.,
Aquarell auf Papier,
32 × 24 cm,
Kunstmuseum Ahlen,
Taf. S. 114

A 006
Kanal mit Brücke, o. J.,
Aquarell, Tinte auf Papier,
24 × 32 cm,
Kunstmuseum Ahlen,
Taf. S. 116

Werkverzeichnis | Aquarelle

A 007
Springbrunnen, o. J.,
Aquarell auf Papier,
35 × 26 cm,
Kunstmuseum Ahlen

A 008
Würzburg, o. J.,
Aquarell auf Papier,
35,5 × 26,5 cm,
Kunstmuseum Ahlen

A 009
Parkbänke, o. J.,
Aquarell auf Papier,
25 × 36 cm,
Kunstmuseum Ahlen

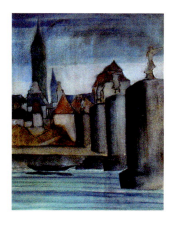

A 010
Parkbank, o. J.,
Aquarell auf Papier,
29 × 40,5 cm,
Kunstmuseum Ahlen

A 011
Dorf im Tal II, 1918,
Aquarell auf Papier,
20 × 29 cm,
sign. u. dat.: Egon Wilden 18,
Kunstmuseum Ahlen

Werkverzeichnis | Aquarelle

A 012
Violettes Dorf, 1918,
Aquarell auf Papier,
16,5 × 25 cm,
sign. u. dat.: Egon Wilden 18,
o. O., *o. Abb.*

A 013
Landschaft mit Gehöft, 1918,
Aquarell auf Papier,
29 × 18 cm,
sign. u. dat.: Egon Wilden 18,
Privatbesitz

A 014
Ernte, o. J.,
Aquarell auf Papier,
26 × 16,6 cm,
Kunstmuseum Ahlen

A 015
Industriestadt mit Schornsteinen, o. J.,
Aquarell auf Papier,
28,3 × 18 cm,
Kunstmuseum Ahlen

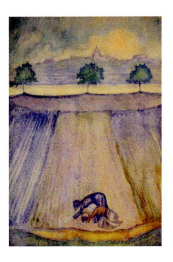

A 016
Moor, o. J.,
Aquarell auf Papier,
28,5 × 18 cm,
Kunstmuseum Ahlen

A 017
Brücke am Bach bei Nacht, o. J.,
Aquarell auf Papier,
29 × 18 cm,
sign.: Egon Wilden,
o. O.

A 018
Waldweg im Herbst, o. J.,
Aquarell auf Papier,
25,5 × 16,5 cm,
sign.: Egon Wilden,
o. O.

A 019
Lichtung im Gebirge, 1918,
Aquarell auf Papier,
25,5 × 16,5 cm,
sign. u. dat.: Egon Wilden 18,
Kunstmuseum Ahlen,
Taf. S. 133

Werkverzeichnis | Aquarelle

A 020
Garten mit Kirchturm, 1919,
Aquarell auf Papier,
26 × 16,5 cm,
sign. u. dat.: Egon Wilden 19,
Kunstmuseum Ahlen

A 021
Abendschatten, 1919,
Aquarell auf Papier,
22 × 14 cm,
sign. u. dat.: Egon Wilden 19,
Privatbesitz

A 022
Bäume im Hochgebirge, o. J.,
Aquarell auf Papier,
23 × 14,5 cm,
sign.: Egon Wilden,
Kunstmuseum Ahlen

A 023
Waldeinsamkeit, o. J.,
Aquarell auf Papier,
23 × 15 cm,
Kunstmuseum Ahlen,
Taf. S. 130

A 024
Lichtflut, o. J.,
Aquarell auf Papier,
22 × 14 cm,
Privatbesitz

A 025
Strahlen, o. J.,
Aquarell auf Papier,
25,5 × 16,5 cm,
Privatbesitz,
Abb. S. 24

A 026
Bäume im Licht, o. J.,
Aquarell auf Papier,
24 × 15 cm,
sign.: Egon Wilden,
Kunstmuseum Ahlen,
Taf. S. 97

A 027
Aufstieg, 1919,
Aquarell auf Papier,
25,5 × 16,5 cm,
sign. u. dat.: Egon Wilden 19,
Privatbesitz

Werkverzeichnis | Aquarelle

A 028
Tannenwald, 1920,
Aquarell auf Papier,
23,5 × 15 cm,
sign.: Egon Wilden 20,
Kunstmuseum Ahlen

A 029
Nächtliche Begegnung, o. J.,
Aquarell, Tinte auf Papier,
23 × 15 cm,
Kunstmuseum Ahlen,
Taf. S. 132

A 030
Kauernder im Wald, 1920,
Aquarell auf Papier,
23,5 × 16,5 cm,
sign. u. dat.: Egon Wilden 20,
Kunstmuseum Ahlen

A 031
Windfahnen, 1920,
Aquarell auf Papier,
25 × 13 cm,
sign. u. dat.: Egon Wilden 20,
Kunstmuseum Ahlen,
Taf. S. 96

A 032
Sonnenuntergang im Hohlweg, o. J.,
Aquarell auf Papier,
44 × 33 cm, sign.: Egon Wilden,
gewidm.: s. l. Wilhelm,
Privatbesitz

A 033
Stadt am Fluss I, o. J.,
Aquarell auf Papier,
30 × 22 cm,
sign.: Egon Wilden,
Privatbesitz
o. Abb.

A 034
Waldweg I, o. J.,
Aquarell auf Papier,
28,5 × 18 cm,
sign.: Wilden,
Kunstmuseum Ahlen

A 035
Gebirge im Herbst, 1920,
Aquarell auf Papier,
23,5 × 15,5 cm,
sign. u. dat.: Egon Wilden 20,
Privatbesitz

Werkverzeichnis | Aquarelle

A 036
Meer, 1920,
Aquarell auf Papier,
26,5 × 36 cm,
sign. u. dat.: Egon Wilden 20,
Privatbesitz

A 037
Schwarzwald I, o. J.,
Aquarell auf Papier,
23,5 × 29,5 cm,
Kunstmuseum Ahlen

A 038
Schwarzwaldberge, o. J.,
Aquarell auf Papier,
24 × 29,5 cm,
Kunstmuseum Ahlen

A 039
Schwarzwald II, 1920,
Aquarell auf Papier,
33,5 × 51 cm,
sign. u. dat.: Egon Wilden 20,
Kunstmuseum Ahlen

A 040
„feldsee / schwarzwald mit seebuck", 1920,
Aquarell auf Papier,
30 × 23,5 cm,
sign. u. dat.: Egon Wilden 20,
Kunstmuseum Ahlen,
Taf. S. 107

A 041
Tannen über dem Feldsee, o. J.,
Aquarell auf Papier,
24 × 33 cm,
Kunstmuseum Ahlen

A 042
Feldsee im Schwarzwald im Herbst, o. J.,
Aquarell auf Papier,
30 × 31,5 cm,
sign.: Egon Wilden,
Privatbesitz

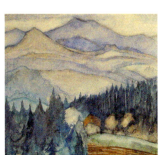

Werkverzeichnis | Aquarelle

A 043
Allee im Frühling, o. J.,
Aquarell auf Papier,
30,5 × 23,5 cm,
Kunstmuseum Ahlen

A 044
Lichtung, o. J.,
Aquarell auf Papier,
30 × 23 cm,
Kunstmuseum Ahlen,
Taf. S. 99

A 045
Waldweg II, o. J.,
Aquarell auf Papier,
30 × 23 cm,
Kunstmuseum Ahlen

A 046
„hofgarten", o. J.,
Aquarell auf Papier,
29,5 × 24 cm,
sign.: Wilden,
Kunstmuseum Ahlen

A 047
Bergdorf, o. J.,
Aquarell auf Papier,
25,5 × 21,7 cm,
Kunstmuseum Ahlen

A 048
„schwarzwald" / Unwetter am Feldberg, o. J.,
Aquarell auf Papier,
32,5 × 49,5 cm,
sign.: Egon Wilden,
Kunstmuseum Ahlen

A 049
Bergsee, o. J.,
Aquarell auf Papier,
35,5 × 25 cm,
Kunstmuseum Ahlen

A 050
Insel im Bergsee, o. J.,
Aquarell auf Papier,
24 × 32 cm,
Kunstmuseum Ahlen

Werkverzeichnis | Aquarelle

A 051
Bergmassiv, o. J.,
Aquarell auf Papier,
27 × 30,5 cm,
Kunstmuseum Ahlen

A 052
Wildbach, o. J.,
Aquarell auf Papier,
51 × 33 cm,
Kunstmuseum Ahlen

A 053
Dorf im Gebirge, o. J.,
Aquarell auf Papier,
39 × 28 cm,
Kunstmuseum Ahlen

A 054
„cavloccio see engadin", o. J.,
Aquarell auf Papier,
46 × 38 cm,
Privatbesitz

A 055
„sils-maria engadin", o. J.,
Aquarell auf Papier,
27 × 31 cm,
sign.: Wilden,
Privatbesitz

A 056
Berninamassiv, o. J.,
Aquarell auf Papier,
35,5 × 27 cm,
Kunstmuseum Ahlen,
Taf. S. 103

A 057
„la margua silser-see engadin", o. J.,
Aquarell auf Papier,
26 × 35 cm,
sign.: Egon Wilden,
Kunstmuseum Ahlen

A 058
Hochgebirge, o. J.,
Aquarell auf Papier,
40 × 50 cm,
Privatbesitz

Werkverzeichnis | Aquarelle

A 059
Nebel im Gebirge, o. J.,
Aquarell auf Papier,
29,5 × 24 cm,
Kunstmuseum Ahlen

A 060
Berghütten, o. J.,
Aquarell auf Papier,
35,5 × 27 cm,
Kunstmuseum Ahlen

A 061
„fourde-surlej", 1925,
Aquarell auf Papier,
37 × 48 cm,
sign. u. dat.: Egon Wilden 25,
Kunstmuseum Ahlen

A 062
Alpengletscher, 1925,
Aquarell auf Papier,
37 × 45 cm,
sign. u. dat.: Egon Wilden 1925,
Privatbesitz

A 063
Tannen im Schwarzwald, o. J.,
Aquarell auf Papier,
31,5 × 19 cm,
sign.: Egon Wilden,
Kunstmuseum Ahlen

A 064
„walchsee-tirol" I, 1928,
Aquarell auf Papier,
46 × 35 cm,
sign. u. dat.: Egon Wilden 28,
Privatbesitz

A 065
„walchsee-tirol" II, 1928,
Aquarell auf Papier,
50 × 40 cm,
sign. u. dat.: Egon Wilden 28,
Privatbesitz

Werkverzeichnis | Aquarelle

A 066
Bergsee mit Unwetter, o. J.,
Aquarell auf Papier,
37,3 × 49 cm,
Kunstmuseum Ahlen

A 067
Unwetter im Gebirge, o. J.,
Aquarell auf Papier,
51 × 59,5 cm,
Kunstmuseum Ahlen

A 068
**Durchbruch der Sonne
durch die Wolken,** o. J.,
Aquarell auf Papier,
49 × 61 cm,
Kunstmuseum Ahlen

A 069
Dämmerung in den Alpen, o. J.,
Aquarell auf Papier,
26 × 35,5 cm,
Privatbesitz

A 070
Bergwald, o. J.,
Aquarell auf Papier,
51 × 36,5 cm,
Kunstmuseum Ahlen

A 071
Burgeingang, o. J.,
Aquarell auf Papier,
36 × 50 cm,
Kunstmuseum Ahlen

A 072
Ausblick im Schwarzwald, o. J.,
Aquarell auf Papier,
30,5 × 23,5 cm,
Kunstmuseum Ahlen,
Taf. S. 102

Werkverzeichnis | Aquarelle

A 073
Haus im Gebirge, o. J.,
Aquarell auf Papier,
40 × 41 cm,
Kunstmuseum Ahlen

A 074
Bergweg, o. J.,
Aquarell auf Papier,
37,5 × 48 cm,
Kunstmuseum Ahlen

A 075
Bayerisches Dorf, o. J.,
Aquarell, Tinte auf Papier,
23,5 × 27 cm,
Kunstmuseum Ahlen

A 076
Stadtmauer, o. J.,
Aquarell auf Papier,
25 × 34 cm,
Kunstmuseum Ahlen

A 077
Gebirgsstock blau, o. J.,
Aquarell auf Papier,
50 × 40 cm,
Kunstmuseum Ahlen

A 078
Alpenglühen, o. J.,
Aquarell auf Papier,
49,5 × 35 cm,
Kunstmuseum Ahlen

A 079
Wasserfall, o. J.,
Aquarell auf Papier,
35 × 25 cm,
Privatbesitz

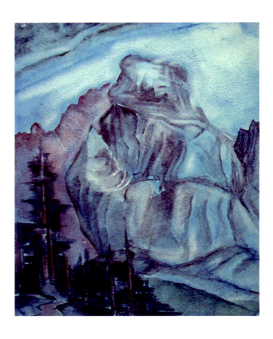

Werkverzeichnis | Aquarelle

A 080
Dorf am Hang, o. J.,
Aquarell, Tinte auf Papier,
35,5 × 27 cm,
Kunstmuseum Ahlen,
Taf. S. 106

A 081 a
Hall in Tirol, o. J.,
Aquarell auf Papier,
50 × 40 cm,
Privatbesitz

A 081 b
„hall in tirol", 1928,
Aquarell auf Papier,
49 × 33,5 cm,
sign. u. dat.: Egon Wilden 28,
Kunstmuseum Ahlen

A 082
Park mit Haus, 1929,
Aquarell auf Papier,
30 × 40 cm,
sign. u. dat.: Egon Wilden 29,
Privatbesitz

A 083
Schilflandschaft, 1929,
Aquarell auf Papier,
30 × 40 cm,
sign. u. dat.: Egon Wilden 29,
Privatbesitz

A 084
Tannen, o. J.,
Aquarell auf Papier,
29 × 20 cm,
sign.: Egon Wilden,
Privatbesitz

A 085
Fichten am Bach, o. J.,
Aquarell auf Papier,
29 × 22 cm,
Privatbesitz

A 086
Sonnenuntergang, o. J.,
Aquarell auf Papier,
23 × 29,5 cm,
sign.: Egon Wilden,
Privatbesitz

A 087
Gehöft am Bach, o. J.,
Aquarell auf Papier,
28 × 23 cm,
Privatbesitz

A 088
Kathedrale von Beauvais, 1929,
Aquarell auf Papier,
58,5 × 48,5 cm,
sign. u. dat.: Egon Wilden 29,
Privatbesitz

A 089
Heuhaufen mit Gehöft
(unvollendet), o. J.,
Aquarell auf Papier,
51 × 63,5 cm,
Kunstmuseum Ahlen

A 090
Fluss mit Lastkähnen, o. J.,
Aquarell auf Papier,
25 × 35,5 cm,
Kunstmuseum Ahlen,
Taf. S. 117

A 091
Haus Diek, 1930,
Aquarell auf Papier,
26 × 32,5 cm,
sign. u. dat.: Egon Wilden 30,
Privatbesitz

A 092
Sonnenuntergang im Schwarzwald, o. J.,
Aquarell auf Papier,
23,5 × 30 cm, gewidm.:
Für Schorsch von Egon,
Kunstmuseum Ahlen

A 093
Morgens in der Stadt, o. J.,
Aquarell, Tusche auf Papier,
24 × 16 cm,
Kunstmuseum Ahlen,
Taf. S. 124

A 094
Berglandschaft, o. J.,
Aquarell auf Papier,
29 × 22 cm,
Privatbesitz

Werkverzeichnis | Aquarelle

A 095
„weihnacht", o. J.,
Aquarell auf Papier,
31 × 23 cm,
sign.: Egon Wilden,
Privatbesitz

A 096
Dorfstraße mit Bäumen, 1930,
Aquarell auf Papier,
34 × 27 cm,
sign. u. dat.: Egon Wilden 30,
Privatbesitz

A 097
Stolz Haus, o. J.,
Aquarell auf Papier,
22 × 28 cm,
Privatbesitz

A 098
Baumgruppe I, o. J.,
Aquarell auf Papier,
28 × 22 cm,
Privatbesitz

A 099
Moorland mit Gehöft, o. J.,
Aquarell auf Papier,
40 × 45 cm,
Kunstmuseum Ahlen

A 100
Haus im Wald bei Dinklage,
1930, Aquarell auf Papier,
37,5 × 45,8 cm,
sign. u. dat.: Egon Wilden 30,
Privatbesitz

A 101
Gehöft in Dinklage, o. J.,
Aquarell auf Papier,
37,5 × 45,5 cm,
sign.: Egon Wilden,
bez.: N° 9 rhein. Sezession,
Kunstmuseum Ahlen,
Taf. S. 113

Werkverzeichnis | Aquarelle

A 102
Haus am Moor, 1930,
Aquarell, Tusche auf Papier,
27 × 34 cm,
sign. u. dat.: Egon Wilden 30,
Privatbesitz

A 103
Gehöft mit grasendem Schimmel, 1930,
Aquarell auf Papier,
37 × 45 cm,
sign. u. dat.: Egon Wilden 30,
Privatbesitz

A 104
Baumgruppe am Weg, o. J.,
Aquarell auf Papier,
35 × 25 cm,
sign.: Egon Wilden,
Privatbesitz

A 105
Pillen Haus bei Sonne, 1930,
Aquarell auf Papier,
37 × 45 cm, sign. u. dat.:
Egon Wilden 11. III. 30,
gewidm.: s. l. Bernhard,
Privatbesitz

A 106
Pillen Haus mit drei Bäumen,
o. J., Aquarell auf Papier,
33 × 24 cm,
Privatbesitz

A 107
Pillen Haus mit vier Bäumen,
o. J., Aquarell auf Papier,
33 × 25 cm,
Privatbesitz

A 108
Pillen Haus mit zwei Bäumen,
o. J., Aquarell auf Papier,
33 × 24 cm,
Privatbesitz

Werkverzeichnis | Aquarelle

A 109
Pillen Haus / Baumgruppe am Teich, 1930,
Aquarell auf Papier,
35 × 27 cm, sign. u. dat.:
Egon Wilden 11. III. 30,
gewidm.: s. l. Bernhard,
Privatbesitz

A 110 a
Dorfweg mit kahler Birke,
1930, Aquarell, Tusche
auf Papier, 27 × 30 cm,
sign. u. dat.: Egon Wilden 30,
Privatbesitz

A 110 b
Dorfstraße am Waldrand, 1930,
Aquarell, Tusche auf Papier,
38 × 46 cm,
sign. u. dat.: Egon Wilden 30,
Privatbesitz

A 111
Hooks Haus, o. J.,
Aquarell auf Papier,
49 × 37 cm,
sign.: Egon Wilden,
Privatbesitz

A 112 a
Auf dem Feld I, 1930,
Aquarell auf Papier,
27 × 36 cm,
sign. u. dat.: Egon Wilden 30,
Privatbesitz,
Taf. S. 105

A 112 b
Auf dem Feld II, 1930,
Aquarell auf Papier,
26 × 32,5 cm,
sign. u. dat.: Egon Wilden 30,
Privatbesitz

A 113
Fluss mit Brücke, o. J.,
Aquarell auf Papier,
23 × 29,5 cm,
Kunstmuseum Ahlen,
Taf. S. 119

Werkverzeichnis | Aquarelle

A 114
Ufer am Niederrhein, o. J.,
Aquarell auf Papier
mit Tusche konturiert,
35,5 × 27 cm,
Kunstmuseum Ahlen

A 115
Stadt am Fluss II, 1930,
Aquarell, Kohle auf Papier,
34 × 45 cm, sign. u. dat.:
Egon Wilden Nov 30,
gewidm.: s. l. Hedwischke,
Privatbesitz

A 116
Baumgruppe mit Holzstoß, o. J.,
Aquarell auf Papier,
34 × 25 cm,
sign.: Egon Wilden, o. O.,
o. Abb.

A 117
Gehöft am Waldrand, 1930,
Aquarell auf Papier,
34 × 40,5 cm,
sign. u. dat.: Egon Wilden X 30,
Privatbesitz

A 118
Hooks Haus mit Umgebung,
1930, Aquarell auf Papier,
38 × 40 cm,
sign. u. dat.: Egon Wilden X 30,
Privatbesitz

A 119
Döthmanns Heuerhaus, 1930,
Aquarell auf Papier,
40 × 33 cm,
sign. u. dat.: Egon Wilden X 30,
Privatbesitz

A 120
Straße in Brockdorf, 1930,
Aquarell auf Papier,
33 × 40 cm,
sign. u. dat.: Egon Wilden X 30,
Privatbesitz,
Taf. S. 109

A 121
Windmühle in Brockdorf, 1930,
Aquarell auf Papier,
40 × 33 cm,
sign. u. dat.: Egon Wilden X
1930, Privatbesitz

Werkverzeichnis | Aquarelle

A 122
Drei Bäume, o. J.,
Aquarell auf Papier,
33 × 24 cm,
Privatbesitz

A 123
Wassermühle, ca. 1930,
Aquarell auf Papier,
40 × 34 cm,
Privatbesitz,
Abb. S. 64

A 124
Zwei grasende Pferde vor Baumgruppe, 1930,
Aquarell auf Papier,
34 × 41 cm,
sign. u. dat.: Egon Wilden 30,
Privatbesitz,
Abb. S. 30

A 125
Pillen Haus mit Herbstsonne,
1930, Aquarell auf Papier,
35,5 × 26,5 cm,
sign. u. dat.: Egon Wilden 30,
Privatbesitz

A 126
„hof in oldenburg", ca. 1930,
Aquarell auf Papier,
34 × 41 cm,
sign.: Egon Wilden,
Privatbesitz

A 127
Birken am Wegrand, 1930,
Aquarell auf Papier,
36 × 27 cm,
sign. u. dat.: Egon Wilden 30,
Privatbesitz

A 128
„N° herbstwald", ca. 1930,
Aquarell auf Papier,
34 × 41 cm,
sign.: Egon Wilden
bez.: rhein. Sezession,
Privatbesitz,
Abb. S. 33

Werkverzeichnis | Aquarelle

A 129
Gewitterlandschaft, ca. 1930,
Aquarell auf Papier,
47,2 × 35,5 cm,
sign.: Egon Wilden,
Privatbesitz

A 130
Wald mit blauen Blumen, ca.
1930, Aquarell auf Papier,
41 × 34 cm,
Privatbesitz

A 131
Garten mit weißem Zaun, o. J.,
Aquarell, Pastell,
Deckweiß auf Papier,
49,5 × 36,5 cm,
Privatbesitz

A 132
Winter in Vossdiek, ca. 1930,
Aquarell auf Papier,
25,5 × 32,5 cm,
sign.: Egon Wilden,
Privatbesitz

A 133 a
Feldweg am Niederrhein, o. J.,
Aquarell auf Papier,
48 × 36 cm,
Kunstmuseum Ahlen

A 133 b
Rheinufer bei Düsseldorf, o. J.,
Aquarell auf Papier,
48 × 37 cm,
Privatbesitz

A 133 c
Schlepper an Niederrhein, o. J.,
Aquarell auf Papier,
45 × 33,4 cm,
Kunstmuseum Ahlen

Werkverzeichnis | Aquarelle

A 134 a
Unwetter am Rhein, o. J.,
Aquarell auf Papier,
18 × 27 cm,
Privatbesitz

A 134 b
Deichland, o. J.,
Aquarell auf Papier,
18,5 × 27 cm,
Privatbesitz

A 135
Rheinbrücke in Düsseldorf, o. J.,
Aquarell auf Papier,
38 × 29 cm, sign.: Egon Wilden,
Privatbesitz,
Taf. S. 140

A 137
Rathaus von Bremen, 1930,
Aquarell auf Papier,
40,5 × 33 cm,
sign. u. dat.: Egon Wilden 30,
Privatbesitz,
o. Abb.

A 136
Burgkapelle Dinklage, 1930,
Aquarell auf Papier, 38 × 33 cm,
sign. u. dat.: Egon Wilden X 30,
gewidm.: s. l. Bernhard,
Privatbesitz,
Abb. S. 18

A 138
Hafen in Bremen, ca. 1930,
Aquarell auf Papier,
41 × 34 cm,
Privatbesitz

Werkverzeichnis | Aquarelle

A 139
„marburg", ca. 1930,
Aquarell auf Papier,
42 × 34 cm,
sign.: Egon Wilden,
Privatbesitz

A 140
Schloss Marburg, ca. 1930,
Aquarell auf Papier,
48 × 39 cm,
sign.: Egon Wilden,
Privatbesitz

A 141
„marburg-schloßweg", 1930,
Aquarell auf Papier,
50 × 38,5 cm,
sign. u. dat.: Egon Wilden 30,
Privatbesitz

A 142
Freiburger Münster, o. J.,
Aquarell, Tusche auf Papier,
49,5 × 22,5 cm,
Kunstmuseum Ahlen

A 143
Stadt am Fluss mit Brücke, o. J.,
Aquarell, Kreide auf Papier,
45,5 × 44,5 cm,
Privatbesitz

A 144
Gehöft bei Dinklage, ca. 1930,
Aquarell, Tusche auf Papier,
37,4 × 45,6 cm,
bez.: N° 9 rheinische Sezession,
Privatbesitz,
Abb. S. 34

A 145
Aumanns Haus, ca. 1930,
Aquarell auf Papier,
33 × 40 cm,
gewidm.: s. l. bernhard,
Privatbesitz

Werkverzeichnis | Aquarelle

A 146
Baumgruppe II, 1930,
Aquarell, Tusche auf Papier,
41 × 34 cm,
sign. u. dat.: Egon Wilden X 30,
Kunstmuseum Ahlen

A 147
Ast- und Wurzelwerk, o. J.,
Aquarell, Tusche auf Papier,
51 × 44,5 cm,
Kunstmuseum Ahlen

A 148
Laubbäume, o. J.,
Aquarell auf Papier,
35,5 × 27 cm,
Kunstmuseum Ahlen

A 149
Waldinneres, 1930,
Aquarell auf Papier,
48,5 × 38 cm,
sign. u. dat.: Egon Wilden X 30,
Privatbesitz

A 150
Waldweg III, ca. 1930,
Aquarell auf Papier,
41 × 34 cm,
Privatbesitz

A 151
Bunter Wald, ca. 1930,
Aquarell auf Papier,
41 × 34 cm,
sign.: Egon Wilden,
Privatbesitz

A 152
Obstbaum, ca. 1930,
Aquarell auf Papier,
34 × 40,5 cm,
Kunstmuseum Ahlen,
Taf. S. 115

A 153
Waldweg im Sonnenlicht I, o. J.,
Aquarell auf Papier,
49 × 36 cm,
Kunstmuseum Ahlen

Werkverzeichnis | Aquarelle

A 154
Waldweg im Sonnenlicht II, o. J.,
Aquarell auf Papier,
46,5 × 36,5 cm,
Kunstmuseum Ahlen

A 155
Sonne im Herbst, o. J.,
Aquarell auf Papier,
41 × 33,5 cm,
Kunstmuseum Ahlen,
Abb. S. 65

A 156
Sonnenuntergang im Winter, o. J.,
Aquarell auf Papier,
38 × 29 cm,
Kunstmuseum Ahlen

A 157
Küpersgarten in Ahlen, o. J.,
Aquarell auf Papier,
45,5 × 33,5 cm, o. O.,
o. Abb.

A 158
Birken und Blumen, 1931,
Aquarell auf Papier,
49,7 × 36,6 cm,
sign. u. dat.: Egon Wilden 31,
Privatbesitz

A 159
Mühle (Worksdorf bei Vossdiek), 1931, Aquarell
auf Papier, 40 × 33 cm,
sign. u. dat.: Egon Wilden
ostern 31, gewidm.: s. l. willem,
Privatbesitz

A 160
Urwald, o. J.,
Aquarell auf Papier,
44,5 × 36 cm,
Kunstmuseum Ahlen,
Taf. S. 110

A 161
Brunnen im Garten der Familie Küper, o. J.,
Aquarell auf Papier,
45 × 36,5 cm,
Kunstmuseum Ahlen,
Taf. S. 14

Werkverzeichnis | Aquarelle

A 162
Garten der Familie Küper, o. J.,
Aquarell auf Papier,
45,5 × 37,5 cm,
Kunstmuseum Ahlen

A 163
Kaffeegarten am Rheinufer in Düsseldorf, ca. 1931,
Aquarell auf Papier,
48 × 61 cm, Privatbesitz,
Abb. S. 16

A 164
Raddampfer und Segelboot auf dem Niederrhein, o. J.,
Aquarell auf Papier,
45,5 × 33,5 cm,
Kunstmuseum Ahlen

A 165
Haus Küper in Ahlen, o. J.,
Aquarell auf Papier,
60 × 71 cm,
Kunstmuseum Ahlen,
Taf. S. 14

A 166
21 Aquarelle für die Fordwerke in Köln, ca. 1931,
Aquarell auf Papier,
ohne Maße,
sign.: Egon Wilden, o. O.,
o. Abb.

A 167
Geranien, o. J.,
Aquarell auf Papier,
36 × 24 cm,
Kunstmuseum Ahlen,
Taf. S. 101

A 168
Sonnenblumen in Glasvase, o. J.,
Aquarell auf Papier,
41 × 32 cm,
Kunstmuseum Ahlen

A 169
Dahlien in Glasvase auf Holztisch, o. J.,
Aquarell auf Papier,
50 × 36,5 cm,
Kunstmuseum Ahlen

Werkverzeichnis | Aquarelle

A 170
Königin der Nacht, ca. 1931,
Aquarell auf Papier,
34,5 × 25,5 cm,
sign.: Egon Wilden,
Kunstmuseum Ahlen,
Taf. S. 100

A 171
Stilleben mit Kanne und Schere, o. J.,
Aquarell auf Papier,
17,5 × 12 cm,
o. O.

A 172
Schnitter, o. J.,
Aquarell auf Papier,
37 × 27,5 cm,
Kunstmuseum Ahlen,
Taf. S. 91

A 173
Frühling (Medaillon), 1918,
Aquarell auf Papier,
23 × 23 cm,
sign. u. dat.: Egon Wilden 18,
Kunstmuseum Ahlen

A 174
Herbst (Medaillon), 1918,
Aquarell auf Papier,
24 × 24 cm,
sign. u. dat.: Egon Wilden 18,
Kunstmuseum Ahlen

A 175
Paar im Grünen, 1919,
Aquarell auf Papier,
18,5 × 17 cm,
dat.: Ims 10. VI. 19,
Privatbesitz

A 176
Pfingsten I, 1919,
Aquarell auf Papier,
34,5 × 26 cm,
sign. u. dat.: Egon Wilden 19,
Kunstmuseum Ahlen

A 177
Urteil des Paris, o. J.,
Aquarell auf Papier,
28,5 × 36 cm,
Kunstmuseum Ahlen

Werkverzeichnis | Aquarelle

A 178
Mann, eine Frau aufhebend, o. J.,
Aquarell auf Papier,
32 × 19 cm,
Kunstmuseum Ahlen

A 179
Erschaffung der Eva, o. J.,
Aquarell auf Papier,
25,5 × 32,5 cm,
sign.: Egon Wilden,
Kunstmuseum Ahlen

A 180
Kain und Abel, o. J.,
Aquarell auf Papier,
35,5 × 26 cm,
Kunstmuseum Ahlen

A 181
Beieinandersitzende, o. J.,
Aquarell auf Papier,
29 × 23 cm,
Kunstmuseum Ahlen,
Taf. S. 138

A 182
Zwei Frauen am Meer, o. J.,
Aquarell auf Papier,
25,5 × 31 cm,
sign.: Egon Wilden,
Kunstmuseum Ahlen

A 183
Zwei Frauen und ein Mann I, o. J.,
Aquarell auf Papier,
33,5 × 24,5 cm,
Kunstmuseum Ahlen,
Taf. S. 90

A 184
Zwei Frauen und ein Mann II, o. J.,
Aquarell auf Papier,
33,5 × 24,5 cm,
Kunstmuseum Ahlen

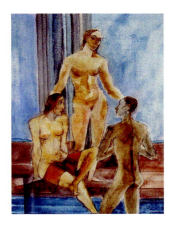

Werkverzeichnis | Aquarelle

A 185
Abwehr und Zuneigung, o. J.,
Aquarell auf Papier,
34,5 × 41,5 cm,
Kunstmuseum Ahlen

A 186
Zwei Frauen und ein Mann III,
o. J., Aquarell auf Papier,
40 × 28,5 cm,
Kunstmuseum Ahlen

A 187
Das Gespräch, o. J.,
Aquarell auf Papier,
35,5 × 26,5 cm,
sign.: Egon Wilden,
Kunstmuseum Ahlen

A 188
Stunde des Pan, o. J.,
Aquarell auf Papier,
26,5 × 35,5 cm,
Kunstmuseum Ahlen

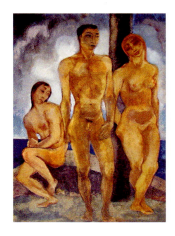
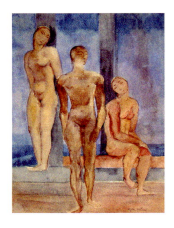

A 189
Geiger, o. J.,
Aquarell auf Papier,
49 × 38 cm,
Kunstmuseum Ahlen

A 190
Zwei Frauen und ein Mann IV, o. J.,
Aquarell auf Papier,
44,4 × 27,6 cm,
Kunstmuseum Ahlen

A 191
Zwei Frauen und ein Mann V, o. J.,
Aquarell auf Papier,
39,5 × 29 cm,
Kunstmuseum Ahlen

A 192
Das Martyrium des Heiligen Sebastian, o. J.,
Aquarell auf Papier,
42 × 31 cm,
Kunstmuseum Ahlen

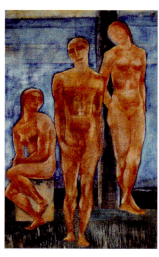

A 193
Christus auf dem See Genezareth, o. J.,
Aquarell auf Papier,
42 × 31 cm,
Privatbesitz

A 194
Tod der Geliebten, o. J.,
Aquarell auf Papier,
30 × 24 cm,
sign.: Egon Wilden,
Kunstmuseum Ahlen

A 195
Annährung, o. J.,
Aquarell, Tinte auf Papier,
17,5 × 24,5 cm.
Kunstmuseum Ahlen

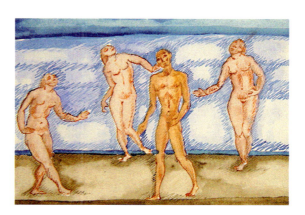

A 196
Begegnung mit dem Engel, o. J.,
Aquarell auf Papier,
40 × 26 cm, sign.: Egon Wilden,
Kunstmuseum Ahlen

A 197
Tänzerin mit rotem Haar, o. J.,
Aquarell auf Papier,
24 × 17 cm,
sign.: Egon Wilden,
Privatbesitz,
Taf. S. 93

A 198
Akt mit blauer Kappe, o. J.,
Aquarell, Tinte, Bleistift
auf Papier, 32,5 × 18 cm,
sign.: Egon Wilden,
Privatbesitz

A 199
Tanz, o. J.,
Aquarell auf Papier,
32 × 17,5 cm,
sign.: Egon Wilden,
Kunstmuseum Ahlen

Werkverzeichnis | Aquarelle

A 200
Badende am Strand, o. J.,
Aquarell auf Papier,
34 × 48,5 cm,
sign.: Egon Wilden,
Kunstmuseum Ahlen,
Taf. S. 89

A 201
Frau auf blauem Tuch, o. J.,
Aquarell auf Papier,
29 × 18 cm,
sign.: Egon Wilden,
Kunstmuseum Ahlen,
Taf. S. 81

A 202
Tanz – drei Personen, o. J.,
Aquarell auf Papier,
28,5 × 39 cm,
Kunstmuseum Ahlen

A 203
Tanzende Mädchen, o. J.,
Aquarell auf Papier,
26,6 × 35 cm,
Kunstmuseum Ahlen,
Taf. S. 87

A 204
Galantes Spiel, o. J.,
Aquarell auf Papier,
26,5 × 35,5 cm,
Kunstmuseum Ahlen,
Taf. S. 86

A 205
Kampf gegen das Ungewisse,
o. J., Aquarell, Tusche, Kreide
auf Papier,
28,8 × 35,5 cm,
Kunstmuseum Ahlen
Taf. S. 129

Werkverzeichnis | Aquarelle

A 206
Jünglinge, o. J.,
Aquarell auf Papier,
40 × 29 cm,
sign.: Egon Wilden,
Privatbesitz,
o. Abb.

A 207
Berggeister, 1920,
Aquarell auf Papier,
24 × 30,5 cm,
sign. u. dat.: Egon Wilden 20,
Kunstmuseum Ahlen

A 208
Trauer, 1920,
Aquarell, Tinte auf Papier,
31,5 × 23,5 cm,
sign. u. dat.: Egon Wilden 20,
Kunstmuseum Ahlen

A 210
„nähe des todes an Georg Trakl", o. J.,
Aquarell auf Papier,
24,5 × 33 cm,
sign.: Egon Wilden,
Kunstmuseum Ahlen

A 209
Traum, o. J.,
Aquarell auf Papier,
30 × 41 cm,
sign.: Egon Wilden,
Privatbesitz,
o. Abb.

A 211
Pfingsten II, 1920,
Aquarell, Tusche auf Papier,
33 × 24 cm, sign. u. dat.:
Egon Wilden pfingsten 20,
gewidm.: für Hedwig,
Privatbesitz

A 212
Qual, o. J.,
Aquarell auf Papier,
17,6 × 12,5 cm,
sign.: Egon Wilden,
Privatbesitz

A 213
Erleuchtung I, o. J.,
Aquarell auf Papier,
31,5 × 24 cm,
sign.: Egon Wilden,
Kunstmuseum Ahlen

A 214
Erleuchtung II, o. J.,
Aquarell auf Papier,
23,5 × 31,5 cm,
sign.: Egon Wilden,
Kunstmuseum Ahlen

Werkverzeichnis | Aquarelle

A 215
Verwirrung, o. J.,
Aquarell, Kreide, Bleistift
auf Papier, 23,5 × 27,5 cm,
sign.: Egon Wilden,
Kunstmuseum Ahlen,
Taf. S. 126

A 216
Einsamkeit, o. J.,
Aquarell, Kohle, Bleistift
auf Papier, 23 × 30 cm,
Kunstmuseum Ahlen,
Taf. S. 131

A 217
Maler im Atelier, o. J.,
Aquarell auf Papier,
23 × 21 cm,
Kunstmuseum Ahlen,
Taf. S. 127

A 218
Tänzerinnen, o. J.,
Aquarell auf Papier,
16,5 × 12 cm, sign.: Egon Wilden,
Privatbesitz,
o. Abb.

A 219
Anbetung der Könige I, o. J.,
Aquarell auf Papier,
36,5 × 49 cm,
Kunstmuseum Ahlen

A 220
Anbetung der Könige II, o. J.,
Aquarell auf Papier,
36,5 × 49 cm,
Kunstmuseum Ahlen

A 221
Kreuzabnahme, o. J.,
Aquarell auf Papier,
48,5 × 36,5 cm,
Kunstmuseum Ahlen

A 222
Straßenmusikant, o. J.,
Aquarell auf Papier,
34,5 × 27 cm,
Kunstmuseum Ahlen

Werkverzeichnis | Aquarelle

A 223
Liebespaar im Gebirge, o. J.,
Aquarell auf Papier,
28,5 × 39 cm,
Kunstmuseum Ahlen

A 224
Zuneigung, o. J.,
Aquarell auf Papier,
25 × 18 cm,
Kunstmuseum Ahlen

A 225
Zwei Frauen, eine vor dem Spiegel, o. J.,
Aquarell, Bleistift mit Deckweiß auf Papier,
36 × 30 cm, Privatbesitz,
Taf. S. 139

A 226
Trio, o. J.,
Aquarell, Tusche,
Bleistift auf Papier,
27 × 18,2 cm, sign.: Wilden,
Privatbesitz

A 227
Tänzerin mit Pierrot und Harlekin I, o. J.,
Aquarell auf Papier,
25 × 34 cm,
Privatbesitz
Taf. S. 69,
vgl. A 317 a/b, S. 214

A 228
Pierrot mit Cello
(unvollendet), o. J.,
Aquarell auf Papier,
17,5 × 12 cm,
o. O.

A 229
Pierrot, o. J.,
Aquarell auf Papier,
16,5 × 12 cm,
Privatbesitz,
o. Abb.

A 230
Masken, o. J.,
Aquarell auf Papier,
17 × 12 cm,
Privatbesitz

A 231
Engel vom Isenheimer Altar,
1924,
Aquarell auf Papier,
18 × 14 cm,
sign. u. dat.: E. pfingsten 1924,
o. O., *o. Abb.*

Werkverzeichnis | Aquarelle

A 232
Musikanten und Tänzerin, o. J.,
Aquarell, Bleistift auf Papier,
45,5 × 37 cm,
Kunstmuseum Ahlen

A 233
Quartett, o. J.,
Aquarell, Tusche auf Papier,
28 × 40 cm,
Kunstmuseum Ahlen

A 234
Vergänglich, o. J.,
Aquarell, Tusche auf Papier,
29 × 18 cm,
sign.: Egon Wilden,
Kunstmuseum Ahlen

A 236
„Na, wie isses?"
(unvollendet), o. J.,
Aquarell auf Papier,
40 × 29 cm,
Kunstmuseum Ahlen

A 237
Nach dem Auftritt, o. J.,
Aquarell auf Papier,
35,5 × 27 cm,
Kunstmuseum Ahlen

A 235
Schöner Gigolo, o. J.,
Aquarell, Tusche auf Papier,
32 × 24 cm,
Kunstmuseum Ahlen

Werkverzeichnis | Aquarelle

A 238
Auftritt der Stars (Skizze), o. J.,
Aquarell, Bleistift auf Papier,
45,5 × 38 cm,
Kunstmuseum Ahlen

A 239
Auftritt der Stars, o. J.,
Aquarell, Bleistift auf Papier,
59,6 × 47,6 cm,
Privatbesitz

A 240
Harlekin, Musiker und Tänzerin, 1926,
Aquarell auf Papier,
41 × 27,5 cm,
sign. u. dat.: Egon Wilden 26,
Kunstmuseum Ahlen

A 241 a
Lebensweg (Entwurf), o. J.,
Aquarell auf Papier,
24 × 32 cm,
Kunstmuseum Ahlen

A 241 b
Lebensweg, o. J.,
Aquarell auf Papier,
24 × 32 cm,
Kunstmuseum Ahlen

A 242
Weiblicher Akt I, o. J.,
Aquarell, Tusche auf Papier,
37,5 × 23,5 cm,
Kunstmuseum Ahlen

A 243
Zwei weibliche Akte, o. J.,
Aquarell auf Papier,
36 × 26 cm,
Privatbesitz

A 244
Schreitender weiblicher Akt, o. J.,
Aquarell auf Papier,
41 × 28 cm,
Privatbesitz

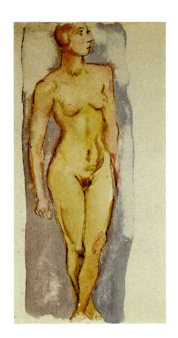

Werkverzeichnis | Aquarelle

A 245
Nackte Groteske, o. J.,
Aquarell auf Papier,
bez.: „Die höhen werden nur erfahren, die auch im abgrund heimisch waren",
32 × 24 cm,
Privatbesitz

A 246
Eifersucht, o. J.,
Aquarell auf Papier,
33 × 23,6 cm,
sign.: Egon Widen,
Kunstmuseum Ahlen

A 247
Weiblicher Akt II, o. J.,
Aquarell auf Papier,
39,5 × 29 cm,
Kunstmuseum Ahlen

A 248
Zwei Frauen, o. J.,
Aquarell auf Papier,
33,5 × 23,5 cm,
Kunstmuseum Ahlen

A 249
Der Reigen, o. J.,
Aquarell auf Papier,
36 × 33 cm,
sign.: Egon Wilden,
Kunstmuseum Ahlen

A 250
Werbung, o. J.,
Aquarell auf Papier,
31 × 27 cm,
Kunstmuseum Ahlen

A 251
Stehende Frau, o. J.,
Aquarell auf Papier,
36,5 × 27 cm,
Kunstmuseum Ahlen

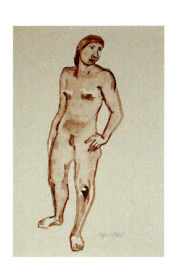

A 252
Das Liebespaar, o. J.,
Aquarell auf Papier,
31 × 27 cm,
sign.: Egon Wilden,
Kunstmuseum Ahlen

Werkverzeichnis | Aquarelle

A 253
Liegender weiblicher Akt, o. J.,
Aquarell auf Papier,
19,5 × 49 cm,
Kunstmuseum Ahlen

A 254
Stehender weiblicher Akt, o. J.,
Aquarell auf Papier,
47 × 32 cm,
Kunstmuseum Ahlen

A 255
Tänzerin, o. J.,
Aquarell auf Papier,
16 × 11 cm,
Privatbesitz,
Taf. S. 83

A 257
Drei Akte, o. J.,
Aquarell auf Papier,
30,3 × 29,2 cm,
Privatbesitz

A 258
Nach dem Bade, o. J.,
Aquarell auf Papier,
36 × 25,5 cm,
Kunstmuseum Ahlen

A 256
Drei Frauen und ein Mann, o. J.,
Aquarell auf Papier,
47 × 31 cm, sign.: Wilden,
Privatbesitz

Werkverzeichnis | Aquarelle

A 259
„mann mit frauen", o. J.,
Aquarell auf Papier,
48,5 × 33 cm,
sign.: Egon Wilden,
Kunstmuseum Ahlen

A 260
„akt" (Weiblicher Akt mit Stuhl und Waschschüssel), o. J.,
Aquarell auf Papier,
35,5 × 24 cm,
sign.: Egon Wilden,
Kunstmuseum Ahlen

A 261
„akt" (Weiblicher Akt am Fenster), o. J.,
Aquarell auf Papier,
35,8 × 24 cm,
sign.: Egon Wilden,
Kunstmuseum Ahlen

A 262
Schreitender weiblicher Akt, o. J.,
Aquarell auf Papier,
50 × 40 cm,
Kunstmuseum Ahlen

A 263
Weiblicher Akt III, o. J.,
Aquarell auf Papier,
32 × 22 cm,
sign.: Egon Wilden,
Privatbesitz

A 264 a
Drei Frauen vor Architektur
(braun), o. J.,
Aquarell, Tusche auf Papier,
40 × 33 cm,
Privatbesitz

A 264 b
Drei Frauen vor Architektur
(blau), o. J.,
Aquarell, Tusche auf Papier,
41 × 33 cm,
Privatbesitz,
Taf. S. 137

Werkverzeichnis | Aquarelle

A 265
Junge Mädchen im Bad, 1929,
Aquarell auf Papier,
64 × 50 cm,
sign.: Egon Wilden 29,
Kunstmuseum Ahlen

A 266
Frauenakt frontal, o. J.,
Aquarell auf Papier,
47 × 31 cm,
Privatbesitz

A 267
Frauenakt von hinten, o. J.,
Aquarell auf Papier,
41 × 24 cm,
Privatbesitz

A 268 a
Dreiergruppe, o. J.,
Aquarell auf Papier,
36 × 38 cm,
Privatbesitz

A 268 b
Drei Grazien, ca. 1925,
Aquarell auf Papier,
29 × 24 cm,
Privatbesitz

A 269
Arbeitslos, o. J.,
Aquarell auf Papier,
40,7 × 28,2 cm,
Kunstmuseum Ahlen,
Abb. S. 26

A 270
Sechs Fußballspieler, o. J.,
Aquarell auf Papier,
51 × 36 cm,
Kunstmuseum Ahlen

Werkverzeichnis | Aquarelle

A 271
Drei Fußballspieler I, o. J.,
Aquarell auf Papier,
49,5 × 38 cm,
Kunstmuseum Ahlen

A 272
Vier Fußballspieler I, o. J.,
Aquarell auf Papier,
51 × 35,5 cm,
Kunstmuseum Ahlen

A 273
Vier Fußballspieler II, o. J.,
Aquarell auf Papier,
49 × 61 cm,
Kunstmuseum Ahlen
Taf. S. 136

A 274
Drei Fußballspieler II, o. J.,
Aquarell auf Papier,
49,5 × 38 cm, Privatbesitz

A 275
**Die Lippischen Schützen,
sechsteiliger humoristischer Bilderzyklus,** 1931,
Aquarell, mit Tusche konturiert auf Papier,
6 Blätter à 24 × 34 cm, gewidm.: für das lippöpp
vome gockel zum 15. II. 31, Privatbesitz

Werkverzeichnis | Aquarelle

A 276
Kopfstudie, o. J.,
Aquarell auf Papier,
31 × 21 cm,
Kunstmuseum Ahlen

A 277
**Porträt des Schauspielers
Matthias Walden,** o. J.,
Aquarell auf Papier,
23 × 15 cm, sign.: Egon Wilden,
Kunstmuseum Ahlen

A 278
**Porträt eines unbekannten
Schauspielers,** o. J.,
Aquarell, Bleistift auf Papier,
40 × 30 cm,
Kunstmuseum Ahlen,
Taf. S. 78

A 279
Porträt Paula Wulfers, o. J.,
Aquarell auf Papier,
31 × 24 cm,
Privatbesitz

A 280
Porträt Joachim Ringelnatz,
o. J., Aquarell auf Papier,
29,5 × 25,5 cm, sign.: Wilden,
Kunstmuseum Ahlen,
Taf. S. 79

A 281
Frau mit rotem Haar, o. J.,
Aquarell auf Papier,
65 × 49 cm,
Kunstmuseum Ahlen,
Taf. S. 79

A 282
Porträt Ilsabe Diek, o. J.,
Aquarell auf Papier,
35 × 26 cm,
Kunstmuseum Ahlen

Werkverzeichnis | Aquarelle

A 283
Selbstporträt I, o. J.,
Aquarell, Kreide auf Papier,
40 × 28,5 cm,
Kunstmuseum Ahlen

A 284
Selbstporträt II, 1919,
Aquarell auf Papier,
25 × 15 cm,
sign. u. dat.: Egon Wilden
19. Mai 19,
o. O.

A 285
Selbstporträt III, 1923,
Aquarell auf Papier,
25 × 17 cm, sign. u. bez.:
Egon Wilden bilder für (?) 23,
Privatbesitz,
Taf. S. 77

A 286
Selbstporträt mit Fliege, o. J.,
Aquarell auf Papier,
31 × 24 cm,
sign.: Egon Wilden,
Privatbesitz

A 287
Selbstbildnis (Karikatur) als Geburtstagsgruß, o. J.,
Aquarell auf Papier,
32 × 24 cm,
Privatbesitz

Werkverzeichnis | Aquarelle

A 288
Komposition mit Diagonalen,
ca. 1923/24,
Aquarell auf Papier,
12 × 8,5 cm, sign.: E.,
Privatbesitz

A 289 a
„abstrakt no 2", 1923,
Aquarell auf Papier,
17,8 × 12,2 cm,
sign. u. dat.: EWi 1923,
Privatbesitz

A 289 b
Komposition no 3, 1923,
Aquarell auf Papier,
14 × 10,5 cm,
sign. u. dat.: 23 EWi,
Privatbesitz,
Taf. S. 56

A 290
Abstrakte Komposition,
ca. 1923/24,
Aquarell auf Papier,
24,7 × 14,7 cm,
Privatbesitz,
Taf. S. 94

A 291
Auftauchende Halbkreise,
ca. 1923/24,
Aquarell auf Papier,
24,5 × 13,5 cm,
Privatbesitz,
Taf. S. 94

A 292
Komposition mit Orthogonalen / „no.5", ca. 1923/24,
Aquarell auf Papier,
14 × 10,5 cm, sign.: E. Wi,
Privatbesitz

A 293
„abstrakt no 6", 1923,
Aquarell auf Papier,
12,3 × 17,8 cm,
sign. u. dat.: EWi 23,
Privatbesitz

Werkverzeichnis | Aquarelle

A 294
Kugel mit Schweif im Dunkel, ca. 1923/24,
Aquarell auf Papier,
24,5 × 19,5 cm,
Privatbesitz,
Taf. S. 94

A 295
Komposition mit Kreisen und Rechtecken, ca. 1923/24,
Aquarell, Bleistift auf Papier,
12,5 × 9 cm,
Kunstmuseum Ahlen,
Taf. S. 95

A 296
Liegende und Stehende, ca. 1923/24,
Aquarell, Bleistift auf Papier,
14 × 10,5 cm,
Privatbesitz

A 297
Stilblüte, ca. 1923/24,
Aquarell auf Papier,
18 × 12 cm,
Privatbesitz

A 298
Kreise mit Rohr und Rechtecken, ca. 1923/24,
Aquarell auf Papier,
18 × 12,3 cm,
sign.: Egon Wilden,
Privatbesitz

A 299
Komposition mit Rechtecken und Parabel- und Spitzbogenformen, ca. 1923/24,
Aquarell auf Papier,
16,5 × 11,5 cm, sign.: E,
Privatbesitz

A 300
Komposition „no 7", 1923,
Aquarell auf Papier,
12 × 18 cm, sign.: 23 EW,
Privatbesitz

Werkverzeichnis | Aquarelle

A 301
Komposition mit Scheiben,
ca. 1923/24,
Aquarell auf Papier,
9 × 12,5 cm, sign.: E,
Privatbesitz

A 302
Komposition mit Scheiben und Rechtecken, 1924,
Aquarell auf Papier,
12 × 9 cm,
sign. u. dat.: E 24,
Privatbesitz

A 303
Komposition mit spitzbogigen Lanzetten, 1924,
Aquarell auf Papier,
12 × 9 cm,
sign. u. dat.: E 24,
Privatbesitz

A 304
Komposition mit Dreieckselementen, 1924,
Aquarell auf Papier,
12 × 9 cm,
sign. u. dat.: E Pfingsten 24,
Privatbesitz

A 305
Komposition mit aufsteigenden Figuren, 1924,
Aquarell auf Papier, 8,5 × 12,5 cm,
sign. u. dat.: E 20. VII. 24,
Privatbesitz

A 306
Komposition Rechtecke, braun vor blau, 1924,
Aquarell auf Papier,
9 × 12,5 cm,
sign. u. dat.: E 24,
Privatbesitz

Werkverzeichnis | Aquarelle

A 307
Komposition mit schwarzen, gelben und violetten Rechtecken, ca. 1923/24,
Aquarell auf Papier,
18 × 12 cm,
Privatbesitz

A 308
Komposition aus Dreiecken vor schwarzen Rechteckselementen, ca. 1923/24,
Aquarell auf Papier,
12,5 × 17,5 cm,
Privatbesitz

A 309 a
Komposition mit Scheiben und Kreissegmenten, ca. 1923/24,
Aquarell auf Papier,
15,5 × 12 cm, sign.: E,
Privatbesitz

A 309 b
Graphische Zeichnung, o. J.,
Aquarell auf Papier,
16 × 10,5 cm,
sign.: E. Wilden,
Privatbesitz

A 310
„42. abstr. VIII", 1926,
Aquarell, Tinte auf Papier,
12,5 × 16 cm,
sign. u. dat.: E. W. 26,
Privatbesitz,
Taf. S. 94

A 311
„43. abstr. IX", ca. 1923/24,
Aquarell auf Papier,
23,5 × 28 cm,
Privatbesitz

A 312
Komposition aus Kreissegmenten / „44. abstr. X", ca. 1923/24, Aquarell auf Papier, 18 × 12,5 cm,
Privatbesitz

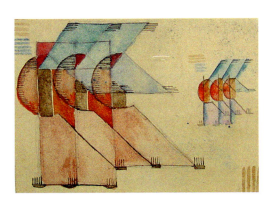

Werkverzeichnis | Aquarelle

A 313
Sechs Figuren, o. J.,
Aquarell auf Papier,
17 × 34,5 cm,
Privatbesitz

A 314 a
**Geometrische
Phantasie I,** o. J.,
Aquarell auf Papier,
32 × 14 cm, sign.: E. W.,
Privatbesitz

A 314 b
**Geometrische
Phantasie II,** o. J.,
Aquarell auf Papier,
32 × 14 cm,
Privatbesitz

A 315
**Formstudie mit rotem und
gelbem Kreis,** o. J.,
Aquarell auf Papier,
27,5 × 12 cm,
Kunstmuseum Ahlen

A 316
Komposition, 1926,
Aquarell auf Papier,
27,5 × 21 cm,
gewidm.: „Dies blatt zeichnete
für BRIGITTE KÜPER
egon zur taufe am 30. mai 1926",
Kunstmuseum Ahlen

A 317 a
Tänzerin mit Pierrot und Harlekin II, ca. 1920,
Aquarell auf Papier,
35,5 × 26,5 cm,
sign.: Egon Wilden, o. O.,
vgl. A 227, S. 199

A 317 b
Tänzerin mit Pierrot und Harlekin III, 1922,
Aquarell auf Papier,
39,5 × 29,5 cm,
sign.: Egon Wilden 22,
Privatbesitz

A 318
Vierergruppe mit violetter Tinte, o. J.,
Aquarell auf Papier,
27 × 35,5 cm,
o. O., *o. Abb.*

A 319
Vier Tanzende I, o. J.,
Aquarell auf Papier,
27 × 35,5 cm,
sign. Egon Wilden,
o. O., *o. Abb.*

A 320
Vier Tanzende II, o. J.,
Aquarell auf Papier,
26,7 × 36 cm,
sign.: Egon Wilden,
o. O., *o. Abb.*

A 321
„Tröstliches Stillleben",
1926, Aquarell auf Papier,
21,6 × 22,7 cm,
sign. u. dat.: E Weihnachten 1926,
o. O., *o. Abb.*

Werkverzeichnis | Aquarelle

A 322
Fünf Figuren vor kahlem Gestrüpp, o. J.,
Aquarell auf Papier,
22,5 × 29,5 cm,
sign. u. bez.: Zu Hermann v. Böttcher „die Liebe Gottes I",
auf der Rückseite mit Bleistift „Gräfin Matuschka",
Privatbesitz

A 323
Sitzender Mann und golemartige Figur, o. J.,
Aquarell auf Papier,
22,5 × 29,5 cm, sign. u. bez.: „die Liebe Gottes III",
Privatbesitz

A 324
Mann und Frau, o. J.,
Aquarell auf Papier,
22,5 × 29,5 cm,
sign. u. bez.: „die Liebe Gottes IV",
Privatbesitz

A 325
Doppeldecker und Berglandschaft, o. J.,
Aquarell auf Papier,
22,5 × 29,5 cm,
sign. u. bez.: „die Liebe Gottes XV",
Privatbesitz

Werkverzeichnis | Zeichnungen

Zeichnungen

Z 001
Der Garten, 1914,
Kreide auf Papier,
32 × 24 cm,
sign. u. dat.: Egon Wilden 14,
Kunstmuseum Ahlen,
Taf. S. 121

Z 002
Brunnen im Park, 1914,
Kreide auf Papier,
24 × 24 cm,
sign. u. dat.: Egon Wilden 1914,
Kunstmuseum Ahlen,
Taf. S. 120

Z 003
Obstgarten, o. J.,
Kreide auf Papier,
37 × 28 cm,
Kunstmuseum Ahlen

Z 004
Weiden am Fluss, o. J.,
Kreide auf Papier,
25 × 32 cm,
Kunstmuseum Ahlen,
Abb. S. 58

Z 005
Hafen I, o. J.,
Kohle auf Papier,
31,8 × 22,7 cm,
Kunstmuseum Ahlen,
Taf. S. 123

Z 006
Hafen mit Windmühle, o. J.,
Kohle auf Papier,
22,7 × 31,9 cm,
Kunstmuseum Ahlen

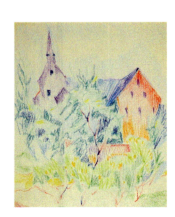

Werkverzeichnis | Zeichnungen

Z 007
Hafen II, o. J.,
Kohle auf Papier,
22,7 × 31,8 cm,
Kunstmuseum Ahlen

Z 008
Hafen mit Kirche, o. J.,
Kohle auf Papier,
22,7 × 31,9 cm,
Kunstmuseum Ahlen,
Taf. S. 122

Z 009
Bäume mit Gehöft, o. J.,
Kohle auf Papier,
23,4 × 30,7 cm,
Kunstmuseum Ahlen,

Z 010
Schiffe im Hafen bei Mondschein, o. J.,
Kohle auf Papier,
31,9 × 22,7 cm,
Kunstmuseum Ahlen

Z 011 a
Bäume vor der Stadt, o. J.,
Bleistift auf Papier,
21 × 15 cm,
sign.: Egon Wilden,
Kunstmuseum Ahlen

Z 011 b
Kirchengiebel, o. J.,
Bleistift auf Papier,
21 × 15 cm,
sign.: E. Wilden,
Privatbesitz

Z 011 c
Bäume vor Häusern I, o. J.,
Bleistift auf Papier,
21 × 15 cm,
Privatbesitz

Z 011 d
Bäume vor Häusern II, o. J.
Bleistift auf Papier,
21 × 15 cm,
sign.: E. Wilden,
Privatbesitz

Werkverzeichnis | Zeichnungen

Z 012
Vier Bäume mit Gebäuden, o. J.,
Pastell auf Papier,
15,5 × 11,2 cm,
sign.: Egon Wilden,
Kunstmuseum Ahlen

Z 013
Bäume am Fluss I, o. J.,
Pastell auf Papier,
34 × 24 cm,
sign.: Egon Wilden,
Kunstmuseum Ahlen

Z 014
Waldweg, o. J.,
Pastell auf Papier,
37,5 × 28 cm,
Kunstmuseum Ahlen

Z 015
Weiher, o. J.,
Kreide auf Papier,
37,5 × 27 cm,
Kunstmuseum Ahlen

Z 016
Tannen im Gebirge, o. J.,
Kreide auf Papier,
34,5 × 22,5 cm,
Kunstmuseum Ahlen

Z 017
Bäume am Fluss II, o. J.,
Kreide auf Papier,
44 × 30 cm,
Privatbesitz

Z 018
„Damm", o. J.,
Kreide, Aquarell auf Papier,
28,5 × 38 cm, sign.: Wilden,
Kunstmuseum Ahlen,
Taf. S. 111

Werkverzeichnis | Zeichnungen

Z 019
Blauer Wald, o. J.,
Kreide auf Papier,
33 × 25 cm,
sign.: Egon Wilden,
Privatbesitz

Z 020
Stilleben mit kannelierter Vase, 1923,
Pastell auf Papier,
41 × 30 cm,
sign. u. dat.: Egon Wilden 1923,
Privatbesitz

Z 021
Pierrots (Pierrot mit Frau / Pierrot mit Brief), 1913,
Tusche auf Papier,
23,5 × 30,5 cm, dat.: 1913,
Kunstmuseum Ahlen

Z 022
Heiliger Sebastian, 1914,
Rötel auf Papier
34 × 25,5 cm,
sign. u. dat.: Egon Wilden 14,
Kunstmuseum Ahlen

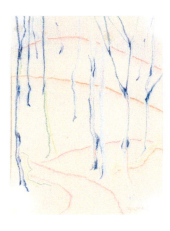

Z 023
Stehender männlicher Akt, o. J.,
Bleistift auf Papier,
48 × 34,5 cm,
Kunstmuseum Ahlen

Z 024
Männlicher Rückenakt stehend, o. J.,
Bleistift auf Papier,
48 × 30,5 cm,
Kunstmuseum Ahlen

Z 025 a
Gelagerter männlicher Akt I, o. J.,
Bleistift, Tusche auf Papier,
47 × 31,5 cm,
Kunstmuseum Ahlen

Z 025 b
Gelagerter männlicher Akt II, o. J.,
Bleistift auf Papier,
47 × 31,5 cm,
Kunstmuseum Ahlen

Werkverzeichnis | Zeichnungen

Z 026
Schreitender weiblicher Akt, o. J.,
Bleistift, Kreide auf Papier,
49 × 30 cm,
Kunstmuseum Ahlen

Z 027
Sitzender weiblicher Akt I, o. J.,
Bleistift auf Papier,
45,5 × 29 cm,
Kunstmuseum Ahlen

Z 028
Sitzender weiblicher Akt, sich entkleidend, o. J.,
Bleistift auf Papier,
40 × 30 cm,
Kunstmuseum Ahlen,
Abb. S. 60

Z 029
Sitzender weiblicher Akt II, o. J.,
Bleistift auf Papier,
45,2 × 29 cm,
Kunstmuseum Ahlen

Z 030
Stehender weiblicher Akt, sich entkleidend I, o. J.,
Bleistift auf Papier,
45,2 × 29 cm,
Kunstmuseum Ahlen

Z 031
Stehender weiblicher Akt, sich entkleidend II, o. J.,
Bleistift auf Papier,
45,2 × 29 cm,
Kunstmuseum Ahlen

Z 032
Stehender weiblicher Akt, sich stützend I, o. J.,
Bleistift auf Papier,
45,2 × 29 cm,
Kunstmuseum Ahlen

Z 033
Stehender weiblicher Akt, sich stützend II, o. J.,
Bleistift auf Papier,
45,2 × 29 cm,
Kunstmuseum Ahlen

Werkverzeichnis | Zeichnungen

Z 034
Stehender weiblicher Akt, sich stützend III, o. J.,
Bleistift auf Papier,
47,5 × 31,7 cm,
Kunstmuseum Ahlen

Z 035
Stehender weiblicher Akt I, o. J.,
Kreide auf Papier,
48,8 × 30,8 cm,
Kunstmuseum Ahlen

Z 036
Szene am Totenbett, o. J.,
Bleistift auf Papier,
35,5 × 26,5 cm,
Kunstmuseum Ahlen

Z 037
Pietà, o. J.,
Bleistift auf Papier,
21 × 15 cm,
Kunstmuseum Ahlen

Z 038
Gekreuzigter mit Armen und Reichen, o. J.,
Bleistift auf Papier,
44 × 29 cm, sign.: Egon Wilden,
Privatbesitz

Z 039
Madonna mit Kind, o. J.,
Kreide auf gerastertem Papier,
32,5 × 24 cm,
Privatbesitz

Z 040
Zuneigung, o. J.,
Tusche auf Papier,
30 × 21 cm,
Kunstmuseum Ahlen

Werkverzeichnis | Zeichnungen

Z 041
„gedenket unserer Kriegsgefangenen, sie sehnen sich zur Heimat", o. J.,
Tusche auf Papier,
28 × 18 cm,
Kunstmuseum Ahlen

Z 042
Einzug nach Jerusalem, 1919,
Tusche auf Papier,
22,5 × 32 cm,
sign. u. dat.: Egon Wilden 24. VI. 19,
Privatbesitz

Z 043
Flucht nach Ägypten, 1919,
Tinte und Aquarell auf Papier,
25,5 × 30 cm,
sign. u. dat.: Egon Wilden 19,
Kunstmuseum Ahlen

Z 044
Bergpredigt, 1919,
Tusche auf Papier,
23 × 30 cm,
sign. u. dat.: Egon Wilden X. 1919,
Privatbesitz

Z 045
Pan, o. J.,
Tusche auf Papier,
25 × 20,5 cm,
Kunstmuseum Ahlen

Z 046
„MWZ NIE ZURÜCK", o. J.,
Tusche auf Papier,
19,5 × 15 cm,
Kunstmuseum Ahlen

Werkverzeichnis | Zeichnungen

Z 047
Drei Frauen, o. J.,
Tusche auf Papier,
31 × 42 cm, sign.: Wilden,
Kunstmuseum Ahlen

Z 048
Ave Maria, o. J.,
Tusche auf Papier,
29,6 × 23,6 cm,
Kunstmuseum Ahlen

Z 049
Heilung des Blinden I, o. J.,
Kohle auf Papier,
40 × 29,5 cm,
Kunstmuseum Ahlen

Z 050
Paar, o. J.,
Kohle auf Papier,
48,3 × 37,5 cm,
Kunstmuseum Ahlen

Z 051
Flötenspieler und Tanzpaar, o. J.,
Kohle auf Papier,
48,4 × 37,9 cm,
Kunstmuseum Ahlen

Z 052
Dreiergruppe an Pfeiler gelehnt, o. J.,
Kohle auf Papier,
49,4 × 37,9 cm,
Kunstmuseum Ahlen

Z 053
Der Tod reicht den Kelch, o. J.,
Kohle auf Papier,
38 × 49 cm,
Kunstmuseum Ahlen

Z 054
Drei Frauen in Abendgarderobe, o. J.,
Kohle auf Papier,
41 × 29,4 cm,
Kunstmuseum Ahlen

Werkverzeichnis | Zeichnungen

Z 055
Tanz, o. J.,
Kohle auf Papier,
31 × 23,5 cm,
Kunstmuseum Ahlen

Z 056
Erlösung, o. J.,
Kohle, Rötel auf Papier,
42 × 31 cm,
Kunstmuseum Ahlen

Z 057
„N° 21 ‚Jüngling von Naim",
1919, Kreide auf Papier,
42 × 32 cm,
sign. u. dat.: Egon Wilden 19,
Kunstmuseum Ahlen

Z 058
Letztes Abendmahl (Skizze), o. J.,
Bleistift, Kohle auf Papier,
53 × 30 cm,
Kunstmuseum Ahlen

Z 059
Letztes Abendmahl, o. J.,
Pastell und Bleistift auf Papier,
52 × 35,5 cm, sign.: Egon Wilden,
Privatbesitz

Z 060
Musikanten, o. J.,
Pastell auf Papier,
37,5 × 28 cm,
Kunstmuseum Ahlen

Z 061
Kreuzweg – Christus trägt das Kreuz, o. J,
Kreide auf Papier,
40 × 31 cm,
Kunstmuseum Ahlen

Werkverzeichnis | Zeichnungen

Z 062
Kreuzweg – Christus fällt unter dem Kreuz, o. J.,
Kreide auf Papier,
33 × 42 cm,
Kunstmuseum Ahlen

Z 063
Heilung des Blinden II, 1921,
Kohle, Rötel auf Papier,
42 × 30,7 cm,
sign. u. dat.: Wilden VI/21,
Privatbesitz

Z 065 a
Fahrendes Volk I, o. J.,
Bleistift auf Papier,
26 × 35 cm,
Kunstmuseum Ahlen

Z 065 b
Fahrendes Volk II, o. J.,
Bleistift auf Papier,
37 × 48 cm,
Kunstmuseum Ahlen

Z 068
Drei Tänzerinnen, o. J.,
Tinte auf Papier,
29 × 24 cm,
o. O., *o. Abb.*

Z 064
Christus mit Dornenkrone, 1919,
Tusche auf Papier,
14,3 × 9 cm,
sign. u. dat.: Ims 19,
o. O., *o. Abb.*

Z 066
Arbeiterstube, o. J.,
Bleistift auf Papier,
37 × 48 cm,
Kunstmuseum Ahlen

Z 067
Arbeitslos, o. J.,
Bleistiftskizze zum gleichnamigen Aquarell A 269,
40,5 × 28,5 cm,
Kunstmuseum Ahlen

Z 069
Harlekine mit Tänzerin, 1923,
Tusche auf Papier,
32 × 20 cm,
sign. u. dat.: Egon Wilden
11. III. 23,
Privatbesitz

Z 070
Pierrot und Tänzerin, o. J.,
Tusche auf Papier,
37 × 22,5 cm,
sign.: Egon Wilden gewidm.:
„für Schorsch in Liebe",
Kunstmuseum Ahlen

Werkverzeichnis | Zeichnungen

Z 071
Ballettmädchen, o. J.,
Tusche auf Papier,
28,5 × 20,5 cm,
Kunstmuseum Ahlen

Z 072
Zwei Frauen „45", o. J.,
Tusche auf Papier,
41,5 × 28,5 cm,
Kunstmuseum Ahlen

Z 073
Zwei Frauen, o. J.,
Bleistift auf Papier,
31 × 22 cm,
Privatbesitz

Z 074
Zwei weibliche Akte, o. J.,
Bleistift auf Papier,
32 × 25 cm,
Privatbesitz

Z 075
Drei weibliche Akte, o. J.,
Bleistift auf Papier,
31 × 23 cm,
Privatbesitz

Z 076
Gelagerter weiblicher Akt, o. J.,
Bleistift auf Papier,
18 × 24,8 cm,
Kunstmuseum Ahlen

Z 077
**Weiblicher Akt mit
angezogenem Knie,** o. J.,
Bleistift auf Papier,
31,5 × 23 cm,
Privatbesitz

Werkverzeichnis | Zeichnungen

Z 078
Stehender weiblicher Akt II, o. J.,
Pastell auf rötl. Papier,
35 × 28 cm,
Privatbesitz

Z 079
Stehender weiblicher Akt III, o. J.,
Kohle auf Papier,
42 × 32 cm,
Privatbesitz

Z 080
Figurenstudien, o. J.,
Tusche auf Papier,
23 × 29 cm,
Privatbesitz

Z 081
Weiblicher Akt, sich bückend, o. J., Bleistift auf Papier,
18 × 12,5 cm,
Kunstmuseum Ahlen

Z 082
Vier Frauen im Bad, Karten spielend, o. J.,
Bleistift auf Papier,
48 × 30,8 cm,
Kunstmuseum Ahlen

Z 083
Dreiergruppe in Architektur, o. J.,
Bleistift auf Papier,
44,5 × 33,5 cm.
Kunstmuseum Ahlen

Z 084
Faulheit, o. J.,
Kreide auf Papier,
32 × 36 cm,
Kunstmuseum Ahlen

Werkverzeichnis | Zeichnungen

Z 085
„sterbende altstadt", o. J.,
Kreide auf Papier,
25,5 × 16,6 cm,
Kunstmuseum Ahlen

Z 086
„WEM NICHT ZU RATEN
IST DEM IST AUCH NICHT ZU
HELFEN", o. J.,
Bleistift, Pastell auf Papier,
18 × 10,5 cm,
Kunstmuseum Ahlen

Z 087
Trilogie, o. J.,
Tusche auf Papier,
32 × 23 cm,
sign.: Egon Wilden,
Privatbesitz,
o. Abb.

Z 088
Stehender weiblicher Akt IV, o. J.,
Bleistift auf Papier,
18 × 12,5 cm,
Kunstmuseum Ahlen

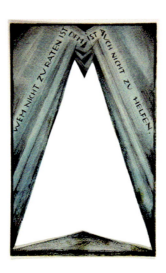

Z 089
Begrüßung des Neugeborenen,
o. J., Bleistift auf Papier,
34 × 26 cm,
sign.: Egon Wilden,
Kunstmuseum Ahlen

Z 090
Skizzenbuch mit 41 Blättern,
1921, Bleistift auf Papier,
27 × 21,5 cm,
dat. u. sign.: 23 april 21, 26 juni
21 EGON,
Kunstmuseum Ahlen

Z 091
Der Denkende, o. J.,
Kohle auf Papier,
41 × 25 cm,
Kunstmuseum Ahlen

Z 092
Der Lesende, o. J.,
Kohle auf Papier,
41 × 25 cm,
Kunstmuseum Ahlen

Werkverzeichnis | Zeichnungen

Z 093
Der Schauende I, o. J.,
Bleistift mit Kohle,
35 × 26 cm,
Kunstmuseum Ahlen

Z 094
Der Schlafende I, o. J.,
Kohle auf Papier,
25 × 41 cm,
Kunstmuseum Ahlen

Z 095
Der Schlafende II, o. J.,
Kohle auf Papier,
41 × 25,5 cm,
Kunstmuseum Ahlen

Z 096
Porträt Albrecht Schönhals, o. J.,
Bleistift auf Papier,
30 × 23 cm,
Kunstmuseum Ahlen

Z 097
Porträt Paul Kemp, o. J.,
Bleistift auf Papier,
32 × 24 cm,
Stadtmuseum Bonn

Z 098
Porträt Matthias Walden, o. J.,
Kohle auf Papier,
37 × 25,5 cm,
Kunstmuseum Ahlen,
Taf. S. 84

Z 099
Der Kritische, o. J.,
Kohle auf Papier,
38,5 × 30 cm,
Kunstmuseum Ahlen

Werkverzeichnis | Zeichnungen

Z 100 a
Porträt Paula Wulfers, o. J.,
Bleistift auf Papier,
33,5 × 26 cm,
Privatbesitz,
Taf. S. 85

Z 100 b
Porträt eines unbekannten Schauspielers, o. J.,
Kohle auf Papier,
46,5 × 30 cm,
Kunstmuseum Ahlen

Z 101
Mann mit Fez, o. J.,
Kohle auf Papier,
48,5 × 32 cm,
Kunstmuseum Ahlen

Z 102
Der Schauende II, o. J.,
Kohle auf Papier,
37 × 26,5 cm,
Kunstmuseum Ahlen,
Taf. S. 85

Z 103
Mann mit Stirnlocke, o. J.,
Kohle auf Papier,
37 × 26,5 cm,
Kunstmuseum Ahlen

Z 104
Greis, o. J.,
Kohle auf Papier,
37 × 26,5 cm,
Kunstmuseum Ahlen

Z 105
Der Aufmerkende, 1919,
Kohle auf Papier,
48 × 32 cm,
dat.: 15. II. 19,
Kunstmuseum Ahlen

Z 106
Alter Mann mit Bart, 1919,
Kohle auf Papier,
47 × 32 cm,
sign. u. dat.: 12. III. 19 Wilden,
Kunstmuseum Ahlen

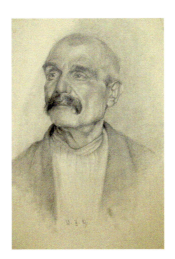

Werkverzeichnis | Zeichnungen

Z 107
Porträt Wilhelm Küper, o. J.,
Kohle auf Papier,
39 × 29 cm,
sign.: Wilden,
Kunstmuseum Ahlen

Z 108
Porträt Adele Sandrock, o. J.,
Kohle auf Papier,
34,5 × 25 cm,
Kunstmuseum Ahlen

Z 109
Frau mit Krawatte I, o. J.,
Kohle auf Papier,
37 × 26,5 cm,
Kunstmuseum Ahlen

Z 110
Frau mit Krawatte II, o. J.,
Kohle auf Papier,
37 × 26 cm,
Kustmuseum Ahlen

Z 111
Alte Frau I, o. J.,
Kohle auf Papier,
33,5 × 26 cm,
Privatbesitz

Z 112
Alte Frau II, o. J.,
Kohle auf Papier,
41 × 34,5 cm,
Kunstmuseum Ahlen

Z 113
Alte Frau III, o. J.,
Kohle auf Papier,
37 × 26,5 cm,
Kunstmuseum Ahlen

Z 114
Alte Frau IV, o. J.,
Kohle auf Papier,
37 × 26,5 cm,
Kunstmuseum Ahlen

Werkverzeichnis | Zeichnungen

Z 115
Alte Frau V, o. J.,
Kohle auf Papier,
37 × 26,5 cm,
Kunstmuseum Ahlen

Z 116
Die Aufschauende, o. J.,
Kohle auf Papier,
50 × 38,5 cm,
Kunstmuseum Ahlen

Z 117
Junge Frau I, 1919,
Kohle auf Papier,
48 × 34 cm,
dat.: 5. III. 19,
Kunstmuseum Ahlen

Z 118
Junge Frau II, 1919,
Kohle auf Papier,
48 × 32 cm,
sign. u. dat.: 8. III. 19 Wilden,
Kunstmuseum Ahlen

Z 119
Gelassenheit, o. J.,
Kohle auf Papier,
37 × 26 cm,
Kunstmuseum Ahlen

Z 120
Frau mit Camee, o. J.,
Kohle auf Papier,
37,5 × 26,5 cm,
Kunstmuseum Ahlen,
Taf. S. 85

Z 121
Trauer, o. J.,
Kohle auf Papier,
36 × 27 cm,
Kunstmuseum Ahlen

Z 122
Nachdenkliche im Profil, o. J.,
Kohle, Bleistift auf Papier,
49 × 32 cm,
Kunstmuseum Ahlen

Werkverzeichnis | Zeichnungen

Z 123
Schreck, o. J.,
Kohle auf Papier,
49 × 32 cm,
Kunstmuseum Ahlen

Z 124
Frau im Profil, o. J.,
Kohle auf Papier,
48 × 32 cm,
Kunstmuseum Ahlen,
Taf. S. 85

Z 125
Porträt Hedwig Sparrer, 1923,
Kohle auf Papier,
29 × 22 cm,
dat.: 1923,
Kunstmuseum Ahlen

Z 126
„BRIGITTE KÜPER AET. SUAE MENS VI", 1926,
Bleistift auf Papier,
33,5 × 25 cm, sign. u. dat.:
Egon Wilden 12. X. 1926,
Kunstmuseum Ahlen

Z 127
Hedwig Sparrer, schlafend, o. J.,
Bleistift auf Papier,
31 × 21 cm,
Privatbesitz

Z 128
Selbstporträt I, 1919,
Kreide auf Papier,
30 × 23 cm,
sign.: Egon Wilden,
Privatbesitz

Z 129
Selbstporträt II, o. J.,
Bleistift auf Papier,
30,5 × 23,5,
Kunstmuseum Ahlen

Z 130
Selbstporträt III, o. J.,
Bleistift auf Papier,
28 × 18 cm,
Kunstmuseum Ahlen

Werkverzeichnis | Zeichnungen

Z 131
Selbstporträt IV, o. J.,
Bleistift auf Papier,
36 × 27 cm,
Kunstmuseum Ahlen

Z 132
Selbstporträt V, o. J.,
Kohle, Kreide auf Papier,
47 × 31,5 cm,
Kunstmuseum Ahlen

Z 133
Selbstporträt VI, o. J.,
(gnothi seauton),
(in griech. Schriftzeichen),
Kreide auf Papier,
43 × 33 cm,
Kunstmuseum Ahlen

Z 134
Selbstporträt VII, o. J.,
Kreide auf Papier,
35 × 25 cm,
Kunstmuseum Ahlen

Z 135
Selbstporträt VIII, 1919,
Kreide auf Papier,
30 × 21 cm,
dat.: 17. III. 19,
Kunstmuseum Ahlen

Z 136
Selbstporträt IX, 1930,
Tusche auf Papier,
14,8 × 9,5 cm,
dat.: 1930,
Kunstmuseum Ahlen

Z 137
Fahnen schwarz-weiß-rot, o. J.,
Tempera auf Papier,
33,5 × 22,3 cm,
Kunstmuseum Ahlen

Z 138
**Kalligraphisches Blatt
„Ein frühlingskonzert für hedwig",** 1923,
Kreide, Bleistift auf Papier,
16,5 × 27 cm,
sign. u. dat.: im märz 1923
Egon, Privatbesitz

Werkverzeichnis | Gemälde, Druckgraphik, Entwürfe

Gemälde
Druckgraphik
Entwürfe

G 01
Dom zu Limburg, o. J.,
Öl auf Hartfaser,
60 × 54,5 cm,
sign.: Egon Wilden,
Kunstmuseum Ahlen

G 02
Herbstlicher Weiher, o. J.,
Gouache auf Pappe,
32,2 × 23,8 cm,
Kunstmuseum Ahlen

G 03
Stillleben mit Maske, o. J.,
Öl auf Pappe,
55,5 × 79 cm,
Privatbesitz

G 04
**Drei weibliche Badende
in Hängematte,** o. J.,
Öl auf Leinwand,
97 × 91 cm,
Privatbesitz

G 05
Zwei weibliche Sitzakte, o. J.,
Öl auf Leinwand,
24 × 32 cm,
sign.: Egon Wilden,
Privatbesitz

Werkverzeichnis | Gemälde, Druckgraphik, Entwürfe

G 06
Ballett-Tänzer, o. J.,
Öl auf Leinwand,
63 × 56 cm,
Privatbesitz

G 07
Liebespaar, ca. 1931,
Öl auf Leinwand,
32 × 22 cm,
Privatbesitz

G 08
Porträt Paula Wulfers, ca. 1931,
Öl auf Leinwand,
52 × 44 cm,
sign.: Egon Wilden,
Privatbesitz

G 09
Porträt Clara, Brigitte und Angelica Küper, ca. 1931,
Öl auf Leinwand,
100 × 66 cm,
Kunstmuseum Ahlen,
Taf. S. 135

G 10
Porträt Hedwig Sparrer mit weißen Blüten, 1930,
Öl auf Leinwand,
49,6 × 37,7 cm,
sign. u. dat.: Egon Wilden 30,
Privatbesitz

G 11
Porträt Hedwig Sparrer mit blauem Hut, 1930,
Öl auf Leinwand,
64 × 50 cm,
sign. u. dat.: Egon Wilden 30,
Privatbesitz,
Taf. S. 55

G 12
Porträt Hedwig Sparrer (unvollendet), o. J.,
Öl auf Pappe,
50 × 40 cm,
Privatbesitz

G 13
Porträt Hedwig Sparrer mit Geranie, o. J.,
Öl auf Pappe,
49 × 34 cm,
Privatbesitz,
Abb. 67

Werkverzeichnis | Gemälde, Druckgraphik, Entwürfe

G 14
Selbstporträt mit Weinglas, 1930,
Öl auf Leinwand,
75 × 61 cm,
sign. u. dat.: Egon Wilden IX. 30,
Privatbesitz,
Taf. S. 141

G 15
Selbstporträt mit Fliege, o. J.,
Öl auf Leinwand,
46 × 42 cm,
Theaterwissenschaftliche
Sammlung, Universität zu Köln,
Schloss Wahn

G 16
Selbstporträt mit Palette, o. J.,
Öl auf Leinwand,
52 × 40 cm,
Privatbesitz

G 17
**Pierrot mit zwei
Ballett-Tänzerinnen,** 1923,
Öl auf Leinwand,
55 × 39,5 cm, sign. u. dat.:
Egon Wilden 1923,
o. O.

Dg 1
Drei tanzende Frauen, 1920,
Linoldruck rot negativ,
31,5 × 22,5 cm,
dat.: 1920,
Kunstmuseum Ahlen

Dg 2
Tanz, 1920,
Holzschnitt 6 / X,
26 × 15 cm,
sign. u. dat.: Egon Wilden 20,
Kunstmuseum Ahlen
Taf. S. 82

Dg 3
Begegnung, 1921,
Linoldruck rot negativ,
31 × 22,5 cm,
dat.: 1921,
Kunstmuseum Ahlen

Dg 4
Lichttanz, 1921,
Holzschnitt 4 / X,
25 × 21 cm,
sign. u. dat.: Egon Wilden 21,
Kunstmuseum Ahlen

Werkverzeichnis | Gemälde, Druckgraphik, Entwürfe

Dg 5
Tänzerin, o. J.
Radierung,
23 × 15 cm,
Privatbesitz

E 1 a
Musikanten I, ca. 1919,
Tempera auf Papier,
94 × 38 cm,
Stiftung Forschungsstelle Glasmalerei des 20. Jahrhunderts e.V.
Mönchengladbach

E 1 b
Musikanten II, ca. 1919,
Tempera auf Papier,
94 × 38 cm,
Stiftung Forschungsstelle Glasmalerei des 20. Jahrhunderts e.V.
Mönchengladbach

E 1 c
Engel der Verkündigung, ca. 1919,
Tempera auf Papier,
94 × 38 cm,
Stiftung Forschungsstelle Glasmalerei des 20. Jahrhunderts e.V.
Mönchengladbach

E 1 d
Maria in der Verkündigung,
ca. 1919,
Tempera auf Papier,
94 × 38 cm,
Stiftung Forschungsstelle Glasmalerei des 20. Jahrhunderts e.V.
Mönchengladbach

E 1 e
Weihnachten: Maria mit Kind,
ca. 1919,
Tempera auf Papier,
94 × 38 cm,
Stiftung Forschungsstelle Glasmalerei des 20. Jahrhunderts e.V.
Mönchengladbach

E 1 f
Weihnachten: Joseph, ca. 1919,
Tempera auf Papier,
94 × 38 cm,
Stiftung Forschungsstelle Glasmalerei des 20. Jahrhunderts e.V.
Mönchengladbach

E 1 g
Beweinung Christi, ca. 1919,
Tempera auf Papier,
44 × 27,5 cm,
Privatbesitz

Werkverzeichnis | Gemälde, Druckgraphik, Entwürfe

E 1 h
Kreuzabnahme, ca. 1919,
Tempera auf Papier,
27 × 15 cm,
Privatbesitz

E 2
**Verpackungsentwurf
Savon de Toilette Aux Fleurs
„Lilofee" und „Essence des Fleurs",** o. J.,
Aquarell auf Papier,
27 × 28 cm,
Kunstmuseum Ahlen

E 3
**Verpackungsentwurf
Savon de Toilette Aux Fleurs
„Dido",** o. J.,
Aquarell auf Papier,
16 × 23 cm,
Kunstmuseum Ahlen

E 4
**Verpackungsentwurf
Savon de Toilette Aux Fleurs
„Magalone",** o. J.,
Aquarell auf Papier,
18 × 28 cm,
Kunstmuseum Ahlen

E 5
**Kirchenmodell mit
Fensterentwürfen,** ca. 1920,
Holz,
ca. 70 cm hoch,
Privatbesitz

Heilige Familie

**Ecclesia und
Synagoge**

**Kreuzigung
Christi** **Auferstehung
Christi** **Christus-
darstellung**

239

Ausstellungsverzeichnis

1919	Kunstakademie Düsseldorf
1920	Wohnung des Fotografen Dr. Erwin Quedenfeldt in Düsseldorf: *Aktivistenbund 1919*
1926	Städtische Kunsthalle Düsseldorf: *Große Kunstausstellung Düsseldorf*
1927	Städtische Kunsthalle Düsseldorf: *Das Junge Rheinland*
1929	Städtische Kunsthalle Düsseldorf: *Jubiläumsausstellung der Rheinischen Sezession*
1931	Städtische Kunsthalle Düsseldorf: *Rheinische Sezession*
1962	Kunstkabinett Hans Trojanski, Düsseldorf
1993	Wilhelm-Marx-Haus, Bayerische Landesbank, Düsseldorf: *Egon Wilden*
1994/95	Theatermuseum Düsseldorf: Karl-Ernst-Osthaus-Museum, Hagen: *Egon Wilden – Maler und Bühnenbildner 1894–1931*
1995	August Macke Haus Bonn: *Rheinische Expressionisten aus Bonner Privatbesitz*
2000	Sommerakademie des Bildungswerkes Bonn und der Katholischen Hochschulgemeinde, Namen-Jesu-Kirche in Bonn/Erftkreis/Solingen: *Mehr als alle Bilder*
2004	Kunstmuseum Ahlen: *Egon Wilden – expressionistische Werke*
2006	Stadtmuseum Düsseldorf: *Das Junge Rheinland Vorläufer – Freunde – Nachfolger*
2009	August Macke Haus Bonn: *Christus an Rhein und Ruhr. Zur Wiederentdeckung des Sakralen in der Moderne 1910–1933*
2009/10	Kunstmuseum Ahlen, August Macke Haus Bonn: *Zwischen Atelier und Bühne. Egon Wilden 1894–1931*

Inszenierungsverzeichnis
Joachim Geil

Abkürzungen

C	Choreographie
DLA	Dumont-Lindemann-Archiv Düsseldorf
E	Erstaufführung
M	Musikalische Leitung
N	Neuinszenierung
R	Regie
T	Tanzleitung
TWS	Theaterwissenschaftliche Sammlung der Universität zu Köln
U	Uraufführung

Spielzeit 1919/20

Die Milchstraße (Kaiser)
Schauspielhaus Düsseldorf
U 16.9.1919
R Eugen Keller

Nathan der Weise (Lessing)
Schauspielhaus Düsseldorf
17.10.1919
R Eugen Keller

Spielzeit 1922/23

Totentanz (Weismantel)
Vereinigte Stadttheater
Herne-Recklinghausen
1.11.1922
R Richard Dornseiff
TWS Inv. Nr. 40722,
Abb. S. 147

Spielzeit 1923/24

Leonce und Lena
(Büchner), Projekt (?)
Reußisches Theater zu Gera
1923/24
TWS Inv. Nr. 40692/1–6

König Lear
(Shakespeare)
Reußisches Theater zu Gera,
4.9.1923
R Paul Medenwaldt
TWS Inv. Nr. 40690/1–7
sowie ein Entwurf
in Privatbesitz

Othello (Verdi)
Reußisches Theater zu Gera
E 16.9.1923
R Alois Hofmann
M Ralph Meyer

Der Widerspenstigen Zähmung (Shakespeare)
Reußisches Theater zu Gera
18.9.1923
R Paul Medenwaldt
M Albert Bittner

Das Christelflein
(Pfitzner)
Reußisches Theater zu Gera
23.9.1923
R Alois Hofmann
M Adolf Wach
TWS Inv. Nr. 40655/1–2

Gespenstersonate
(Strindberg)
Reußisches Theater zu Gera
10.10.1923

Die toten Augen
(Evers und Henry)
Reußisches Theater zu Gera
14.10.1923
R Alois Hofmann
M Ralph Meyer

In Kanaan (Harlan)
Reußisches Theater zu Gera
E 27.10.1923
R Paul Medenwaldt
M Albert Bittner
TWS Inv. Nr. 40683/1–4

Peer Gynt (Ibsen)
Reußisches Theater zu Gera
E 25.11.1923
R Erich Fisch
M Albert Bittner
TWS Inv. Nr. 34309/a–b,
34310/a–f und 40706/1–9,
Abb. S. 148, 149

Der gestiefelte Kater
(Herrmann)
Reußisches Theater zu Gera
16.12.1923
R P. Felix
M Albert Bittner
TWS Inv. Nr. 40675

Inszenierungsverzeichnis

Dame Kobold
(Calderón de la Barca)
Reußisches Theater zu Gera
E 26. 12. 1923
R Paul Medenwaldt
M Albert Bittner
TWS Inv. Nr. 40658 / 1 – 2

Das Gewitter (Ostrovskij)
Reußisches Theater zu Gera
U 19. 1. 1924
R Erich Fisch
TWS Inv. Nr. 40677 / 1 – 4

Gabriel Schillings Flucht
(Gerhart Hauptmann)
Reußisches Theater zu Gera
27. 1. 1924
R Paul Medenwaldt

Tristan und Isolde (Wagner)
Reußisches Theater zu Gera
3. 2. 1924
R Alois Hofmann
M Ralph Meyer
TWS Inv. Nr. 40723 / 1 – 2

Ein idealer Gatte (Wilde)
Reußisches Theater zu Gera
10. 2. 1924
R Erich Fisch

Margarete (Gounod)
Reußisches Theater zu Gera
2. 3. 1924
R Alois Hofmann
M Hans Morschel

Egmont (Goethe)
Reußisches Theater zu Gera
9. 3. 1924
R Paul Medenwaldt
M Ralph Meyer
TWS Inv. Nr. 40663,
Abb. S. 151

Die deutschen Kleinstädter
(Kotzebue)
Reußisches Theater zu Gera
19. 3. 1924
R Paul Medenwaldt
TWS Inv. Nr. 40661

Pygmalion (Shaw)
Reußisches Theater zu Gera
9. 4. 1924
R Ernst Stimmel

Ostern (Strindberg)
Reußisches Theater zu Gera
12. 4. 1924
R Paul Medenwaldt

Undine (Lortzing)
Reußisches Theater zu Gera
13. 4. 1924
R Alois Hofmann
M Adolf Wach
TWS Inv. Nr. 40727 / 1 – 5

Brüderlein fein (Fall)
(zus. mit „Der Wald")
Reußisches Theater zu Gera
7. 5. 1924
R Alois Hofmann
M Albert Bittner

Der Wald (Lahusen)
(zus. mit „Brüderlein fein")
Reußisches Theater zu Gera
E 7. 5. 1924
R Alois Hofmann
M Albert Bittner

Iphigenie auf Tauris (Gluck)
Reußisches Theater zu Gera
E 18. 5. 1924
R Alois Hofmann
M Ralph Meyer
TWS Inv. Nr. 40684 / 1 – 2,
Abb. S. 153

Amphitryon (Kleist)
(zus. mit „Der Diener
zweier Herren")
Reußisches Theater zu Gera
25. 5. 1924
R Ernst Stimmel
TWS Inv. Nr. 40639 / 1 – 2

Der Diener zweier Herren
(Goldoni)
(zus. mit „Amphitryon")
Reußisches Theater zu Gera
25. 5. 1924
R Paul Medenwaldt
M Josef Zosel

Lieselott von der Pfalz
(Presber und Stein)
Reußisches Theater zu Gera
E 9. 6. 1924
R Hans Finohr

**Der Trompeter von
Säckingen** (Neßler)
Reußisches Theater zu Gera
29. 6. 1924
R Karl Jordan
M Adolf Wach

SPIELZEIT 1924 / 25

Weh' dem, der lügt
(Grillparzer), Projekt (?)
Stadttheater Hagen
1924 / 25
TWS Inv. Nr. 40731

Aida (Verdi)
Stadttheater Hagen
N 23. 9. 1924
R Alexander Spring
M Fritz Berend
TWS Inv. Nr. 40638 / 1 – 5

Der arme Konrad (Wolf)
Stadttheater Hagen
E 25. 9. 1924
TWS Inv. Nr. 17421 / a – j,
Abb. S. 154

Der Barbier von Sevilla (Rossini)
Stadttheater Hagen
N 27. 9. 1924
TWS Inv. Nr. 40649 / 1 – 5,
Abb. S. 155

Judith (Hebbel)
Stadttheater Hagen
N 11. 11. 1924

Gudrun auf Island (Klenau)
Stadttheater Hagen
U 27. 11. 1924
R Alexander Spring
M Fritz Berend
TWS Inv. Nr. 40679 / 1 – 5,
Abb. S. 154

Der gestiefelte Kater
(Herrmann)
Stadttheater Hagen
E 29. 11. 1924
TWS Inv. Nr. 40676 / 1 – 5

Peterchens Mondfahrt
(Bassewitz)
Stadttheater Hagen
6. 12. 1924

Wilhelm Tell (Schiller)
Stadttheater Hagen
13. 12. 1924
TWS Inv. Nr. 40733 / 1 – 10

Lohengrin (Wagner)
Stadttheater Hagen
N 26. 12. 1924
R Alexander Spring
M Fritz Berend
TWS Inv. Nr. 40693 / 1 – 6

Clo-Clo (Léhar)
Stadttheater Hagen
1. 1. 1925
R F. W. Hanschmann
M Fritz Kitzinger

Donna Diana (Reznicek)
Stadttheater Hagen
E 13. 1. 1925
R Richard Dornseiff
TWS Inv. Nr. 40662 / 1 – 10,
Abb. S. 156

Prinz Friedrich von Homburg
(Kleist)
Stadttheater Hagen
29. 1. 1925
R Ernst Schweizer
TWS Inv. Nr. 40709 / 1 – 3

Der Wildschütz (Lortzing)
Stadttheater Hagen
N 1. 2. 1925
R Alexander Spring
M Fritz Berend

Die Menschenfreunde
(Dehmel)
Stadttheater Hagen
E 19. 2. 1925
R Ernst Schweizer

Die armeseligen Besenbinder
(Carl Hauptmann)
Stadttheater Hagen
E 25. 2. 1925
TWS Inv. Nr. 40644 / 1 – 4

Die Hugenotten (Meyerbeer)
Stadttheater Hagen
15. 3. 1925
R Alexander Spring
M Fritz Berend

Gräfin Mariza (Kálmán)
Stadttheater Hagen
28. 3. 1925
R F. W. Hanschmann
M Fritz Kitzinger
TWS Inv. Nr. 40678 / 1 – 3

**Mariens siebente
Herrlichkeit** (Mittel-
niederländisches Spiel)
Stadttheater Hagen
U 7. 4. 1925

Kolportage (Kaiser)
Stadttheater Hagen
17. 4. 1925
R Richard Dornseiff
TWS Inv. Nr. 13294 und 13296

Die heilige Johanna (Shaw)
Stadttheater Hagen
27. 4. 1925
R Richard Dornseiff

Der Troubadour (Verdi)
Stadttheater Hagen
10. 5. 1925
R Wolfgang Herbert
M Hans Werner
TWS Inv. Nr. 40725 / 1 – 8

Così fan tutte (Mozart)
Stadttheater Hagen
N 22. 6. 1925
R Richard Dornseiff
M Fritz Berend
TWS Inv. Nr. 40656 / 1 – 2

Inszenierungsverzeichnis

SPIELZEIT 1925/26

Peer Gynt (Ibsen)
Stadttheater Hagen
N 8. 9. 1925
R Richard Dornseiff

Die Zauberflöte (Mozart)
Stadttheater Hagen
N 19. 9. 1925
R Wolfgang Herbert
M Fritz Berend
TWS Inv. Nr. 11654 und 11581

Die Bajadere (Kálmán)
Stadttheater Hagen
N 24. 10. 1925
TWS Inv. Nr. 40647/1 – 11

Maria Stuart (Schiller)
Stadttheater Hagen
N 11. 11. 1925
TWS Inv. Nr. 11576
und 40699/1 – 5

Peterchens Mondfahrt
(Bassewitz)
Stadttheater Hagen
N 6. 12. 1925
R Richard Dornseiff

Hänsel und Gretel
(Humperdinck)
Stadttheater Hagen
N 12. 12. 1925
TWS Inv. Nr. 11569/a – b

Der Rosenkavalier (Strauss)
Stadttheater Hagen
E 25. 12. 1925
R Walter Friedmann
M Fritz Berend
TWS Inv. Nr. 11583/a – b
und 40714/1 – 10

Tannhäuser (Wagner)
Stadttheater Hagen
N 16. 1. 1926
R Wolfgang Herbert
M Hans Werner
TWS Inv. Nr. 11585/1 – 5

Romeo und Julia
(Shakespeare)
Stadttheater Hagen
N 25. 1. 1926
R Richard Dornseiff

Der Liebhaber als Arzt
(Wolf-Ferrari)
Stadttheater Hagen
11. 5. 1926
R Wolfgang Herbert
M Fritz Berend
TWS Inv. Nr. 11573/a – b

Der verlorene Sohn (Debussy)
Stadttheater Hagen
11. 5. 1926
R Wolfgang Herbert
M Fritz Berend

**Die Meistersinger von
Nürnberg** (Wagner)
Stadttheater Hagen
13. 5. 1926
R Wolfgang Herbert
M Fritz Berend

Julius Caesar (Shakespeare)
Stadttheater Hagen
N 14. 5. 1926
R Richard Dornseiff

**Die Geschichte vom
Soldaten** (Strawinsky)
Stadttheater Hagen
6. 6. 1926
R Alexander Spring
M Fritz Berend
TWS Inv. Nr. 34058

Der Kaufmann von Venedig
(Shakespeare)
Stadttheater Hagen
8. 6. 1926
R Richard Dornseiff
TWS Inv. Nr. 40688/1 – 2

Così fan tutte (Mozart)
Stadttheater Hagen
17. 6. 1926
R Richard Dornseiff
M Fritz Berend

SPIELZEIT 1926/27

Macbeth (Shakespeare)
Stadttheater Hagen
17. 9. 1926
R Rudolf Miltner
TWS Inv. Nr. 11574/a – g

La Bohème (Puccini)
Stadttheater Hagen
28. 9. 1926
TWS Inv. Nr. 40651/1 – 5

Zweimal Oliver (Kaiser)
Stadttheater Hagen
E 21. 10. 1926
R Rudolf Miltner
TWS Inv. Nr. 186 und
40736/1 – 5

**Die lustigen Weiber
von Windsor** (Nicolai)
Stadttheater Hagen
25. 10. 1926
R Wolfram Humperdinck
M Richard Richter
TWS Inv. Nr. 40694/1 – 8,
Abb. S. 158

Jenufa (Janáček)
Stadttheater Hagen
E 3. 12. 1926
R Wolfram Humperdinck
M Richard Richter

Der Kammersänger (Wedekind)
Stadttheater Hagen
E 5. 12. 1926
R Oskar Kaesler
TWS Inv. Nr. 11571

Königskinder (Humperdinck)
Stadttheater Hagen
25. 12. 1926
R Wolfram Humperdinck
M Richard Richter
TWS Inv. Nr. 15977/a – b
und 40691

Charleys Tante (Thomas)
Stadttheater Hagen
30. 12. 1926
TWS Inv. Nr. 18996/a – c

Othello (Verdi)
Stadttheater Hagen
1. 2. 1927
R Wolfram Humperdinck
TWS Inv. Nr. 40706/1 – 3

Bonaparte (Unruh)
Stadttheater Hagen
E 22. 2. 1927
R Rudolf Miltner
TWS Inv. Nr. 11563/a – d
und 40652

Parsifal (Wagner)
Stadttheater Hagen
E 25. 4. 1927
R Wolfram Humperdinck
M Richard Richter
TWS Inv. Nr. siehe Hagen
13. 4. 1930 (?)

Fidelio (Beethoven)
Stadttheater Hagen
20. 5. 1927
R Hanns Hartmann
M Richard Richter
TWS Inv. Nr. 11657

Die neugierigen Frauen
(Wolf-Ferrari)
Stadttheater Hagen
1. 6. 1927
R Hanns Hartmann
M Richard Richter

**Die Macht des
Schicksals** (Verdi)
Stadttheater Hagen
12. 6. 1927
R Wolfram Humperdinck
M Fritz Volkmann

SPIELZEIT 1927/28

Carmen (Bizet)
Stadttheater Hagen
1927/28
R Richard Meyer-Walden
M Richard Richter

Der fliegende Holländer
(Wagner)
Vereinigte Stadttheater
Barmen-Elberfeld
10. 9. 1927 Barmen
R Wolfram Humperdinck
TWS Inv. Nr. 40670/1 – 7

Die Hermannsschlacht
(Kleist)
Vereinigte Stadttheater
Barmen-Elberfeld
10. 9. 1927 Elberfeld
R Robin Robert
TWS Inv. Nr. 6891

Der Freischütz (Weber)
Vereinigte Stadttheater
Barmen-Elberfeld
13. 9. 1927 Elberfeld
R Wolfram Humperdinck
TWS Inv. Nr. 6839/a – b
und 40672/1 – 2 sowie zwei
Entwürfe i. d. Stadt- u.
Uni.-Bibl. Frankfurt am Main

Fra Diavolo (Auber)
Vereinigte Stadttheater
Barmen-Elberfeld
21. 9. 1927 Barmen
R Hans Lange
M Michel Rühl
TWS Inv. Nr. 40671/1 – 3

**Die Meistersinger von
Nürnberg** (Wagner)
Stadttheater Hagen
N 24. 9. 1927
R Richard Meyer-Walden
M Richard Richter
TWS Inv. Nr. 30040/a – j

Die Geisha (Jones)
Stadttheater Hagen
25. 9. 1927
R F. W. Hanschmann
M Werner Creutzburg

Inszenierungsverzeichnis

Neidhardt von Gneisenau
(Goetz)
Stadttheater Hagen
E 1. 10. 1927
R Hanns Hartmann
TWS Inv. Nr. 11567 / a – c,
40702 / 1 – 3

Elektra (Strauss)
Stadttheater Hagen
E 11. 10. 1927
R Richard Meyer-Walden
M Richard Richter
TWS Inv. Nr. 17348 / a – g,
Abb. S. 162

Turandot (Puccini)
Vereinigte Stadttheater
Barmen-Elberfeld
20. 10. 1927 Barmen
R Wolfram Humperdinck
M Fritz Mechlenburg
TWS Inv. Nr. 40726 / 1 – 21

Zar und Zimmermann
(Lortzing)
Stadttheater Hagen
24. 10. 1927
R Richard Meyer-Walden
M Otto Seyfert
TWS Inv. Nr. 40735 / 1 – 7

Danton (Rolland)
Stadttheater Hagen
E 3. 11. 1927
R Rudolf Miltner
TWS Inv. Nr. 182 und
40660 / 1 – 4

Juarez und Maximilian
(Werfel)
Vereinigte Stadttheater
Barmen-Elberfeld
E 9. 11. 1927 Barmen
R Robin Robert
TWS Inv. Nr. 40686 / 1 – 26

Hanneles Himmelfahrt
(Gerhart Hauptmann)
Stadttheater Hagen
16. 11. 1927
R Rudolf Miltner

Die Jüdin (Halévy)
Vereinigte Stadttheater
Barmen-Elberfeld
30. 11. 1927 Bannen
R Hans Lange
M Alfred Schmidt
TWS Inv. Nr. 40687 / 1 – 2

Falstaff (Verdi)
Vereinigte Stadttheater
Barmen-Elberfeld
1. 12. 1927 Barmen
R Wolfram Humperdinck
M Fritz Mechlenburg
TWS Inv. Nr. 40664 / 1 – 7

Die Sündflut (Barlach)
Vereinigte Stadttheater
Barmen-Elberfeld
1. 12. 1927 Elberfeld
TWS Inv. Nr. 6846,
15978 / a – b, 18618 / a – b
und 40720 / 1 – 2

Das Christelflein
(Pfitzner)
Stadttheater Hagen
E 6. 12. 1927

Hin und zurück (Hindemith)
(zus. mit „Die Prinzessin
auf der Erbse")
Stadttheater Hagen
E 14. 12. 1927
R Richard Meyer-Walden
M Richard Richter
TWS Inv. Nr. 32507,
Abb. S. 164

**Die Prinzessin auf der
Erbse** (Toch)
(zus. mit „Hin und zurück")
Stadttheater Hagen
E 14. 12. 1927
R Richard Meyer-Walden
TWS Inv. Nr. 11581 und 40708

Die Hochzeit des Figaro
(Mozart)
Stadttheater Hagen
21. 12. 1927
R Richard Meyer-Walden
M Richard Richter
TWS Inv. Nr. 11566 / a – c
und 40669

Königskinder (Humperdinck)
Vereinigte Stadttheater
Barmen-Elberfeld
20. 1. 1928 Barmen
R Wolfram Humperdinck
M Fritz Mechlenburg

Was ihr wollt (Shakespeare)
Stadttheater Hagen
E 24. 1. 1928
R Rudolf Miltner
M Werner Creutzburg
TWS Inv. Nr. 40730 / 1 – 5

Ein Maskenball (Verdi)
Vereinigte Stadttheater
Barmen-Elberfeld
25. 1. 1928 Barmen
R Wolfram Humperdinck
TWS Inv. Nr. 40700 / 1 – 6

König für einen Tag (Adam)
Vereinigte Stadttheater
Barmen-Elberfeld
19. 2. 1928 Bannen
R Egon Wilden
TWS Inv. Nr. 40689 / 1 – 5

Der arme Heinrich (Pfitzner)
Vereinigte Stadttheater
Barmen-Elberfeld
22. 2. 1928 Barmen
R Wolfram Humperdinck
M Franz von Hoeßlin
TWS Inv. Nr. 40642 / 1 – 2

Die verkaufte Braut (Smetana)
Stadttheater Hagen
22. 2. 1928
R Richard Meyer-Walden
M Otto Seyfert
TWS Inv. Nr. 40728 / 1 – 3

Ein Sommernachtstraum
(Shakespeare)
Vereinigte Stadttheater
Barmen-Elberfeld
1. 3. 1928 Barmen
R Robin Robert
M Hans Schmidt-Isserstedt

Margarete (Gounod)
Vereinigte Stadttheater
Barmen-Elberfeld
8. 3. 1928 Barmen
R Hans Lange
M Alfred Schmidt
TWS Inv. Nr. 40698 / 1 – 2

Der Bajazzo (Leoncavallo)
(zus. mit „Cavalleria Rusticana")
Stadttheater Hagen
11. 3. 1928
R Richard Meyer-Walden
M Otto Seyfert
TWS Inv. Nr. 11562 und 40648

Cavalleria Rusticana
(Mascagni)
(zus. mit „Der Bajazzo")
Stadttheater Hagen
11. 3. 1928
R Richard Meyer-Walden
M Otto Seyfert
TWS Inv. Nr. 40653 / 1 – 2

König Lear (Shakespeare)
Stadttheater Hagen
13. 3. 1928
R Rudolf Miltner
TWS Inv. Nr. 32508 / a – c,
11572 und 184 / a – b,
Abb. S. 162

Ariadne auf Naxos (Strauss)
Vereinigte Stadttheater
Barmen-Elberfeld
24. 3. 1928 Barmen
R Wolfram Humperdinck
M Franz von Hoeßlin
TWS Inv. Nr. 6842 / a – c

Die Räuber (Verdi)
Vereinigte Stadttheater
Barmen-Elberfeld
29. 3. 1928 Barmen
R Wolfram Humperdinck
M Fritz Mechlenburg
TWS Inv. Nr. 40711 / 1 – 9,
Abb. S. 160

Faust, 1. Teil (Goethe)
Stadttheater Hagen
7. 4. 1928
R Rudolf Miltner
TWS Inv. Nr. 32504
und 40667 / 1 – 13

Egmont (Goethe)
Vereinigte Stadttheater
Barmen-Elberfeld
15. 4. 1928 Elberfeld
R Otto Maurenbrecher
M Michel Rühl

Jonny spielt auf (Křenek)
Vereinigte Stadttheater
Barmen-Elberfeld
E 18. 5. 1928 Barmen
TWS Inv. Nr. 11920,
18592 / a – f und 40685

Orpheus in der Unterwelt
(Offenbach)
Stadttheater Hagen
26. 5. 1928
R Richard Meyer-Walden
M Richard Richter
TWS Inv. Nr. 11578 / a – b
und 40703

Susannens Geheimnis
(Wolf-Ferrari)
(zus. mit „Der Zar läßt
sich photographieren")
Stadttheater Hagen
E 11. 6. 1928
R Richard Meyer-Walden
M Richard Richter
TWS Inv. Nr. 18032

**Der Zar läßt sich
photographieren** (Weill)
(zus. mit „Susannens
Geheimnis")
Stadttheater Hagen
E 11. 6. 1928
R Richard Meyer-Walden
M Richard Richter
TWS Inv. Nr. 11588
und 40734,
Abb. S. 163

Inszenierungsverzeichnis

Spielzeit 1928/29

Hoffmanns Erzählungen
(Offenbach)
Vereinigte Stadttheater
Barmen-Elberfeld
9. 9. 1928 Elberfeld
R Wolfram Humperdinck
M Fritz Mechlenburg
TWS Inv. Nr. 40682 / 1 – 4

Tannhäuser (Wagner)
Vereinigte Stadttheater
Barmen-Elberfeld
11. 9. 1928 Barmen
R Wolfram Humperdinck
M Fritz Mechlenburg
TWS Inv. Nr. 40721 / 1 – 12
sowie ein Entwurf
bei der Stadt- u. Uni-Bibl.
Frankfurt am Main

Finden Sie, daß Constance sich richtig verhält (Maugham)
Vereinigte Stadttheater
Barmen-Elberfeld
E 12. 9. 1928 Elberfeld
R Catharina Reichert

Der Widerspenstigen Zähmung (Shakespeare)
Stadttheater Hagen
E 24. 9. 1928
R Hanns Hartmann
ein Entwurf in Privatbesitz

Die Entführung aus dem Serail (Mozart)
Vereinigte Stadttheater
Barmen-Elberfeld
25. 9. 1928 Barmen
R Wolfram Humperdinck
M Fritz Allers
TWS Inv. Nr. 17485 / a – b
sowie zwei Entwürfe
i. d. Stadt- u. Uni.-Bibl.
Frankfurt am Main

Dame Kobold
(Calderón de la Barca)
Vereinigte Stadttheater
Barmen-Elberfeld
E 1. 10. 1928 Elberfeld
R Bruno Reisner
TWS Inv. Nr. 40659

Hoffmanns Erzählungen
(Offenbach)
Stadttheater Hagen
16. 10. 1928
R Richard Meyer-Walden
M Peter Bring

Hassan gewinnt
(Schmidt-Isserstedt)
Vereinigte Stadttheater
Barmen-Elberfeld
U 17. 10. 1928 Elberfeld
R Wolfram Humperdinck
M Fritz Mechlenburg
TWS Inv. Nr. 15976
und 40681 / 1 – 2

Das Nachfolge Christi Spiel (Hell)
Vereinigte Stadttheater
Barmen-Elberfeld
30. 10. 1928 Barmen
R Adolf Barth
TWS Inv. Nr. 40701 / 1 – 6

Die ägyptische Helena
(Strauss)
Stadttheater Hagen
E 2. 11. 1928
R Hanns Hartmann
M Fritz Volkmann
TWS Inv. Nr. 11570

Das Rheingold (Wagner)
Stadttheater Hagen
20. 11. 1928
R Richard Meyer-Walden
M Richard Richter
TWS Inv. Nr. 32506 / a – b
und 40712 / 1 – 7

Orpheus und Eurydike
(Gluck)
Vereinigte Stadttheater
Barmen-Elberfeld
29. 11. 1928 Elberfeld
R Wolfram Humperdinck
M Fritz Mechlenburg
TWS Inv. Nr. 15980
und 40704 / 1 – 11

Julius Caesar von Österreich (Seringhaus)
Vereinigte Stadttheater
Barmen-Elberfeld
4. 12. 1928 Elberfeld
R Otto Maurenbrecher

Aschenputtel (Gollong, nach den Gebr. Grimm)
Vereinigte Stadttheater
Barmen-Elberfeld
U 16. 12. 1928 Barmen
R Catharina Reichert
M Otto Schulz
T Edith Walcher
TWS Inv. Nr. 40645 / 1 – 3

André Chenier (Giordano)
Vereinigte Stadttheater
Barmen-Elberfeld
18. 12. 1928 Barmen
R Hans Lange
M Fritz Mechlenburg
TWS Inv. Nr. 40640 / 1 – 3

Der Troubadour (Verdi)
Vereinigte Stadttheater
Barmen-Elberfeld
1. 1. 1929 Barmen
R Hans Lange
M Alfred Schmidt

Florian Geyer
(Gerhart Hauptmann)
Vereinigte Stadttheater
Barmen-Elberfeld
12. 1. 1929 Elberfeld
R Adolf Barth
TWS Inv. Nr. 31064 / a – e

Die Walküre (Wagner)
Stadttheater Hagen
16. 1. 1929
R Richard Meyer-Walden
M Richard Richter
TWS Inv. Nr. 11587

**Drei Einakter:
I. Der Diktator, II. Das geheime Königreich,
III. Schwergewicht** (Křenek)
Vereinigte Stadttheater
Barmen-Elberfeld
17. 1. 1929 Barmen
R Willi Aaron
M Fritz Mechlenburg
TWS Inv. Nr. 40674
(Das geheime Königreich)
TWS Inv. Nr. 18893
(Schwergewicht),
Abb. S. 164

Die alte Jungfer (Lessing)
Vereinigte Stadttheater
Barmen-Elberfeld
24. 1. 1929 Barmen
R Bruno Reisner

Siegfried (Wagner)
Stadttheater Hagen
27. 2. 1929
R Richard Meyer-Walden
M Richard Richter
TWS Inv. Nr. 11584
und 40715 / 1 – 2

Das Märchen vom Zaren Saltan (Rimskij-Korsakov)
Vereinigte Stadttheater
Barmen-Elberfeld
28. 2. 1929 Barmen
R Reinhold Ockel a. G. (Aachen)
M Fritz Mechlenburg
TWS Inv. Nr. 40696 / 1 – 4

Elektra (Strauss)
Vereinigte Stadttheater
Barmen-Elberfeld
6. 3. 1929 Elberfeld
R Hans Lange
M Franz von Hoeßlin
TWS Inv. Nr. 17349
und 6840

Der Kammersänger
(Wedekind)
Vereinigte Stadttheater
Barmen-Elberfeld
7. 3. 1929 Barmen
R Otto Maurenbrecher

Wetterleuchten (Strindberg)
Vereinigte Stadttheater
Barmen-Elberfeld
7. 3. 1929 Barmen
R Franz Edwin Zillich

Fatme oder: Die Macht der Betrogenen (Flotow)
Vereinigte Stadttheater
Barmen-Elberfeld
E 14. 3. 1929 Barmen
R Hans Lange
M Fritz Mechlenburg
TWS Inv. Nr. 40666 / 1 – 2

Parsifal (Wagner)
Vereinigte Stadttheater
Barmen-Elberfeld
29. 3. 1929 Barmen
R Rudolf Miltner
TWS Inv. Nr. 15979

Judith (Hebbel)
Stadttheater Hagen
3. 4. 1929
R Rudolf Miltner
TWS Inv. Nr. 32505,
Abb. S. 162

Götterdämmerung – III. Tag (Wagner)
Stadttheater Hagen
23. 4. 1929
R Richard Meyer-Walden
M Richard Richter
TWS Inv. Nr. 11568

Achilles auf Skyros (Wellesz)
(zus. mit „Der Zar läßt sich photographieren")
Vereinigte Stadttheater
Barmen-Elberfeld
25. 4. 1929 Barmen
R Wolfram Humperdinck
M Fritz Mechlenburg

Der Zar läßt sich photographieren (Weill)
(zus. mit „Achilles auf Skyros")
Vereinigte Stadttheater
Barmen-Elberfeld
25. 4. 1929 Barmen
R Wolfram Humperdinck
M Fritz Mechlenburg

Inszenierungsverzeichnis

Madonna am Wiesenzaun (Mraczek)
Vereinigte Stadttheater
Barmen-Elberfeld
E 3. 5. 1929 Elberfeld
R Hans Lange
M Alfred Schmidt
TWS Inv. Nr. 6843

Fidelio (Beethoven)
Vereinigte Stadttheater
Barmen-Elberfeld
15. 5. 1929 Barmen
R Wolfram Humperdinck
M Franz von Hoeßlin
TWS Inv. Nr. 40668 / 1 – 4

SPIELZEIT 1929/30

Schwanda, der Dudelsackpfeifer (Weinberger)
Stadttheater Hagen
1929 / 30 (?)
R Walther Volbach
M Richard Richter

Das spanische Fest
(Schreker)
Stadttheater Hagen
1929 / 30
TWS Inv. Nr. 11565
und 40718 / 1 – 2

Der Bettelstudent
(Millöcker)
Städtische Bühnen Köln
8. 9. 1929
TWS Inv. Nr. 40650 / 1 – 13

Don Pasquale (Donizetti)
Vereinigte Stadttheater
Barmen-Elberfeld
15. 9. 1929 Elberfeld
R Richard Dornseiff
M Fritz Berend
TWS Inv. Nr. 40654 / 1 – 7

Fassade (Walton)
Stadttheater Hagen
29. 9. 1929
C Günter Hess
M Peter Bing
Projektionen: Hein Heckroth
TWS Inv. Nr. 40665

Evelyne (Granichstaedten)
Stadttheater Hagen
E 20. 10. 1929
R F. W. Hanschmann
M Georg Lippen
TWS Inv. Nr. 11564 / a – g

Angelina (Rossini)
Städtische Bühnen Köln
23. 10. 1929
TWS Inv. Nr. 17939 / a – k,
Taf. S. 142, 159

Fra Diavolo (Auber)
Stadttheater Hagen
29. 10. 1929
R Walther Volbach
M Richard Richter

Weiberverschwörung
(Schubert)
Vereinigte Stadttheater
Barmen-Elberfeld
8. 11. 1929 Barmen
R Wolfram Humperdinck
M Fritz Mechlenburg
TWS Inv. Nr. 40732

Die Macht des Geschicks
(Schicksals) (Verdi)
Vereinigte Stadttheater
Barmen-Elberfeld
14. 11. 1929 Barmen
R Wolfram Humperdinck
M Fritz Mechlenburg
TWS Inv. Nr. 40695 / 1 – 30

Troilus und Cressida
(Shakespeare)
Stadttheater Hagen
E 22. 12. 1929
R Hanns Hartmann
TWS Inv. Nr. 40724 / 1 – 4

Der Rosenkavalier (Strauss)
Stadttheater Hagen
25. 12. 1929
R Walther Volbach
M Fritz Volkmann

Das Spielzeug ihrer Majestät
(Königsberger)
Städtische Bühnen Köln
U 9. 1. 1930
R Alfons Godard
M Meinhard von Fallinger
TWS Inv. Nr. 40719 / 1 – 3

Così fan tutte (Mozart)
Vereinigte Stadttheater
Barmen-Elberfeld
22. 1. 1930 Elberfeld
R Wolfram Humperdinck
M Franz von Hoeßlin
TWS Inv. Nr. 40657 / 1 – 12

Manon (Massenet)
Stadttheater Hagen
E 22. 1. 1930
R Walther Volbach
M Richard Richter
TWS Inv. Nr. 11 575 / a – d
und 40697 / 1 – 5

Galatea (Braunfels)
Städtische Bühnen Köln
U 26. 1. 1930
R Max Hofmüller
TWS Inv. Nr. 40673 / 1 – 31
sowie ein Entwurf in
Privatbesitz

Fidelio (Beethoven)
Vereinigte Stadttheater
Barmen-Elberfeld
28. 1. 1930
R Wolfram Humperdinck
M Franz von Hoeßlin

Sly (Wolf-Ferrari)
Vereinigte Stadttheater
Barmen-Elberfeld
E 19. 2. 1930 Barmen
R Wolfram Humperdinck
M Fritz Mechlenburg
TWS Inv. Nr. 40716 / 1 – 9

Parsifal (Wagner)
Stadttheater Hagen
13. 4. 1930
R Walther Volbach
M Fritz Volkmann
TWS Inv. Nr. 11579 / a – c,
11580 und 13282

Armer Columbus (Dressel)
Vereinigte Stadttheater
Barmen-Elberfeld
15. 4. 1930 Barmen
R Wolfram Humperdinck
M Fritz Mechlenburg
TWS Inv. Nr. 18103,
40643 / 1 – 5 und 42021

Die Puppenfee (Bayer)
Stadttheater Hagen
21. 4. 1930
M Peter Bring
T Günter Heß

Die Richterin (Grabner)
Vereinigte Stadttheater
Barmen-Elberfeld
U 7. 5. 1930 Barmen
R Wolfram Humperdinck
M Franz von Hoeßlin
TWS Inv. Nr. 40713 / 1 – 2

Undine (Lortzing)
Stadttheater Hagen
6. 6. 1930
R Walther Volbach
M Richard Kohtz
TWS Inv. Nr. 11586 / 1 – 22

Viktoria und ihr Husar (Abraham)
Städtische Bühnen Köln
29. 11. 1930
R Erich Hezel
M Oreste Munih-Piccardi
TWS Inv. Nr. 40717 / 1 – 12

Prinz Friedrich von Homburg (Meist)
Freilichtbühne Marburg
(evtl. Projekt 1932)
TWS Inv. Nr. 40710 / 1 – 15

Nicht zuzuordnende Entwürfe:

Baby in der Bar (Balász)
TWS Inv. Nr. 40646 / 1 – 3

Carmen (Bizet)
Vereinigte Stadttheater
Barmen-Elberfeld
TWS Inv. Nr. 40641 / 1 – 13

Hänsel und Gretel
(Humperdinck)
Vereinigte Stadttheater
Barmen-Elberfeld
TWS Inv. Nr. 40680 / 1 – 7

Papillons
Vereinigte Stadttheater
Barmen-Elberfeld

Rosamunde (Schubert)
Vereinigte Stadttheater
Barmen-Elberfeld

Tod des Empedokles
(Hölderlin)

Wallenstein (Schiller)
TWS Inv. Nr. 40729 / 1 – 4

Unbestimmte Entwürfe

TWS Inv. Nr. 40737 / 1 – 68,
11656 und 11649

Impressum

Herausgegeben vom Förderkreis Kunstmuseums Ahlen e.V. aus Anlass der Ausstellung *Zwischen Atelier und Bühne. Egon Wilden 1894–1931*
im Kunstmuseum Ahlen vom 8. November 2009 bis 10. Januar 2010 und
August Macke Haus Bonn vom 29. Januar 2010 bis 29. April 2010

Kunstmuseum Ahlen
Museumsplatz 1
59227 Ahlen
Telefon: (0 23 83) 91 83 0
Fax: (0 23 83) 91 83 83
www.kunstmuseum-ahlen.de

August Macke Haus Bonn
Bornheimer Straße 96
53119 Bonn
Telefon: (02 28) 65 55 31
Fax: (02 28) 69 15 50
www.august-macke-haus.de

Konzeption:
Burkhard Leismann, Ahlen
Kinga Luchs, Dortmund
Martina Padberg, Bonn

Realisierung und Redaktion:
Kinga Luchs
Martina Padberg

Verlagslektorat
Petra Leineweber, Ahlen

Satz und Gestaltung:
Jörg Aufdemkamp, Bielefeld

Verlag und Gesamtherstellung
Hachmann*edition* | print Bremen
www.hachmannedition.de

Dank für Förderung und Kooperation:

Theodor F. Leifeld-Stiftung

Die Theodor F. Leifeld-Stiftung ist Mehrheitsgesellschafterin der Kunstmuseum Ahlen gGmbH und finanziert den Museumsbetrieb.

Abb. Katalogumschlag: Egon Wilden *Auf dem Feld I,* 1930, A 112 a

Abb. Frontispiz: Porträt Egon Wilden

© Texte bei den Autoren
© Förderkreis Kunstmuseum Ahlen e.V. und Autoren
© Kunstmuseum Ahlen gGmbH
© VG Bild-Kunst Bonn 2009
© 2009 Hachmann*edition*

Bibliographische Information der Deutschen Bibliothek
Die Deutsche Bibliothek verzeichnet diese Publikation in der Deutschen Nationalbibliothek; detaillierte bibliographische Informationen sind im Internet über http://dnb.de abrufbar.

ISBN 978-3-939429-69-2

Fotonachweis

Karin Blindow: A-002, A-005, A-006, A-019, A-023, A-026, A-029, A-031, A-040, A-044, A-056, A-062, A-072, A-080, A-085, A-090, A-091, A-093–A-095, A-097, A-098, A-101, A-105–A-109, A-111, A-113, A-118–122, A-132, A-135, A-136, A-145, A-152, A-160, A-163, A-167, A-170, A-172, A-181, A-183, A-189, A-197, A-200, A-201, A-203–A-205, A-215–A-217, A-225, A-227, A-243, A-244, A-255, A-256, A-263, A-264a, A-264b, A-266, A-267, A-268a, A-274, A-276, A-279, A-280, A-281, A-285, A-286, A-295, A-309b, A-314a, A-314b, A-316, Dg-2, Dg-5, E-1h, G-04–G-09, G-14, G-16, Z-001, Z-002, Z-005, Z-008, Z-009, Z-018, Z-019, Z-020, Z-038, Z-039, Z-043, Z-059, Z-063, Z-069, Z-073–Z-075, Z-077–Z-080, Z-098, Z-100a, Z-100b, Z-102, Z-111, Z-120, Z-124, Z-128

Dr. Dipl.-Ing. Annette Jansen-Winkel / Stiftung Forschungsstelle Glasmalerei des 20. Jahrhunderts e.V. Mönchengladbach: E-1a–E-1f

Kinga Luchs für den Förderkreis Kunstmuseum Ahlen e.V.: A-001, A-003, A-004, A-007–A-011, A-014–A-016, A-020–A-022, A-025, A-028, A-030, A-032, A-034, A-035, A-037–A-039, A-041–A-043, A-045–A-053, A-057–A-061, A-063, A-064, A-066–A-071, A-073–A-078, A-081a, A-081b, A-088, A-089, A-092, A-099, A-103, A-110a, A-110b, A-114, A-115, A-117, A-123–A-128, A-131, A-133a–134b, A-138, A-140–A-143, A-146–A-150, A-153–A-156, A-161, A-162, A-164, A-165, A-168, A-169, A-173–A-180, A-182, A-184–A-188, A-190–A-196, A-199, A-202, A-207, A-208, A-210, A-211, A-213, A-214, A-219, A-220–A-224, A-230, A-232–A-242, A-246–A-254, A-258–A-262, A-265, A-268b–A-273, A-275, A-277, A-278, A-282, A-283, A-287, A-288, A-289b–A-292, A-294, A-296–A-309a, A-311–A-313, A-315, A-317b, Dg-1, Dg-3, Dg-4, E-1g, E-2–E-4, G-01–G-03, G-11, G-12, G-15, Z-003, Z-004, Z-006, Z-007, Z-010, Z-011a, Z-012–Z-017, Z-021–Z-037, Z-040–Z-042, Z-044–Z-058, Z-060–Z-062, Z-065a–Z-067, Z-070–Z-072, Z-076, Z-081–Z-086, Z-088–Z-096, Z-099, Z-101, Z-103–Z-110, Z-112–Z-119, Z-121–Z-123, Z-125, Z-126, Z-129–Z-137

Johannes Schwab: A-322–A-325

Stadtmuseum Bonn: Z-097

Theaterwissenschaftliche Sammlung Schloss Wahn der Universität zu Köln: G-11, Vergleichsabbildungen aus dem Text von Joachim Geil

Alle restlichen Fotos befinden sich in Privatbesitz.

© Karen Blindow, Johannes Schwab, Förderkreis Kunstmuseum Ahlen e.V., Stadtmuseum Bonn, Stiftung Forschungsstelle Glasmalerei des 20. Jahrhunderts e.V. Mönchengladbach, Theaterwissenschaftliche Sammlung Schloss Wahn der Universität zu Köln, VG Bild-Kunst, Bonn 2009 für: Heinrich Nauen, Succession Picasso/VG Bild-Kunst, Bonn 2009-09-23 für: Pablo Picasso, Nachlass Erich Heckel, Hemmenhofen 2009 für: Erich Heckel